本书受到首都高校党建研究基地、北京航空航天大学2014年度支持一流大学和一流学科专项经费支持及资助

Zhongguo Chuantong Lunli Sixiang

中国传统伦理思想
——社会主义核心价值体系构建的文化底蕴

姚小玲 陈萌 ◎著

人民出版社

目 录

绪 论

　　"问渠哪得清如许，为有源头活水来。"历史难以割舍，传统不可荒弃。中国作为世界四大文明古国之一，有着五千年极其漫长而又无比辉煌的历史。而在这悠悠历史长河中，有着颗颗夺目炫彩的珍珠，闪烁着深邃智慧的光芒。它们始于开辟洪荒的原始社会，照亮了遥远神秘的青铜时代，璀璨了金戈铁马的封建王朝，浸染了激荡澎湃的变革岁月，迎来了日新月异的崭新中国，贯穿其中的，有无数哲人与智者对人自身以及人与他人、与家庭、与自然、与社会、与国家、与民族之间关系的本质、原则及规范的探究与思考，亦即伦理思想。正是中华文明对伦理道德的重视与强调，使其他民族和国家均难出其右，推动了中国古圣先贤与近代有识之士在伦理探索之路上取得卓越成就，也使伦理思想成为凌驾于各个时代的社会意识形态及文化艺术之上者，几乎成为人们一切言行的立足点和出发点；同时，也正是这样博大恢宏的伦理思想体系，以及其自身千百年来不断根据时代发展、调整、修正、补充的特性，使得中华文明历经岁月涤荡与洗礼至今却仍能得以不断传承、延续，并在世界民族之林千百种文明之中以其独特和悠久被广为传颂。伦理思想深深植根于中国古往今来的政治、经济、文化、教育的各个方面，以及每个时代不同地位的国人思想之中，以至于它已成为中华民族的文化心理和屹立之魂。因此，不管是总结历史，着眼当代，抑或筹谋未来，尤其是涉及意识形态领域的研究与思索，中国传统伦理思想，皆是我们展开探索之旅的始发之处。

　　当今世界与当代中国，都在发生着深刻而广泛的变革，人类进入全球化与信息化时代，中国进入全面建设小康社会的新时期。技术的飞快发展与信息的极速传播，在对人类原有经济体制、社会结构、生活方式产生巨大影响的同时，也使人们的思想发生了深刻的变化。各个利益群体相互博弈，各类思潮文化彼此冲击，任何一个民族或国家都需要、并且能够形成一定的、可以引领与整合人们思想的主流价值观念，这些价值观念逐渐发展成为完备的体系，并开始决定和制约整个社会的经济、政治、文化与生活的各个方面，内化为全体社会成员的思想意识，这便是核心价值体系。而社会主义核心价值体系，则是中国特色社会主义的内在精神，是社会主义体制下所形成的特定价值观念体系，在社会主义国家多种价值观念体系及社会思潮中居于核心、统领地位的主流价值观念和价值追求。而对于中国特色社会主义核心价值体系的形成、发展与构建而言，中国传统伦理思想，便是其宝贵养料、"源头活水"与文化底蕴。

一、研究意义

转型期的中国，无论在经济、政治体制还是社会结构方面都发生着深刻的变革和重大变动，世界经济全球化的进一步加强使得西方文化大量涌入，从而形成了多重文化模式共存的新局面，在这种情形下，部分国人在价值选择问题上出现了困惑和迷茫。要顺利地实现中华民族伟大复兴，实现全面建成小康社会的宏伟目标，需要有效地解决当前我们所面临的这种文化选择问题。在这样的时代背景下，社会主义核心价值体系应运而生，它的提出不仅反映了当代中国社会的思想文化诉求，而且为人们的伦理道德困惑指明了的方向。

社会主义核心价值体系的建构，顺应了当代中国社会发展要求，同时也是中华民族的传统文化中与时俱进这一优良品质的集中体现。价值体系的存在离不开与其相适应的社会政治、经济、文化土壤，一旦其丧失了自身发展的根基，也就失去了独立存在的基础。因此，我们在建构社会主义核心价值体系的过程中，不能忽视传统的价值，必须坚持民族主体性，同时，也要呈现开放包容的姿态，对西方优秀文明成果加以吸收转换，从而实现社会主义核心价值体系的高势位建构，推动当代中国社会的发展。

中华传统文化是指中华民族在历史上形成并为后人所承袭下来的思想意识中的因素，诸如精神、心态、道德、观念、思维方式、价值观念等隐形的文化。它是看不见、摸不着的，但又是时刻在人们的头脑中起作用的隐形因素。中国传统伦理思想则是这种隐形文化中关于伦理、道德观念的思想。随着社会历史的变迁，中国传统伦理思想的生长土壤发生着翻天覆地的变化，因而也就对中国传统伦理思想提出了新的变革要求与期盼。在建构中国社会主义核心价值体系的今天，理性地认识中国传统伦理思想的历史地位与当代价值，汲取其有益成分，需要我们将其置于构建社会主义核心价值体系的视阈之中，根据时代的需要发掘其精髓与优秀部分，实现其当代价值的转换。因而，研究中国传统伦理思想与社会主义核心价值体系之间的关系，至少有两个重要意义：一是通过对中国传统伦理思想的产生、发展、繁荣、衰退、变革和升华的历程进行梳理，既可以弘扬中华民族的传统美德，又可以充实与完善社会主义核心价值体系；二是可以将社会主义核心价值体系的构建作为对中国传统伦理思想进行重构的途径与载体，不仅有利于中国传统伦理思想的重生与时代性转换，同时对建设和推广社会主义核心价值体系，皆有着积极的作用与意义。

二、研究现状述评

2006 年 10 月，党的十六届六中全会明确提出建设社会主义核心价值体系的命题和任务，在全社会引起了广泛关注，国内学界也有诸多学者对社会主义核心价值体系及其核心价值观进行了多维研究取得了一系列成果，但概观学界相关研究成果，在对中国传统伦理思想与社会主义核心价值体系建设之间的文化传承与创造性转换方面的问题缺乏充分关注和深度研究。从这一研究的中心问题出发，本书从以下三个维度对相关文献进行了梳理与分析，分别是：关于中国传统伦理思想的研究、关于社会主义核心价值体系的研究、关于中国传统伦理思想与社会主义核心价值体系之间关系的研究。

（一）中国传统伦理思想的研究

中国传统伦理思想博大精深，源远流长。但在中国古代，伦理学却并未从其他学科中真正分离出来，关于伦理的思想，大多杂糅在各家各派的哲学、政治学、宗教、文学等著作文字之中。直至黄宗羲父子的《明儒学案》和《宋元学案》等学术专著，开始记录和论述大量的伦理思想，中国才有了早期的伦理思想著作。1910 年，著名思想家和我国近现代教育事业奠基人蔡元培，著写了《中国伦理学史》一书，我国才从真正意义上拥有了第一本运用现代学术研究手法撰写的伦理思想史著作。这本书以纵向的、不同时期最具代表性的人物的伦理思想观点叙述为主线，系统梳理了自原始社会末期及至明代诸家学派的传统伦理思想，同时将中国的伦理发展史进行了科学分期，并对不同分期进行了总结，从而开创了现代意义上的中国伦理史研究。正如蔡先生在该书序言中所述："吾国夙重伦理学，而至今顾尚无伦理学史，迄际伦理界怀疑时代之托始，异方学说之分道而输入者，如燊如烛，几有互相冲突之势。苟不得吾族固有之思想系以相为衡准，则益将旁皇于歧路。盖此事之亟如此。"① 时代与社会的变迁，西方文化与思想的冲击，必然需要我们在历史与传统中寻求文化与心灵的家园，这便是我们研究中国传统伦理思想的主要原因。中国社会自鸦片战争以后，便不断面临着社会的转型与变迁，而这一转型和变迁，至今尚未结束。因此，蔡先生的这番论述，不仅适用于一百年前的国情，置之于一百年后社会主义建设进入关键的转折和变革时期的今天，也依然适用。蔡元培《中国伦理学史》之后直至新中国成立前，由于战乱与社会动荡，使得学术界对传统伦理思想的研究与探讨几近停滞，公开出版的学术专著极少，仅日本人三浦藤作《中国伦理学史》和余家菊《中国伦理思想》两本，在中国伦理学史研究中，占有一席之位。

新中国成立后，伦理学作为一门独立的学科，越来越受到社会的重视。改革开放以来，社会主义市场经济体制正式确立，中国社会再

---

① 蔡元培：《中国伦理学史》，江苏文艺出版社 2007 年版，第 1 页。

次进入深度转型期，伦理道德日益成为人们关注的焦点，同时，随着传统文化热的出现，传统伦理思想研究也由此进入繁荣时期，学术界对伦理思想的研究成果也层出不穷。侯外庐、张岱年、陈瑛、朱贻庭、罗国杰等一批学者对中国的伦理思想及伦理学史进行了深入整理和研究，出版了多部高水平著作。

侯外庐作为中国近现代著名思想家和史学家，在 20 世纪众多学者中独树一帜，特别在中国古代思想史方面自成体系。他虽未出版单独的传统伦理思想研究专著，但他为其后学术界对伦理思想的研究和发展提供了不可或缺并沿用至今的视角与方法。例如：对中国思想的发展历程作了系统梳理，明确了从社会史入手解决思想史问题的方法，扩大了思想史的研究范围，发掘出很多曾经不被重视的思想家和"异端"；在 20 世纪 30 年代的中国古代社会性质问题的论战中，厘清了中国古代城市和国家的起源；根据马克思主义的基本原则，解决了"亚细亚生产方式"问题等。其后的多位伦理学及伦理思想史研究学者，大多沿用这些理论及方法开展进一步的研究。

张岱年的《中国伦理思想研究》成书于 1986 年，是张先生对中国伦理学说进行了系统梳理之后所撰写出的学术专著，他以唯物主义历史观为方法论，不同于以往思想史写作普遍采用的纵向梳理，而是横向的对中国伦理学说的基本问题、道德的层次序列、道德的阶级性与继承性、义利之辨与理欲之辨、仁爱学说、三纲五常、意志自由及天人关系等问题作了全面而深刻的研究，从而使中国伦理思想史学科日臻成熟，同时也为深入系统地研究中国伦理思想史指明了方向。

朱贻庭的《中国传统伦理思想史》一书，最早成书于 1986 年，后十余年内经多次增订修改，至 2003 年已出版第三版增订本。在写作手法上，该书沿用了蔡元培以时间为轴纵向梳理的方式，介绍了不同时代的代表人物及其主要伦理思想。同时，还运用历史与逻辑相统一的方法，通过对不同历史阶段社会状况的总结与概述，深刻揭示了中国传统伦理思想的基本特点和演变规律。并且在增订本中，增补了"中国传统伦理思想的近代变革"，以阐明中国（古代）传统伦理思想在近代中国的命运及未来走向。这在以往的伦理思想特别是关于传统伦理思想的专著中是鲜见的，并由此为传统伦理思想在近代乃至现当代社会如何超越升华获得重生的研究奠定了基础。

陈瑛的《中国伦理思想史》作为《学科思想史丛书》其中的一部，于 2003 年出版。该书将中国伦理思想史从原始社会末期直至新中国成立纵向划分为三个阶段，同时在每个阶段的主要伦理思想从横向上对各家各派的伦理道德理论基础、伦理精神和道德原则、道德规范、人生观价值观、道德教育与修养几个部分加以比较和评述。同时，也运用唯物主义的历史观和辩证法，结合历史上各个朝代的政治经济文化情况，对伦理思想的演进进行分析和探究，并在该书的最后对新中国成立后中国的伦理学发展情况进行了简要介绍与展望。其方法、观点及理论，均对其后中国传统伦理思想和近现代伦理思想的研究产生极大影响，并提供了重要参考。

罗国杰是当代中国马克思主义伦理学的开拓者，中国著名伦理学家，其代表作《中国伦理思想史》（上下卷），历经 20 余年的创作与不断修订，于 2007 年出版。该书共计百万余字，是近年来最为详尽论述我国伦理思想的一部宏大专著。该书以历史发展的时间脉络为经，详细介绍了上自殷商，下至新中国成立两千余年中国伦理思想的发端、发展、深化、成熟及变革的过程，同时，以重要著作及重要理论观点为维，以马克思主义的立场和方法分析中国伦理思想的历史影响，成为当代学者研究中国伦理思想的重要参考书目。

近年来，随着经济、文化全球化浪潮的推进，人们开始经历伦理价值观念的剧烈变革，对历史和传统进行反思，成为现实社会构建核心价值观念的必然。大量关于中国传统文化、传统伦理思想的重新认识、借鉴和研究的著作、论文出版或发表，但在内容上，仍然难出上述几本大师专著之右。且现有研究更多地将中国传统伦理思想置于抽象的概念层面，而忽略了其在实践层面上的具体性和现实性，也更加忽视了传统伦理思想与当代现实的社会实践之间的关联。

（二）社会主义核心价值体系的研究

根据所检索到的资料可知，学术界对社会主义核心价值体系的探讨与研究一直在持续增加，目前已出版著作六十多部、发表论文八千余篇，表明国内学术界对社会主义核心价值体系的研究取得了相当丰硕的成果。这些研究成果主要涉及以下方面：社会主义核心价值体系提出的历史背景与重要意义，内涵、特征与功能，构建的思路与途径等。

韩震作为近年来对社会主义核心价值体系研究成果较丰的学者之一，在2007年社会主义核心价值体系这一命题提出不久之后，便主编出版了专著《社会主义核心价值体系研究》。在这本书中，他全面系统地探讨了社会主义核心价值体系这一重大命题和战略任务，梳理了社会主义核心价值体系的基本概念，对其提出的时代背景、发展历史及理论根据进行了深入阐述；概述了社会主义核心价值体系的结构，并专题论述了社会主义核心价值体系的灵魂、主题、精髓、基础；阐述了社会主义核心价值体系的建设途径等。该书可谓学术界对社会主义核心价值体系解读的第一本代表之作，对其后该领域的研究产生重要影响。其后，韩震又出版了《我们的"主心骨"：大力建设社会主义核心价值体系》、《社会主义核心价值观凝练研究》两部专著，并发表多篇学术论文，以进一步论述和普及社会主义核心价值观与社会主义核心价值体系的建设问题。

于2008年出版的邹宏秋的《社会主义核心价值体系教育论纲》一书，从教育学的视角入手，对社会主义核心价值体系进行普及推广的原则、重点、方法、已有成果和未来展望进行了论述；2009年陈志军《社会主义核心价值体系融入大学生思想政治教育全过程研究》是首部全面、论述系统社会主义核心价值体系教育融入大学生思想政治教育全过程问题的学术专著，作者认为："党的十七大报告强调了把社会主义核心价值体系融入国民教育和精神文明建设全过程，转化为人民的自觉追求的历史任务，大学生思想政治教育具有培养中国特色社会主义事业建设者和接班人的独特价值功能，这就要求我们把社会主义核心价值体系教育融入大学生思想政治教育的全过程，贯穿于学校教书育人、管理育人、服务育人、环境育人的各个方面和全过程，贯穿于大学生知、情、信、意、行等思想品德形成的全过程。"该书对现阶段高等教育及思想政治教育工作开展具有一定的参考价值。

2010年学术界对社会主义核心价值观和社会主义核心价值体系的

研究渐成成熟之势。2010年至今的四年多时间里，五十余部学术专著相继出版，论文发表多达六千余篇。特别是在社会主义核心价值体系的构建和推广方面，许多学者则结合政治学、教育学、传播学等多学科提出有效的意见和建议。总体而言，学术界对社会主义核心价值体系的研究取得了一定成绩，这为进一步研究提供了很好的理论基础、参考和依据，但同时也还存在着一些不足。主要表现在：其一，对社会主义核心价值体系的内涵阐述不够充分，大部分学者将其所包含的四个方面内容表述为内涵，而实际上内涵和内容并不能完全等同。其二，对社会主义核心价值体系的文化内涵及其系统性、深层次性研究明显不足，尚有待于进一步深化、细化和作长久性的研究。

(三) 中国传统伦理思想与社会主义核心价值体系之间关系的研究

目前，一些学者试图从总体上探讨中国传统文化、中华伦理文化或儒家伦理思想等与社会主义核心价值体系建设之间的内在关联。但是，国内至今尚少有专著对此问题进行深入研究，特别是以探讨"中国传统伦理思想与社会主义核心价值体系"为主题的学术专著尚属空白。自2006年至今的"中国期刊全文数据库"中，以探讨"中国传统伦理"、"儒家伦理思想"、"中国传统伦理文化"与社会主义核心价值体系之间关联为主题的论文也只有十余篇，并且很少发表于CSSCI来源期刊。同时，这些总体研究在思路上对于中国传统文化或中国传统伦理思想与社会主义核心价值体系的理解存在两种倾向：一是认为社会主义核心价值体系是中国传统伦理的现代形态，二者之间是一种历时性关系；二是认为二者之间并非是传统与现代的历史联系，而是一种共时性关系，我们应当将其视为在构建中华民族共有精神家园的事业中相互依存但功能不同的两个维度。

彭慧、潘国政认为："社会主义核心价值体系是对中华传统伦理的继承和发展。第一，马克思主义中国化的过程是对中国传统文化吸收和创新的过程。马克思主义之所以在中国传播和发展，主要还是因为几千年来形成的中华民族的文化心理与马克思主义在许多方面产生共鸣。第二，中国特色社会主义共同理想反映了中华民族对理想社会的向往和追求。就其本质来说，是党继承并升华了传统文化中的'民本'、'小康'与'和谐'思想。第三，以爱国主义为核心的民族精神，既植根于我国优秀民族文化传统之中，又同党的优良革命传统相融合，深深熔铸在我们的民族意识、民族品格、民族气质之中。第四，社会主义荣辱观是马克思主义道德观与我国传统美德、社会主义思想道德建设实践相结合形成的价值准则。"① 薛艳丽认为："中华文化传统伦理与社会主义核心价值体系是人们建设共有精神家园的二重维度。中华传统文化是建设全党全国各族人民共有精神家园极为重要的资源维度。社会主义核心价值体系是在社会生活中居于统治、引导地位的价值观念体系，它集中体现了社会主义意识形态的本质属性，是武装全党、教育人民、凝聚力量、鼓舞斗志、引领风尚、巩固共同思想基础的指导方针和精神纽带，也是建设共有精神家园不可或缺的价值维度。而在建设共有精神家园中，传统文化和社会主义核心价值体系并不是各行其功的，二者相互影响、相互作用，在勾连与互动中共同推进共有精神家园的建设"。② 她认为，社会主义核心价值体系本身就是在传统文化的基础上吸收、凝练、创新而成的，其建构紧密依托中华传统文化这一重要思想源泉。但由于观念形态的文化是一定社会的政治、经济在意识形态中的反映，因而携带着一定的阶级性、时代性，其精华与糟粕共存，其传统与现代、民族与世界的矛盾同在。所以，在对待传统文化方面就需要有价值观上的指引和审视，以便确定其延续的方向和服务的目标，进而确定对其采取的正确态度。

然而事实上，社会主义核心价值体系是一个结构明晰、内涵丰富的有机整体。现有研究更多地将中国传统伦理思想视为民族精神和社会主义荣辱观的理论依据和历史资源，却并没有深入系统地研究中国

---

① 彭慧、潘国政：《关于中华传统伦理与社会主义核心价值体系的一些思考》，《江苏省社会主义学院学报》2010年第4期，第6—7页。

② 薛艳丽：《二重维度勾连与互动中的共有精神家园建设——兼论传统文化与社会主义核心价值体系的关系》，《理论月刊》2008年第2期，第16—18页。

传统伦理思想与中国特色社会主义共同理想、中国化马克思主义以及与以改革创新为核心的时代精神的内在联系。事实上，无论是用社会主义核心价值体系的概念、内涵去刻意裹挟中国传统伦理思想还是给其披上时代的外衣，进而"古话今说"都是牵强附会的，这种忽视二者延续与承继关系的研究视角不仅会造成对社会主义核心价值体系的片面化理解，而且必然导致中国传统伦理思想在认知与实践层面的狭隘化。

三、研究方法

历史唯物主义认为，社会存在是推动社会发展的必要条件。社会存在指构成人类社会的一切存在，包括人、社会组织、社会活动、各种财产、知识等，它有三种表现形式，即物质形态的存在，即各种社会财产；运动形态的存在，即各种社会组织活动；思维形态的存在，即各种思想理念、知识体系等。相对而言，社会意识是指社会精神生活的总和，是社会存在的总体反映。它包括政治、法律、哲学、艺术、宗教等意识形态和风俗习惯、社会心理等。[1] 对于本研究而言，我们要讨论的社会存在包括中国历史上所经历的不同社会形态，及其相对应的生产方式，同时也包括在不同社会形态下的政治、经济、军事制度和一系列对历史发展有重大影响的历史事件等；而社会意识，则包括不同历史阶段的社会主流思想及其同时代其他各家各派的哲学、伦理、宗教思想等，其中，伦理思想是我们的重点。

同时，社会存在和社会意识是辩证统一的。社会存在决定社会意识，社会意识是社会存在的反映，并反作用于社会存在。社会意识具有相对独立性，还有自己特有的发展形势和规律。它的发展和社会存在的发展不完全一致，主要体现在发展变化的同步性、经济发展水平的平衡性、历史继承性和能动的反作用上。历史唯物主义，深刻揭示了不同社会形态、政治制度下中国传统伦理思想发展变迁的原因与动

---

[1] 《马克思主义基本原理概论》，高等教育出版社 2012 年版，第 56—60 页。

力，以及中国传统伦理思想深刻影响不同时代的政治经济制度乃至推动社会变革与历史更替的奥秘所在。它既包括认识和处理中华民族的传统文化与当代社会伦理道德问题所起始的科学的方法论基础，同时也是我们探讨中国传统伦理思想与社会主义核心价值体系之间相互关系和逻辑张力的理论起点。

第 一 章

中国社会与传统伦理思想概述

世界上有许多古老悠久的文明，也有许多尊崇伦理的民族，然而，任何一个古老悠久的文明都没有比中华文明更尊崇伦理，也没有一个尊崇伦理的民族比华夏民族更古老悠久，因此，中国的历史，从某种意义而言，便是一部伦理思想主宰下的历史，中华文化与伦理道德，在人类文明史上，便是相伴相辅、共生互构的并蒂之花。

纵观中国古代思想史，虽然没有像古希腊文明早在公元前4—3世纪即已形成独立、系统的伦理学体系，并且有代表性著作《尼各马克伦理学》的诞生，但是，在浩如烟海的各派哲学家、政治家、史学家、教育家，甚至是诗人、词人等艺术家的著作中，我们均可寻觅到丰富的伦理思想。这些伦理思想与宗教、哲学、政治、历史、文学、法律等思想融为一体，深刻论述和探讨了人之本性、人生价值、道德规范、品德修养等方面的内容，对个人、社会、国家乃至民族各个层次的问题进行探究、阐释，并试图开出解决问题的药方，在中国社会的不同发展时期，都产生过积极而深远的影响，时至今日，中国的政治、经济、文化的方方面面仍然随处可见其踪，并且还持续地为当代中国乃至世界其他国家的许多社会及伦理问题提供着理论层面的诠释和解决之道。由此可知，中国传统伦理思想不仅包括具体的伦理规范和价值取向，而且包含更深层次的价值思维方式和更具实践性的操作程序和行为模式。同时，这些伦理思想的诞生之早、影响之深、传播之广，也为今天社会主义精神文明的建设、发展和传播提供了可供参考的实践经验。

第一节　中国古代社会与传统伦理思想概述

作为世界上四大文明古国之一的中国，早在五千年前的黄河长江流域，便产生了熠熠生辉的原始文明。中华民族的祖先在共同的劳作与生活中，孕育出了道德关系与道德观念。随着生产力的不断发展，生产资料从氏族公有转而成为个人私有，自然经济随着生产力的发展而逐渐兴盛。国家的建立、王朝的更迭、社会的进步、文化的繁荣，这一切的一切，都使得人与人之间的交往变得愈发频繁，从而也使伦理关系和道德观念不断丰富复杂，伦理思想由此应运而生。在长达两千余年的中国古代社会中，传统伦理思想经历了萌芽、发展、繁荣与衰落的漫长历程，不仅对当时的社会发展产生了或推动或束缚的作用，甚至对近现代乃至当代的中国，都有着持续的、不可忽视的重大影响力。

一、中国古代社会的主要特点

中国古代社会，主要包括原始社会、奴隶社会和封建社会三个社会形态，具体时间是自有文字记载的原始社会末期至鸦片战争之前，在这个漫长的历史时期中，伦理思想与社会存在及政治上层建筑的、在对立统一中相互影响相互制约、又不断向前发展的关系，在中国历史上显得尤为突出。因此，研究中国传统伦理思想，必须与中国古代社会的基本概况相结合。概而论之，中国古代社会最为基本的特征有三：一是原始社会向奴隶制社会温和的转变；二是与此相呼应的、以血缘为纽带的宗法制①；三是高度分散的自然经济与高度集中的中央统治政权之间的呼应。

中国历史源远流长，在黄帝、颛顼、帝喾、尧和舜所生活的原始社会，即有相关传说、文物及遗迹表明当时已有比较成熟的农业文明，

---

① 侯外庐：《中国古代社会史论》，河北教育出版社 2003 年版，第 87 页。

但由于缺乏直接、可信的文字资料，我们仍无法追寻其存在的确凿性，同时，其"天下为公，选贤与能"的道德观念及人人平等、互帮互助的社会风尚，也是在原始社会极端低下的生产力制约下人类维持种族繁衍与物质需求的必然选择，尚不足以认为是道德乃至伦理思想的发端。人类具备自觉的道德观念，乃至形成系统的伦理思想，则是以进入文明社会为前提的。马克思主义认为，人类社会在从原始社会进入文明社会的历史进程中，东西方呈现了两种截然不同的方式，即以古代西方为代表的"古典的古代"和以古代东方国家为代表的"亚细亚的古代"，具体而言，"古典的古代"在从氏族社会转变为奴隶制社会的过程中，经历了如卢梭变法甚或克里斯提尼革命形式的较为激进的变革，从而由奴隶主阶级建立起了奴隶制国家；而"亚细亚的古代"则没有经过激烈的变革，直接从氏族社会转变为奴隶制社会，奴隶主也多是原来的氏族首领，因此国家的组织形式和整个社会结构都无法摆脱原来的氏族中血缘亲情的束缚，这虽然使得统治阶级的统治显得更为温情，但也严重阻碍了私有制的充分发展。而中国远古社会生产关系的更替形式，无疑属于后者，即典型的"亚细亚生产方式"。通过这种温和的过渡方式，奴隶主阶级虽然自动获得了统治地位的合理合法性，然而却无法摆脱原始社会氏族生活中人人平等，同劳同得的历史负担，只能以小心谨慎、中庸和谐的处事方式来统治，并极力将此方式推广，以期从思想上麻痹和禁锢被统治阶级。"处处讲'中'，唯恐走极端；处处讲'和'，唯恐激化了矛盾。从郑国的史伯提出'和实生物'，'同则不继'，到晏婴论'和同'，再到孔子倡导的'和而不同'，体现了中国古代文化主调和、贵中庸的基本精神。中国古代伦理思想的一个基本原则也是'和'，和义利、和理欲、和志功、和天人、和义命、和经权、和知行……这种精神显示了理智、谨慎和成熟，善于把握事物发展的度，重视把握矛盾的各个方面而较少片面性的弊病。然而，这些具有朴素辩证法因素的优点又隐藏着因循和保守的弊端。"①

————————

① 陈瑛：《中国伦理学史研究的正确道路》，见《纪念侯外庐文集》，陕西人民教育出版社 1991 年版，第 301—302 页。

按照史学界的共识，我国文明社会的始点可追溯至公元前22世纪的夏朝。夏之建立，起于禹。禹之前的部族首领，在挑选继承人时基本遵循举贤的原则，即在广泛征求意见的情况下，将帝位传给符合条件的最贤之人。因此在舜去世后，夏族的首领禹因为治水有功，并且为人贤德谦逊，受人拥戴继承帝位。而禹死之后，其儿子启继承了天子之位，从而真正开启了中国历史上王位"父子相传"的先河，即所谓"家天下"的肇始。自此之后的历代王朝，基本延续了这一继承法则。夏朝的建立，标志着中国原始的、松散氏族社会的完结，同时也标志着中国社会里，下至普通百姓的人际关系、上至国家统治，始终以血缘为纽带的社会基本特征的确立。而这一基本特征的主要体现，在奴隶制社会时期便是王位的继承始终是以父死子继、兄终弟及的形式，乃至周朝则自天子至诸侯、卿、士均为同宗同姓的统治阶层；在历经春秋战国变革之后的封建社会，不仅皇位继承仍然是严格按照父子相传的形式，同时在统治阶级内部乃至整个社会的权益分割上也依然是以家族为单位。也正是由于中国的伦理道德才如此强调以"孝"为核心的家庭观，它不仅在家庭、家族内部被代代传承和践行，而且以此为中心辐射到社会生活的方方面面，并在西周确立了"立子以嫡"的宗法制，其后又在封建社会时期逐步固化成了为维护父系家长制而形成的道德规范体系，即"君为臣纲，父为子纲，夫为妻纲"，简称"三纲"。

中国的文明是在农耕畜牧为主的生产劳作方式基础上发展起来的农业文明，在生产工具相对落后、生产率低下的时代，中国的国土面积相对于当时的人口数量而言无疑是广袤的。而在农业社会中，家家户户通过固守土地之上即可自给自足，地区与地区之间缺乏相应的经济沟通和往来，商业贸易长期得不到重视甚至被打压，因此便形成了高度分散的自然经济体制。中国社会经济基础的这一特点，必然要求高度集中的政治上层建筑加以控制和巩固，所以无论是先秦时代等级森严的分封制还是秦汉以后大权独揽的君主集权制，都是为了加强控制和调控，使这种分散的自然经济得以不断发展和繁荣，反过来更好地巩固集权的中央统治。由此，便在中国古代社会中形成为了以"忠"为核心的政治观，即分散的个体必须遵从和服务于集中的整体这一道德规范和行为准则。其中，集中的整体可以是家庭、家族、地区、民族、国家，以及其代表人物如父母、族长、君主、帝王等，与此相对应，分散的个体则可以是个人、小家庭、家族、地区，以及代表人物如子女、族人、下级、臣民等。

二、中国传统伦理思想的主要内容

中国传统伦理思想是以儒家伦理思想为主体观念架构，糅以老、庄、墨、法诸家，吸收佛、道二教，以高度分散的自然经济和高度集中的中央集权，和自原始社会起便从未消减过的宗法血缘关系为社会现实依托，予传统中国人的道德价值观和行为道德抉择以导向性作用的伦理体系。具体而言，主要有以下四方面内容：

第一，探寻伦理道德的根源。伦理道德虽然随着人类社会的进步与发展被实践和运用，但是对于其产生的现实根源和理论基础，中国古代的伦理思想家们却在不断争论与探究，为自己倡导的伦理道德规范体系进行哲学论证，以明确其存在及推行的权威性和必要性。远在原始社会末期，人们认为"天"是管控和创造一切的至上神，伦理道德也是其产物，道德的执行和监督者由上天决定，并根据人们对道德的践行情况而赏善罚恶。西周末年，"天"与现实伦理道德的联系被普遍质疑，于是，更为具体而切近的"道"应运而生，它被认为是世间万物的本源，尤其是伦理道德的根本所在。但"道"过于玄妙，春秋后期，先秦儒家又提出了"性"与"心"，开始了从人类自身寻求伦理道德本源的探索。秦汉以后的封建社会，随着佛教的传入和道教的发展，在先秦理论的基础上更加开拓了这个领域的讨论。董仲舒的"天人合一"在神学的理论框架下解释了他所倡导的三纲五常等一系列封建伦理道德的合理性与必然性，重新提升了"天"作为至上神的地位，同时也为统治中国两千年的封建伦理道德提供了形而上的哲学依据。及至宋明，新儒学即理学家们又提出了围绕"理""气""心"而展开的形而上本体论的讨论。总体而言，中国古代思想家对于伦理道德根源的追溯，经历了由远及近、自外向内、由他物到自身的过程，这无疑是对人的主体价值和人文价值的确认。

第二，人生观与价值观。人生观与价值观是伦理道德的一部分。人在成长和社会化过程中，必然会遇到诸如生死、苦乐、义利、荣辱、理欲等问题，而在博大精深的中国传统伦理思想中，各家各派则根据自己观点的理论基础和信奉原则给出了不同的建议和答案，其中义利之辩是各家分歧的发端。例如儒家倡导人的生死本身没有价值，只有当生命成为"义"的载体时，其价值才有所体现，因此对于义利之间，必然要重义轻利，甚至唯义去利，对于苦乐也是如此：符合道义的虽苦也乐，逆于道义则虽乐也苦，至于荣辱，则"先义而后利者荣，先利而后义者辱"。而与道义论相抗衡的功利论，虽然始终未能占据社会主流思想，但同样随着社会的发展在不同时期予以体现。如《左传》《周易》中所提"利用"的概念，便是后世功利论的先导，其后有春秋时墨家的"义，利也"的义利统一论，战国时法家的以利为本，北宋李觏的"焉有仁义而不利者乎？"[1]，南宋永嘉学派的"专言功利"[2]，至清初颜元的"以义为利，圣贤平正道理也"[3]，这些观点虽未最终形成统一的功利论学派，但在整个中国古代思想史上，却是有着其存在合理性和必要性、闪烁着智慧光芒的伦理思想。

第三，行为准则与道德规范。伦理道德在调节人与人、人与自然、人与社会关系之时，便是通过行为准则和道德规范来告知人们正误及是否恰当的，同时，也是世俗社会奖善惩恶的标准。它的存在和发展变迁，除了受制于伦理道德的基本原则和精神外，更重要的是由当时社会的经济、政治、文化等基本社会存在决定的。行为准则和道德规范一经产生，便会有巨大的规范、评价和激励作用，成为指导和支配人们行为的旗帜和标杆。中国古代伦理学家便是在解决伦理道德的本源及明确人生观和价值观等原则问题后，提出各自倡导的一整套行为准则和道德规范，指导人们如何处理家庭和社会关系、如何对待自身与自然。如先秦时期的孝慈悌友、敬忠慧正、勤俭智勇、谦信实诚，

---

① 李觏：《李觏集》卷二九。

② 朱熹：《朱子语类》。

③ 颜元：《四书正误》。

封建时代的三纲五常、忠孝节义、三从四德等，这些行为准则和道德规范虽然都有着不同时代和阶级的烙印，但不可否认，它们对中国数千年的历史及对人们都产生了深刻的影响，一些封建礼教应该舍弃和批判，但也有许多美德，至今仍对我们的社会主义精神文明建设产生着积极的作用。

第四，道德修养与道德教育。伦理道德的普及和传播，以及人们道德水平和素养的不断提升，需要依靠道德修养和道德教育实现。道德修养是个人通过自身努力，自觉地将一定社会的道德要求转变为个人道德品质的内在过程，是主动行为；而道德教育则是教育者向被教育者施以道德影响，提高道德觉悟和认识，陶冶道德情感，锻炼道德意志，树立道德信念，培养道德品质，养成道德习惯的一系列过程，是相对被动的行为。一个国家或者民族中成员的普遍道德水平，不仅反映了国家或民族的经济政治等社会状况，甚至对其未来的发展也有着深远的影响。中国社会自古便尤为重视道德修养和道德教育，以至于任何一个门派的伦理学家们都会提出完整的一套道德修养与道德教育的原则和方法。《中庸》提到"故君子尊德性而道问学，致广大而尽精微，极高明而道中庸。温故而知新，敦厚以崇礼。"① 可以说是对中国传统伦理思想中关于道德修养与教育基本原则的高度概括。

中国传统伦理思想所涵盖的内容博大精深，无论是理论探讨还是实践方法，历经五千年的发展都取得过丰硕的成果。以上所述四个方面，仅以横向比较归纳的方式撷取其核心及重要内容，而在此基础上的进一步阐述则详见本书第二章。

三、中国古代社会与传统伦理思想之间的相互关系

如前文所述，正是由于中国古代社会的特点，即原始社会的温和转型导致的以血缘为纽带的宗法制的长期存在，以及自然经济与中央集权的对立统一，决定了中国传统伦理道德如此地具有人性主义光

① 《礼记·中庸》。

辉。因为依靠血缘为纽带的人与人以及人与社会之间的关系，必然需要"温情脉脉"的伦理道德而非"冷若冰霜"的法律体系加以调整和协调。即使统治阶级不得不使用法律、政治等强制手段统治时，也必须为其披上伦理道德的外衣，否则就会遭遇强烈的反对与抵抗。秦朝的灭亡原因诸多，但其中一个重要原因便是推崇法家思想，过于注重"法"、"术"的使用，而忽略甚至无视伦理道德的强大影响力。而与此相反，强调道德的儒家与道家思想，则均曾在中国历史上的某些时期成为主导社会生活、人际关系、文化艺术、政治统治的核心思想，特别是儒家思想以及其所倡导的伦理道德体系，甚至影响了中国两千余年、直至今日仍然持续地发挥作用。这不仅仅是因为儒家思想全面深刻地反映了中国古代社会的政治经济状况和社会结构特点，更是因为它适应了统治阶级的需要，并不断推动了社会的发展及进步，即使到了封建社会末期，作为儒家思想发展至后期主要形态的"理学"虽然桎梏了商品经济和启蒙思想的发展，但其得以持续存在的基础便是当时中国社会的本质仍然是封建主义社会，上述提到的三个社会存在的基本特点依然没有改变所致。

　　反之，中国的传统伦理思想对于中国古代社会的发展也有着深刻的影响，在不同历史阶段均发挥着或推动或禁锢的反作用。夏商文字中"德"字的出现，便代表着中华民族由此进入道德文明的时代；而当殷商统治过于残暴之时，西周奴隶主贵族以维护宗法等级秩序为宗旨进而倡导"敬德保民"的伦理思想便代表时代发展的必然选择，敲响了商纣覆灭的丧钟；春秋时期中国社会由奴隶制向封建制转变，诸子群起、百家争鸣的局面不仅是社会制度更迭、人心浮动的体现，更促进和推动了以儒家思想为代表的新生地主阶级所倡导的伦理和秩序在这样一场前所未有的激辩和争论中，日益深入人心民意，被广泛接受。其后的秦朝和建立之初的西汉，虽然也曾试图使用法家和道教的伦理思想作为社会核心价值以维系统治，但秦朝的迅速覆灭和西汉初年的羸弱证明了这两家思想体系在维护封建统治上的欠缺和不足，直至"罢黜百家，独尊儒术"政策的确定以及董仲舒以"三纲五常"为核心、"天人合一"为基础的神学伦理思想体系的建立，儒家伦理思想由此成为统治中国社会两千余年的正统思想。魏晋至唐，儒家思想作为封建"名教"的地位虽然受到佛、道二教的不断挑战，但儒、释、道三者的彼此融合与斗争，不仅打破了"独尊儒术"的死板僵化，推动了文人士大夫阶层思想的开放与价值的多元，更促使整个社会文化的全面繁荣与兴盛，成就了无比灿烂的盛唐。然而不可否认的，正是这种极度自由与开放的价值理念，也最终导致了唐朝的覆灭。宋人总结唐朝的经验教训，汲取佛、道思想适宜成分，在传统儒家伦理思想的基础上提出了旨在加强君主专制封建统治的"理学"思想，其后直至明清，理学伦理思想始终占据社会核心价值体系的"独尊"之位，即使至明清之际商品经济有所发展，程朱理学已经日益僵化和不合时宜，但其对社会秩序的维护和民心民意的凝聚仍然有不可替代的作用。明末清初启蒙思想的不断涌现，虽然终因文化高压政策而被打压，但却给黑暗的中国封建社会末期带来了一抹亮色，唤起了资本主义的萌芽。

第二节　中国近代社会与传统伦理思想的变革

近现代中国史，始于1840年鸦片战争，止于新中国的成立。中国社会历经百年沧桑风雨，西方资本主义的涌入和中国民族资本主义的发展，使得以血缘关系维系的宗法制，及其分散的自然经济和高度集中的君主集权制为特征的封建社会被彻底摧毁。资产阶级和无产阶级以此作为独立的新生政治力量登上历史舞台，时代的主题成为反帝反封、救亡图存的旧民主革命和新民主主义革命。而随着西方资本主义的入侵，其政治经济制度、思想文化理念等也随着坚船利炮一起闯入了封闭已久的中国，从而引发了对中国传统文化的极大冲击。中国传统伦理思想也受到了前所未有的冲击，但又是在这种强烈的冲突与对撞中，有识之士对西方文化中的伦理思想进行了甄选、批判、吸收，结合近代中国的社会现实，保留中国传统伦理思想体系中原有的民族特质与思想精华，经过对西方伦理思想中的合理成分特别是马克思主义伦理思想的吸收与融合，从而使中国传统伦理思想实现了符合时代发展的深刻变革，并持续焕发着活力，它既反映了风云跌宕的中国近代社会的现实特征，又对激荡过后全新的一社会制度和伦理秩序的建立，起到了引领和指导作用。

一、中国近代社会的主要特点

近代的中国，封建地主阶级、帝国主义列强、农民阶级、新兴民族资产阶级、工人阶级作为当时并存的几派政治力量，在历史的舞台上均充当了重要角色，由此导致中国近代社会呈现了如下特征。

第一，任何经济形态都会经历从萌芽、发展、繁荣、没落直至消亡的历程，随着时代的发展，曾经作为庞大封建帝国支柱的自然经济已经日趋衰落，加之鸦片战争后帝国主义的野蛮入侵，曾经自给自足的自然经济遭到严重破坏，但作为在中国存在两千余年的经济生产方式，其残余仍然存在，并且正是由于这一经济基础的存在，与之相适应的封建统治虽然日益衰败，但仍旧苟延残喘，地主阶级对农民的剥削也依旧保持，半殖民地半封建社会长达一个多世纪。同时，统治者还试图用封建礼教和传统伦理中维护君权统治的思想来禁锢和钳制人民的头脑，继续鼓吹中国封建伦理纲常为核心价值。

第二，自鸦片战争起西方列强用坚船利炮打开了封闭已久的中国大门，但由于中国人民的激烈反抗、地域过于广大、距离过于遥远等原因，西方列强意识到，将中国完全吞并或建为其纯粹的殖民地都是不现实的，他们需要寻找懦弱而听命的傀儡以确保其在华权益的持续，而此时腐败无能的清政府也正在寻求他们的帮助以维持其统治地位，于是帝国主义通过签订了一系列丧权辱国的不平等条约，而获得了土地、赔款及各种经济、政治利益，从而操纵了中国的经济命脉和统治政权，成为实质上的"太上皇"。在控制中国政治与经济的同时，西方列强还在中国设立教堂和教会学校，大批传教士分赴中国各地，企图通过宣传西方资本主义文化和天主教、基督教等宗教，在思想上进一步控制和操纵中国人民。

第三，鸦片战争后的中国，在自身资本主义萌芽逐渐孕育发展及西方资本主义生产方式的刺激下，部分官僚及商人投资近代工业，随着西方列强经济侵略的加剧，中国日益卷入世界资本主义市场，为民族资本主义的发展创造了必要的外部条件，特别是在辛亥革命成功、帝国主义陷入第一次世界大战自顾不暇之际，中国的民族资本主义获得了前所未有的发展机遇，纺织、面粉加工、造纸等轻工业迅速发展，规模空前。然而，民族资本主义仍然受到封建主义和帝国主义的双重排挤和压迫，带有明显的半封建半殖民地色彩，工业体系不完整、重工业缺乏、布局不合理等导致其与外国资本主义和官僚资本主义相比，仍然处于严重劣势。可以说，内忧外患之下的民族资本主义经济没有得到充分发展，中国近代社会的工业化进程也没有突破性的推动，处于夹缝中生存的民族资产阶级成长"先天不足"，当面对强大的封建势力和帝国主义侵略者时总是表现出软弱与妥协，因此无论是温和改良派的维新变法或激烈革命派的民主革命，最终都没有指引中华民族实现救亡图存。

第四，在中国民族资产阶级诞生的同时，与之相对应的工人阶级也由此诞生，但自诞生之日起，他们便深受封建主义、帝国主义和资本主义的三重压迫与剥削，这些压迫与剥削的残酷和严重都是世界历史上少有的，故而他们具有强烈的反抗意识，在革命斗争中比任何别的阶级都更加坚决彻底。最初，工人阶级的人数并不多，但由于近代中国工业都集中在沿海沿江的少数大中型城市中，且许多都是由破产或不堪剥削的农民转变而来，因此近代中国的工人阶级不仅便于组织联系和共同学习宣传先进文化与思想，且与农民阶级有着密切而不可割舍的联系，有利于形成巩固的工农联盟。在内忧外患灾难深重的近代中国，经历了农民阶级领导的太平天国运动、义和团运动和资产阶级领导的戊戌变法、辛亥革命的失败后，挽救中华民族于危亡的重任最终落在了工人阶级身上。同时，在国际上，十月革命的胜利吹响了世界无产阶级革命的号角，马克思主义在中国的传播坚定了工人阶级和无数有识之士的挽救中国革命的决心与勇气。1919年五四爱国运动爆发，中国工人阶级第一次作为独立的政治力量登上了历史舞台，中国革命进入了新的历史时期，即新民主主义革命时期。无产阶级作为中国革命的领导阶级，开始掌握民主革命的领导权。在中国共产党的领导下，在马克思主义、毛泽东思想的正确理论指导下，中国革命发生了天翻地覆的变化，终于推翻了帝国主义、封建主义、官僚资本主义在中国的统治，取得了新民主主义革命的伟大胜利，建立了独立自主的中华人民共和国。

马克思认为："人们的社会历史始终只是他们的个体发展的历史，而不管他们是否意识到这一点。他们的物质关系形成他们的一切关系的基础。这些物质关系不过是他们的物质的和个体的活动所借以实现的必然形式罢了。"① 即社会历史的发展阶段可以从个人与社会的关系上予以划分，马克思由此把人类历史发展的过程划分为三种社会形态：人的依赖性社会、物的依赖性社会和人的全面而自由发展的社会。"人的依赖关系（起初完全是自然发生的），是最初的社会形态，在这种形态下，人的生产能力只是在狭窄的范围内和孤立的地点上发展着。以物的依赖性为基础的人的独立性，是第二大形态，在这种形态下，才形成普遍的社会物质变换，全面的关系，多方面的需求以及全面的能力的体系。"② 自原始社会末期至奴隶制、再到封建制的中国古代社会，无疑处于第一阶段。而鸦片战争后，中国近代的工业化虽然很大程度上是受外力刺激而兴起的，但毕竟也开始了由封建制度下的农业自然经济向半殖民地半封建社会的工业经济的转型，也是由"人的依赖性社会"向"物的依赖性社会"的过渡。正是这种备受阻碍的艰难转型，致使近代中国的社会现实出现了多种经济形态和多个阶级阶层并存斗争、多样文化思想和多种伦理道德交汇碰撞的特点，也由此使得中国传统伦理思想不再适合中国社会的现实需要，进行彻底的变革是必须也必然的。

二、中国近代社会现实与传统伦理思想变革的关系

以"家天下"、"天人合一"、"君权神授"、"仁义礼智信"等为价值原则和行为标准的中国传统伦理思想，在稳定社会秩序、强调整

① 《马克思恩格斯选集》第4卷，人民出版社1972年版，第372页。
② 《马克思恩格斯选集》第4卷，人民出版社1972年版，第141页。

体利益、保家爱国、重义轻利，突出道德义务的方面固然有着积极而深远的影响。但随着社会的进步，当资本主义甚至社会主义成为时代的发展方向和必然选择之时，中国传统伦理思想中对人性自由的束缚和个性发展的禁锢，便成为必须变革和抛弃的因素，取而代之的"自由"与"平等"则成为了近代伦理变革的主题。

对自由的强调与追求，在中国传统伦理思想体系中特别为道家所推崇，最能反映庄子思想的名篇《逍遥游》即是通篇表达了其欲求悠然自得、自在放达的思想，且这种自由为庄子其后无数的文人隐士所赞叹追求。但庄子的自由，目的是脱离现实的束缚而达到"至乐无乐"，即不仅脱离物质上的束缚，更要脱离欲望的束缚，超越人的所有欲望达到"独与天地精神往来"的境界。然而，这却仅是士大夫阶层在纷繁复杂的社会中、在现实中遇到挫折时寻求心灵慰藉和超脱的狭隘自由。同样，早在春秋之际的墨子以"兼爱"为伦理原则的思想中，也集中反映了中国传统伦理思想中对平等的期盼与憧憬。区别于儒家"亲亲有术"有差等的爱，墨子认为"爱无差等"。且"夫爱人者，人必从而爱之"，反映了春秋之际士大夫和自由平民阶层不满于奴隶主贵族的统治，期盼改变自身社会地位的理想。但是，这些关于平等的思想同庄子追求的"自由"一样，毕竟有着时代的局限性，在奴隶社会和封建社会这样的"人的依赖关系"的社会中，是不存在实现这种"自由"和"平等"的条件的。近代伦理道德体系中，人的自由是个人的人格构成，主要指意志自由，体现为人格的独立、平等和尊严，当然也包括个人的志趣、爱好、才能和性格的自由发展；平等，则不仅仅指物质上的相等或平均，而是人与人之间在精神上相互理解、相互尊重，在社会、政治、经济、法律的各个方面享有相等的权利与义务。而这种自由和平等，只有当商品经济普遍发展后，才具备产生和存在的必要条件。马克思认为："如果说经济形式，交换，确立了主体之间的全面平等，那么内容，即促使人们去进行交换的个人材料和物质材料，则确立了自由。可见，平等和自由不仅在以交换价值为基础的交换中受到尊重，而且交换价值的交换是一切平等和自由的生产的、现实的基础。作为纯粹观念，平等和自由仅仅是交换价值的交换的一种理想化的表现；作为法律的、政治的、社会的关系上发展了的东西，平等和自由不过是另一次方的这种基础而已。"① 因此，当商品经济普遍发展后，上层建筑中必然会出现追求自由与平等的社会思潮。这在欧洲发生于文艺复兴时期，在中国，则发生在鸦片战争后。

近代中国，从龚自珍起，无论是旧民主主义革命时期资产阶级思想家们引导的伦理革命，还是新民主主义革命时期马克思主义指导下的道德革命，都是将矛头对准传统伦理思想中束缚人性自由、制造人与人差等、以"三纲"为表征的宗法制。而宗法制，正如本章第一节所述，是中国古代社会中高度分散的自然经济与高度集中的君权统治并存这一基本现实下的必然选择。因此，当古代社会赖以存在的经济和政治基础分崩离析之时，代表时代前进方向的商品经济蓬勃发展之际，必然会导致宗法制的消亡。同时，要充分解放生产力，发展商品经济，也必须解放被民族压迫和封建压迫双重束缚的中国人民，使其获得真正的自由和平等。于是，所谓近代的"伦理变革"或"道德革命"，其本质便均是"个性解放运动"。② 这不仅是旧民主主义革命，也是新民主主义革命的目标，但在如何实现这一目标上，两个革命阶段的指导思想、伦理观念和实践途径却有着质的区别。这不仅是旧民主主义革命和新民主主义革命的引领阶级不同造成的差别，更是由两个历史阶段的经济、政治、文化等社会存在的不同而造成。但围绕着共同目标，针对变革家族本位的宗法制倡导自由平等这一主题，资产阶级和无产阶级的思想家和伦理学家们都进行了不懈的努力与探索，涉及的内容主要包括伦理道德的理论依据、伦理精神和道德原则、人生观价值观以及道德修养论等，并形成了全盘西化的自由主义、复古保守主义、马克思主义三大伦理思潮。前两种思潮自中西方伦理文化交汇之日起便一直争论，此消彼长，五四运动前后，马克思主义伦理思想传入中国，使近代中国文化思想界的论战更加激烈。本书第三章将重点介绍这部分内容。

然而，不可否认的是，虽然封建社会和宗法制赖以存在的自然经

---

① 《马克思恩格斯选集》第 46 卷，人民出版社 1972 年版，第 197 页。

② 朱贻庭：《中国传统伦理思想史》，华东师范大学出版社 2003 年版，第 512 页。

济已经解体，但我们在第一节中提到的，中国自原始公有制社会向私有制社会的温和转型以及由此导致的对血缘亲情和人际关系的重视这一文化特质却没有改变，因此，中国传统伦理思想不会也不能因此而消亡。它在漫长的发展完善过程中积淀了和谐、亲善、诚信的民族心理与克勤持俭、自强不息的民族品质，陶冶了一批又一批肯为国家和民族大义而"富贵不能淫、贫贱不能移、威武不能屈"的仁人志士。禁锢人性的糟粕在新旧民主主义革命中被剔除和废弃，其精髓不仅被保留，而且与西方启蒙思想和马克思主义相结合，指引着资产阶级和无产阶级，为挽救内忧外患的近代中国而不懈努力。

第三节　中国现代社会与社会主义价值观

1949 年 10 月 1 日，中国共产党领袖毛泽东在天安门上向全中国、全世界庄严宣告："中华人民共和国中央人民政府成立了！"这个洪亮的声音震撼了北京城，震撼了全国，震撼了全世界，开创了中国各民族人民的新世纪，中国历史也由此开启了新的篇章。而早在五四运动前后，科学全面揭示着历史前进方向、代表无产阶级利益的马克思主义理论便在中国大地落地生根。特别是以马克思主义理论为理论武装的、代表无产阶级和中国最广大人民群众利益的政党中国共产党的正式成立，使得马克思主义不再仅仅是一场思想启蒙运动，更成为了一次伟大的社会改造运动。此后，正是在马克思主义理论的指导下，中国共产党领导着中国人民进行了长期而艰苦卓绝的斗争。在世界社会主义运动的滚滚浪潮之中，马克思主义理论逐渐与中国的革命实践相结合，演化和发展出了具有中国特色的社会主义价值理念以及伦理道德观。这些理念和观点，成为了中国共产党和人民在取得新民主主义革命胜利后新道德建设的主导方向，它与中国传统伦理思想相互融合，指导着新中国道德建设的实践，并在实践中不断深化、完善。经过几十年的建设，形成了既不同于西方也不同于中国古代，但又汲取二者之长、适应中国现代社会的新的伦理道德思想。社会主义核心价值体系，则更是为了适应全球化时代新的国际国内形势而由中国共产党提出的新时代伦理道德体系。

一、中国现代社会的主要特点

现代中国，始于 1949 年新中国的成立，至今六十余年，是中国人民于世界民族之林的自立时代，也是中国从遭受侵略奴役的弱国变为世界政治舞台上起到举足轻重作用的自强时代。在此期间，中国社会经历了新民主主义革命和社会主义革命，并开始了在社会主义建设道路上的探索，探索的方向和过程总体而言是前进中有曲折，在曲折中向前进，同时在经济、政治、文化领域呈现了如下特点：

其一，始终坚持公有制经济的主体地位，但经济结构和体制历经两次重大转变。新中国成立之前，由于经历了长期的动乱与战争，基础设施建设停滞，货币贬值，交通运输不畅，人民群众生活水平低下，社会矛盾尖锐，外国资本主义、官僚资本主义控制国民经济命脉，经济几近崩溃边缘。新中国成立之后，党和国家立即着手对国民经济情况进行改革，没收官僚资本，驱逐外国资本，改造城市工商业，实行农村土地集体化，统一财经，初步建立起了以国营经济为主导、私有经济占优势、多种经济形式并存的经济结构。1953 年起，我国开始进行社会主义工业化建设和对农业、手工业与资本主义工商业的社会主义改造（即三大改造），至 1956 年改造完成，我国经济结构由多种经济形式并存转变为社会主义公有制经济占绝对优势，并逐步形成计划经济体制，实现了新中国成立后的第一次重大转变。单一的社会主义公有制经济和高度集中的计划经济体制，在当时社会生产力总体水平较低、生产资料尚不充足的情况下，对有计划地统筹安排国民经济各部门之间的发展比例关系，合理地分布生产力，有效地利用人力、物力、财力，搞好生产与需要之间的平衡，促进国民经济协调发展等方面，都有着积极的推动作用。然而，随着时代的发展，生产力水平逐步提高，微观经济活动和社会需求开始多样化、复杂化，单一的公有制经济已无法满足人民群众日益增长的物质文化需求，高度集中的计划经济体制下效率低下、缺乏创新和发展的动力与活力等弊病不断暴露，改革经济结构和经济体制已成为必然。1978年十一届三中全会的召开，拉开了中国改革开放的序幕，家庭联产承包责任制的实行，在保证土地公有制的前提下，由人民公社的集体统一经营变为分户自主经营；城市国有企业改革，变单一的社会主义公有制为以公有制为主体、多种所有制共同发展的经济结构，经济体制也由计划经济体制向社会主义市场经济体制转变，完成了经济结构和经济体制的第二次重大转变。21世纪的第一年，中国正式成为世界贸易组织（WTO）成员，由此，繁荣发展的社会主义市场经济，又迎来了经济全球化带来的机遇与挑战，参与到世界范围内更加广泛的经济活动之中。

其二，始终坚持中国共产党的领导和人民民主专政。正如上一节所述，自由和平等是近代中国社会发展的必然趋势和人民最深切的期盼，这一目标经过资产阶级领导的旧民主主义革命没有实现，而最终由工人阶级的代表——中国共产党领导中国人民最终实现。中国共产党是中国工人阶级的先锋队，同时也是中国人民和中华民族的先锋队，始终代表中国先进生产力的发展要求，代表中国先进文化的前进方向，代表中国广大人民群众的根本利益，领导中国人民经过长期浴血奋战，建立中华人民共和国，以实现人民的自由和平等以及真正翻身当家作主的渴望为奋斗目标。而要建成人民民主专政的新国家，适合的政治制度无疑是人民代表大会制。在新中国成立初期，由于政治经济形势的复杂性，普选条件尚不具备，我国曾一度实行人民民主协商制度，至1953年下半年起，在全国范围内进行了我国第一次空前规模的普选，并在此基础上由下而上逐级召开人民代表大会。1954年9月，第一届全国人民代表大会第一次会议召开，它标志着人民代表大会制度从中央到地方系统地建立起来了。而我国的政体也由此确定为人民代表大会制。六十年的实践表明，坚持人民民主专政、实行人民代表大会这种组织形式，能够把人民内部不同阶级、阶层的共同利益集中起来，能够反映和协调各方面的特殊利益，并凝聚全国人民的力量，使之紧密地团结在党中央的周围，共同完成社会主义现代化建设的任务。这是任何资本主义民主制度所不可比拟的。然而，我们也必须清醒地看到，作为当今世界人口数量最多的发展中大国，人民群众的利益需求具有极大的广泛性与复杂性，实现过程也必然是长期而艰巨的，这就要求一个代表最广大人民群众根本利益的坚强的政治核心，作为掌权者和执政者，凝聚全国人民的力量，处理发展过程中的矛盾，使社会主义建设朝着正确的方向前进。最终，这一历史重任，落在中国共产党的肩上，就是因为中国共产党以全心全意为人民服务作为自己的根本宗旨，而全然不谋求自己的私利。坚持党对人民代表大会的领导，不仅有利于发挥国家权力机关的作用，而且便于把党的主张变为国家意志，动员和组织全国人民一起行动。在全球化的新时代中，面对纷繁复杂的国际国内政治形势，始终坚持中国共产党的领导和人民民主专政，则具有更加重要的意义。

其三，文化上始终坚持马克思主义的指导地位，但同样历经两次转变。随着新民主主义革命的胜利，毛泽东向全世界宣布了新中国的成立，随之确立的还有新民主主义文化在思想文化界的核心地位。但由于新民主主义社会毕竟是社会主义社会制度完全确立前的过渡阶段，因此，社会主义改造便成为新中国成立后社会发展的必经阶段。直至 1956 年，社会主义改造宣告结束，社会主义制度在中国完全确立，思想文化领域也随之经历了第一次转变，即新民主主义文化向社会主义文化的转变。转变后的社会主义文化坚持马克思主义理论的指导地位，党和政府也在这一历史时期提出了学术上"百家争鸣"、艺术上"百花齐放"的文化方针，但由于当时的中国深受苏联模式影响，"左倾"思想和教条主义在思想文化界盛行，同时党的主要领导人对社会主义的文化建设与思想意识形态领域的斗争形势的错误估计，使得上述有益的方针政策最终未能得到实施和贯彻，并且这些错误也未得到及时修正，甚至渐行渐远，最终导致了"文化大革命"。以江青为首的"四人帮"集团以纯洁社会主义文化的名义，对中国传统文化进行了毁灭式的打击，对外来科技文化采取了完全的抵制，对人们的思想意识和社会文化氛围造成了极坏的影响，严重阻碍甚至破坏了社会主义文化建设的进程。此时的社会主义文化虽然仍以马克思主义理论为指导思想，却由于极"左"教条主义的泛滥，而使得其过于局限。1978 年，随着十一届三中全会的召开，党和政府终于重新对社会主义建设发展的方向予以纠正，改革开放的实施与社会主义现代化建设的全面推进，使中国特色社会主义社会的各项经济、政治制度逐渐完善，中华民族的优良传统文化与西方先进思想文化成果被广泛吸收、运用，以马克思主义为指导、结合中国改革开放具体实践的社会主义文化也重新焕发活力，由此实现了传统社会主义文化向中国特色社会主义文化的时代性转变。这第二次转变，使中国的社会主义文化真正成为海纳百川、博采众长又兼具中国特色、面向世界与未来又脚踏实地的先进文化。在网络化和信息化席卷全球的当今世界，人们的眼界更加开阔，思想也更加解放，中国特色社会主义文化面临着更多的冲击与碰撞，怎样坚持和确保马克思主义理论的统领地位已成为重要议题。

由此可知，虽然历经曲折，但我国现代社会总体而言是在探索中不断前进的，这一历程是中国人民建立政权、巩固政权、探索与发展中国的历程，也是中国社会从传统社会向现代社会、从农业社会向工业社会、从封闭社会向开放社会变迁和发展的历程，更是中国走向富强、民主、自立的历程。

二、中国现代社会对社会主义价值观发展的影响

社会主义价值观，是马克思主义理论中的重要价值理念，是以唯物史观为指导形成的以实现人的全面发展为核心的社会主义价值观。在马克思、恩格斯的马克思主义哲学、政治经济学和科学社会主义三大理论中，始终贯穿着人类解放和全面发展的价值理念，也是马克思主义伦理思想的核心内容，包括了对价值问题的认识、社会主义价值观的基本取向、社会主义价值的主体、创造源泉以及实现条件等重要组成部分。列宁在其思想体系和论著之中从社会主义的政治、经济、文化建设等方面又进一步完善了社会主义价值观，形成了系统的马克思主义伦理思想体系和社会主义核心价值观念、对世界无产阶级运动和社会主义革命均产生巨大而深远影响。马克思主义在中国落地生根后，以毛泽东为核心的中国共产党人结合中国传统伦理思想及近代启蒙思潮的进步思想，开创了马克思主义伦理思想和社会主义价值观中国化的道路，并创造性地提出"全心全意为人民服务"这一党的核心

价值观，为新民主主义革命和社会主义革命运动的核心价值观塑造指明了方向，具体内容可参见本书第三章。

新中国成立后，由于仍处于新民主主义社会向社会主义社会的过渡时期，经济结构仍是多种经济体制并存，社会阶层构成仍然十分复杂，人民的物质和文化生活水平也尚待提高，因此，中国共产党在继续丰富和弘扬"为人民服务"的核心价值观念的同时，创造性地提出了以"五爱"，即"爱祖国、爱人民、爱劳动、爱科学、爱护公共财物"为核心和主题的社会主义伦理道德观。这一伦理道德观通俗好懂，易于宣传，马列主义、毛泽东思想也以之为载体得到传播和普及，社会主义价值体系的指导地位也日益牢固，对新民主主义社会向社会主义社会的转型起到了积极的推动作用。随着三大改造的结束，中国社会正式进入社会主义社会阶段，社会主义公有制经济成为社会经济基础，人民代表大会制得到自上而下的贯彻实施，在完全实现"自由"和"平等"后，"民主"和"法制"成为党和人民共同追求和强调的伦理价值。虽然受到"文化大革命"的影响，人民民主专政和依法治国受到过冲击和破坏，但在周恩来、邓小平等党和国家领导的干预和挽救下，"民主"和"法制"最终成为深入人民的核心价值，并在此过程中，形成了以马克思主义为指导、为人民服务为宗旨、注重集体主义原则、以"五爱"为基本道德要求的社会主义核心价值观。

1978 年，十一届三中全会重新确立了解放思想、实事求是的思想路线，实现了工作重心的转移，中国进入改革开放的新时期。有鉴于此，中国共产党对中国化的马克思主义伦理思想特别是社会主义核心价值观开展了深入的探索、丰富和完善。党的十二大以后，中国共产党以马克思主义为指导，加强了民主法制教育和公民道德教育，同时深入开展爱国主义、集体主义教育，着力培养"四有"新人，倡导和弘扬民族精神与创业精神，继续丰富和完善社会主义核心价值观的内涵。此后的十二届六中全会和十四届六中全会，明确和重申了社会主义精神文明建设的指导思想、目标任务、基本方针和重要措施，全面部署加强文明建设特别是思想道德建设的各项工作，进一步丰富和发展了社会主义核心价值体系。在此期间，邓小平关于社会主义本质的论述以及"三个有利于"这一标准的提出，对中国特色社会主义核心价值观的建设起到了巨大的推动作用。

进入 21 世纪后，社会主义改革和发展进入了关键时期。社会主义市场经济全面繁荣，我国作为 WTO 成员正式融入世界经济浪潮之中，中国社会再次进入转型期。全球化、工业化、城市化、信息化给中国的经济、政治、文化的繁荣发展创造了前进动力和无数机遇，但近年来，随着开放的进一步扩大、全球化的日益深入以及信息技术和网络化的全面扩展，西方资本主义国家对我国意识形态领域的渗透更为加剧，加之市场经济和工业化、城市化本身也会带来人际关系物化、资源分配不公、贫富差距扩大、道德失范加重等诸多问题，中国传统伦理道德观和社会主义核心价值观均面临着极大挑战。2001 年，中共中央印发了《公民道德建设实施纲要》，进一步明确了新形势下公民道德建设的目标任务、方针原则、主要内容和方法途径，并将"爱国守法、明礼诚信、团结友爱、勤俭自强、敬业奉献"二十个字确立为公民基本道德规范，使社会主义核心价值观理论得到极大丰富。十六大明确"三个代表"重要思想的指导地位，丰富了党的价值观，对社会主义初级阶段的共同理想进行了更为具体的阐述，即增强创新精神，以全面建设小康社会为目标。十六届六中全会，党中央首次明确提出"建设社会主义核心价值体系"的科学命题，并指出其基本内容包括马克思主义指导思想、中国特色社会主义共同理想、以爱国主义为核心的民族精神和以改革创新为核心的时代精神、社会主义荣辱观四部分。在十八大上，又将其凝练为"富强、民主、文明、和谐、自由、平等、公正、法治、爱国、敬业、诚信、友善"，以简洁的二十四个字将社会主义核心价值体系的内涵加以概括，使之更加完善全面并易于推广传播。

现代中国，历经经济体制的深刻变革、社会结构的大幅变动、利益格局的不断调整、物质生活的持续改善，以及西方文化的广泛引入，这一切现实作为社会存在都共同决定着人们的伦理道德和价值观念必将产生重大变化。而马克思主义理论指导地位的不断巩固，以及中国共产党和人民对社会主义核心价值体系的共同探索、丰富、完善和践行，也确保了中国社会主义社会经济、政治和文化的正确方向与持续繁荣。

第四节　社会主义核心价值体系的
传统伦理思想渊源

社会主义核心价值体系，是以马克思主义指导思想为灵魂、以中国特色社会主义共同理想为主题、以民族精神和时代精神为精髓、以社会主义荣辱观为基础的、有机统一的完整价值体系。社会主义核心价值体系的构建和发展，是时代的使命，是社会发展的必然需求，是中华民族的兴国之魂。当代中国伦理学的开拓者罗国杰先生说："一旦一个民族抛弃或失去了自己的民族传统，或者被别的民族的文化所征服，那么，这个民族的生存也就岌岌可危了。"因此，社会主义核心价值体系的建设与发展，必须也必然是以中华传统文化特别是中国传统伦理思想作为其宝贵养料、"源头活水"与文化底蕴。特别是作为社会主义核心价值体系指导思想的马克思主义，与中国传统伦理思想有着广泛的共通性，而社会主义核心价值体系中的共同理想、民族精神和社会主义荣辱观这些基本元素，更是对传统中国传统伦理思想中德治文化、礼治文化等合理元素的一种汲取和创新。

一、中国传统伦理思想成为社会主义核心价值体系
文化渊源的原因

中国传统伦理思想与马克思主义的契合是前者成为社会主义核心价值体系文化渊源的根本原因。两个事物之间的融合，必然有着彼此相通的共同之处。在"中国传统伦理思想主要内容"一部分我们认为中国古代伦理学家们对道德本源的探究经历了由虚无到实际、由外物到自身的过程，最终确立了人作为价值主体的地位，并由此衍生出了对人在社会发展中的作用的肯定，产生了以民为本的民本思想。从夏

商时期的"民为邦本，本固邦宁"①，到春秋战国孔子主张"天地之性人为贵"②、孟子提出"民为贵，社稷次之，君为轻"③，又到唐代魏征的"君，舟也；人，水也；水亦载舟，亦能覆舟"④的重民思想，至明清之际王夫之所倡的"君以民为基"，无不展现出中国传统伦理思想中注重民心民意、视民众为推动经济政治发展力量的朴素人道主义，而这与马克思主义思想体系中"社会发展的历史是人民群众的实践活动的历史，人民群众是历史的创造者"的唯物主义历史观有着极大的契合。中国共产党正是以唯物主义历史观为指导，继承并发扬了中国传统伦理思想中以民为本这一具有历史进步意义的思想，形成了"为广大人民群众谋利益"的价值取向，坚持人民群众的历史主体地位，尊重人民群众的首创精神，以广大人民群众的根本利益为准则。特别是科学发展观中"以人为本"理念的提出，是马克思主义关于人民主体和人的全面发展的理论与中国传统伦理思想的有机结合，是马克思主义中国化的群众观点的诞生之基，也是社会主义核心价值体系的重要理论依据。

二、中国特色社会主义共同理想的历史渊源

和谐思想与"大同社会"的传统社会理想，可看做是中国特色社会主义共同理想的历史渊源。中国特色社会主义共同理想，是全国各族人民凝心聚力，在中国共产党的领导下，通过中国特色社会主义建设，实现中华民族的伟大复兴。而追溯这一社会理想的雏形与渊源，除了马克思主义唯物史观的指导，还源自于中国传统伦理思想中关于"大同社会"的憧憬。"大同社会"，是以儒家为代表的思想家们所宣扬的最高理想社会或人类社会的最高阶段。《礼记·礼运》描述道："大道之行，天下为公，选贤与能，讲信修睦，故人不独亲其亲，不

---

① 《尚书·五子之歌》。
② 《孝经·圣至章》。
③ 《孟子·尽心下》。
④ 《贞观政要·论政体》。

独子其子，使老有所终，壮有所用，幼有所长，鳏寡孤独废疾者皆有所养，男有分，女有归。货恶其弃于地也，不必藏于己；力恶其不出于身也，不必为己。是故谋闭而不兴，盗窃乱贼而不作，故外户而不闭，是谓大同。"由此可知，传统的"大同社会"具有如下特点：其一，"天下为公"是整个社会构成的基础，这既包括财产公有，即人们共同劳动、共同分享成果，也包括权利的公有，即选贤任能的权利为天下民众所有。其二，因为"天下为公"，所以所有民众均是社会的一员，享有平等的权利和义务，因此在这个社会理想中人人生而平等，人际关系"讲信修睦"。其三，人得其所、人尽其才、物尽其用、人人为公，人们充分关注弱势群体，具有高度的社会责任心和劳动自觉性，生活中互帮互助，毫无后顾无忧。同时，也正如前文所述，和谐思想是中国社会在更替变革的历史中形成并存在已久的核心价值观之一，道家、墨家均以人与自然的和谐相处为修身律己之道，而作为中国伦理价值观正统的儒家思想，更是以倡导人与人之间关系和谐为伦理之精髓，孔子提出"君子和而不同，小人同而不和"即是如此。胡锦涛指出："我们所要建设的社会主义和谐社会，应该是民主法治、公平正义、诚信友爱、充满活力、安定有序、人与自然和谐相处的社会。"① 很大程度上源自千百年来古代伦理学家们孜孜以求的社会理想，更可视为社会主义核心价值体系中关于中国特色社会主义共同理想对中华民族传统伦理中大同社会理想及和谐思想的呼应。

三、新时期以爱国主义为核心的民族精神的主要来源

"家国同构"的伦理传统与朴素的爱国主义情操是新时期以爱国主义为核心的民族精神的主要来源。民族精神，是同一民族在长期的共同生活与社会实践中形成的、被大多数民族成员所接受并认同的思维方式、价值取向、思想品格和道德规范的总和。其形成历程，是由

---

① 胡锦涛：《在中共中央举办的省部级主要领导干部提高构建社会主义和谐社会能力专题研讨班在中央党校开班仪式上的讲话》。

该民族在历史发展过程中的政治、经济、文化等特点共同决定的。中国古代社会中，分散的自然经济中以家庭为单位进行生产生活的经济基础，以及以血缘为纽带的宗法制长期存在的政治基础，决定了中国古代社会"家国同构"的基本特点——以父系家长制为中心、以传子传嫡为继承系统的宗法制，既是维系一家一户自然经济的社会结构，也是维系"家天下"君主统治的牢固基础。于是形成了国与家休戚相关、互为依存的伦理传统，也由此产生了贯穿中华文化始终的爱国如家的朴素爱国主义情操。这种伦理传统及爱国主义情操，包含着"国而忘家，公而忘私"①、"天下兴亡、匹夫有责"的以天下为己任的使命感和责任感，也包含着"苟利国家生死以，岂因祸福避趋之"、"我以我血荐轩辕"、"人生自古谁无死，留取丹心照汗青"的无惧生死的英雄情怀和壮志豪情，更包含着在中华民族千百年民族交往和民族融合的历史中形成的团结统一、爱好和平的宝贵精神，以及中国人民在与自然和社会抗争、奋斗过程中形成的勤苦耐劳精神。新的历史时期，以爱国主义为核心的民族精神是中国共产党在长期革命和社会主义建设过程中，通过对"家国同构"的伦理传统和朴素爱国主义情操的继承与扬弃，集中体现了国家、民族、人民的根本利益，是社会主义核心价值体系的精髓之一，更是马克思主义指导思想融入和植根民族文化和中国传统伦理思想形成的辉煌成果。

四、新时期以改革创新为核心的时代精神的内在支撑

自强不息的忧患意识和求变求新的创新精神是新时期以改革创新为核心的时代精神的内在支撑。时代精神是在新的历史条件下形成和发展的，是体现民族特质、顺应时代潮流的思想观念、行为方式、价值取向、精神风貌和社会风尚的总和。从《周易》中"君子安而不忘危，存而不忘亡，治而不忘乱"，到范仲淹的"先天下之忧而忧，后天下之乐而乐"，中国古代社会的无数仁人志士，以"生于忧患，死

---

① 《汉书·贾谊传》。

于安乐"的历史责任感和使命感，关注着社会、民族、国家的兴衰荣辱，从而产生了自强不息、奋发拼搏的勇气和决心。也正是这种忧患意识的存在和自强不息的决心，在鼓舞着中华民族在为民族崛起和辉煌而奋发拼搏的过程中，也不断激发着人们求新求变、以变图存的改革勇气和创新精神。早在《周易·乾·文言》中即有"终日乾乾，与时偕行"说明与时俱进之意。《礼记·大学》中"苟日新，日日新，又日新"思想都贯穿了"变"这一革故鼎新的核心观念。《吕氏春秋》更是形象地提到"世易时移，变法宜矣。譬之若良医，病万变，药亦万变；病变而药不变，向之寿民，今为殇子矣。"中国历代变革更是均以《周易》中"穷则变，变则通，通则久"作为变法维新的理论依据。可以说，中国传统伦理思想中自强不息的忧患意识使中华民族永葆旺盛的生命力，而求新求变的创新精神使中华民族获得了持续发展的不竭动力，将此二者提炼和上升为新时期改革创新的时代精神，使其成为社会主义核心价值体系的重要内容，是文化自觉的变现和要求，也是我们的时代和事业的需求所在。

五、社会主义荣辱观的价值参照

崇德厚理的德性文化和明礼知耻的礼治文化是社会主义荣辱观的价值参照。华夏民族是对伦理道德极其重视和强调的民族，中华文化也是崇尚德性与礼治的文化，而中国传统伦理思想中对于何为荣、何为耻的道德观念体系也早有论述，其中不乏精辟之言，时至今日，对我们构建社会主义荣辱观也有积极的参考价值。传统伦理思想中，崇德厚理的德性文化强调发挥每一个人的道德自觉，相信道德的力量是维护和调节国家、社会的最有力的杠杆。所以有《论语·为政》的"道之以政，齐之以刑，民免而无耻；道之以德，齐之以礼，有耻且格。"即"政"和"刑"的效果是明显的，但却很有限，治标不治本，只有道德的力量才是无限的，这种"合理的行为方式"不仅能缓和人与人、人与社会、统治者与被统治者之间的关系，而且能培养和激发人们积极向善的精神。同时，明礼知耻的礼治文化，则认为"礼作，然后万物安",强调以礼正身、以礼平天下,而"礼、义、廉、耻"更是关乎国家民运的重中之重,正如管仲所说:"国有四维,一维绝则倾,二维绝则危,三维绝则覆,四维绝则灭……何谓四维。一曰礼,二曰义,三曰廉,四曰耻。"① 又如朱熹道:"耻者,吾所固有差恶之心。有之则进于圣贤,失之则入禽兽,故所系甚大。"② 由此可见,传统伦理思想中这些优秀的道德规范,是中华民族宝贵的精神财富和文化遗产,更是当今时代社会主义荣辱观在形成和提出过程中必须也必然汲取的精华所在。以"八荣八耻"为核心的社会主义荣辱观,是社会主义价值取向的集中体现,既反映了民族文化和时代精神的根本要求,是对中国传统伦理思想乃至中华文化的深层精神追求的承袭与坚守,更为我国当今社会公民道德建设提供重要的道德原则和价值标准。

对中国两千余年的社会发展情况、中国传统伦理思想的形成、发展、衰落、变革直至今天超越与升华的历程,以及社会主义核心价值体系的思想文化渊源的梳理至此告一段落。本章内容并非对其后章节内容的简要概述与介绍,而是正如本书前言所述,旨在以唯物主义历史观为研究方法和视角,去揭示作为上层建筑的中国传统伦理思想向社会主义核心价值观转变的动力与必然。我们也必须看到,不管是文明伊始的原始社会末期和奴隶社会,还是持续两千余年的封建社会,抑或历经百年战乱与沧桑的半封建半殖民地社会,直至今天欣欣向荣的社会主义社会,中国社会的主流伦理思想和核心道德价值观念中,始终保留着一份浓浓的血脉亲情与家国情怀,即使已经融入"地球村"的当代中国,在文化特别是伦理道德观念与思想方面,仍旧保持着流传千年的特色与传统。这不仅仅是因为中国传统伦理思想在近现代变革及与马克思主义伦理思想的相互融合的历程之中已被发扬光大,更是因为中国传统伦理思想,已经深入每个华夏儿女的骨髓与心灵,成为了中华民族的民族之魂。社会主义核心价值体系,也正是由此汲取了不竭的生命力与创造力,成为新时代引领中国人民继往开来的精神旗帜。

---

① 《管子·牧民》。
② 朱熹:《孟子集注》。

但是，在继承和发展过程中，我们也应注意：第一，由于时代性和阶级性，中国传统伦理思想中难免糟粕与精华并存，比如强调和谐的同时也难免会因循守旧、故步自封，"爱国"往往与"忠君"并论，"重礼"导致了宗法制对人之平等的倾轧，而"崇德"则导致了社会秩序对法治的轻视，这些都需要加以甄别和去除，不可笼统地全盘继承；第二，中华民族自古以"海内存知己，天涯若比邻"的胸怀欢迎和接纳其他民族和国家的互通有无，但到封建社会后期，特别是清朝鸦片战争之前，却以闭关锁国的政策关上了开放的大门，客观上造成了中华民族思想意识领域的落后与闭塞，在全球化与信息化的世界大环境中，构建社会主义核心价值体系，除了要充分认识和发掘中国传统伦理思想中的优秀成果，更要避免被文化自豪所蒙蔽双眼，而应以国际化的眼光和开放的胸襟，汲取世界其他民族和国家文化思想中的精华，取长补短，为我所用；第三，中国传统伦理思想是社会主义核心价值体系的文化渊源所在，但社会主义核心价值体系在构建过程却是对中国传统伦理思想的升华与超越，是坚持马克思主义指导思想，结合时代特点而进行的继承和改造。本书将在最后两章详细论述，在社会主义核心价值体系的研究与建设过程中，如何兼顾中国传统伦理思想的现代性转化和马克思主义中国化的双重目标，以确保社会主义核心价值体系的旺盛生命力。

第 二 章

中国传统伦理思想的演进与发展

中华民族拥有历史悠久的博大文化，拥有精深奥古的先进文明，华夏大地孕育了灿烂的中华文明，也在无形之中为中华民族设计并制作了人与自我、自我与他人、个人与家庭、群体与社会、个人与国家等十分完备且异常精致的伦理道德体系，成为规范个人、家庭、社会和国家行为的根本性制度，也成为处理个人、家庭、社会和国家关系矛盾与纠葛的基本准则。那么，什么是中国传统伦理思想呢，中国传统伦理思想经历怎样的发展与演进历程，如今又呈现怎样的形态呢？本章将对上述问题作出科学回答。

第一节　先秦时期中国传统伦理思想的历史演进

我们认为，所谓的中国传统伦理思想主要是指中国历代思想家提出的关于"如何为人处世"的道德体系。换言之，中国传统伦理思想是中华民族在长期社会实践中逐渐凝聚起来的道德心理、道德观念、道德准则、人生理想、道德思考和道德学说或伦理学说的总和，是具有严谨系统性的理论体系。中国传统伦理思想源远流长、内容丰富，它不仅是中华民族发展的强大精神支柱，而且对世界其他国家，特别是东方各国产生了深远影响。中国传统伦理思想按照历史朝代划分，可分成奴隶制社会时期的中国传统伦理思想，即先秦时期中国传统伦理思想，以及封建社会时期中国传统伦理思想，即秦汉以来中国传统伦理思想两个组成部分。本节主要回顾梳理先秦中国传统伦理思想发展脉络和基本特征。

一、夏商周时期中国传统伦理思想的萌芽

伦理是人与人，以及人与自然的关系，及处理这些关系的原则，是人们在社会实践基础上追求和谐社会关系和崇高道德标准的体现。美国《韦氏大辞典》将"伦理"定义为"探讨什么是好，什么是坏，以及探讨道德责任义务的学科"。从这种意义上来说，伦理就是一种社会价值形式。伦理是在社会实践基础上形成并经过长期历史沉淀而演化来的，中国古代伦理有其自身的发展轨迹和演化逻辑。中国传统伦理同其他国家社会伦理一样，都是历史发展和人类实践活动的产物，它历经漫长历史征程和波澜壮阔的历史长河，凝结于中华民族共同的文化心理结构之中。

（一）夏商周时期中国传统伦理思想形成的条件

社会伦理思想是人类历史发展到一定阶段的必然产物，是在经济基础之上确立的上层建筑的重要内容，它的形成与发展与特定的社会历史环境密不可分，中国传统伦理思想萌芽于夏商西周时期，这与夏商周时期的社会历史环境有着密切关联。中国夏王朝（约前21世纪—前16世纪）的建立标志着中国奴隶制的诞生，夏代建国前是一个由夏部落和东夷部落组成的强大部落联盟，传说夏禹的儿子启破坏了这个部落联盟首领由夏、夷部落轮流担任的传统，夺取了部落首领的职位，从此开始传子的世袭制度，即"天下为家"①。与此同时，宗教意识与伦理思想也在悄然发生变化，早期的教职人员——祝巫开始出现，祝巫也是中国古代社会最早的知识分子和思想家，在祝巫的影响下，原始宗教逐渐向人为宗教②转变，宗教观念的政治色彩逐渐显现出来。

---

① 《礼记·礼运》。
② 人为宗教，就是"以人为因素为主而发展起来的宗教"（恩格斯语），指与原始、自发宗教相对的，较高的宗教历史形态。

公元前16世纪，黄河下游的商部落逐渐强盛，并灭掉夏朝，建立商朝。商朝统治者建立了中国历史上空前强大的奴隶制国家，商王是这个国家的最高统治者，称为"予一人"、"余一人"，正所谓"国之大事，在祀与戎"①。商朝时期，中央对地方的控制实行"外服制"，即把地方划分为侯、田、男、卫四服，进行行政管理和经济剥削，旧有的氏族制度被保存下来，但氏族关系中出现了阶级关系的新内容。随着社会的关系的变化与调整，伦理思想也悄然发生了改变，人们逐渐从祖先崇拜和自然崇拜的伦理规范下挣脱出来，以上帝为至上的"一元伦理"开始出现。

公元前11世纪，在渭水流域发展起来的周人消灭掉殷商，建立起奴隶制的周朝。周朝建立至平王迁都洛邑，这段时间史称"西周"。西周时代占有统治地位的社会意识形态和伦理思想仍是宗教，宗教思想仍然是世界观、政治理论和伦理思想的基础，这与商朝并无大的差异。但由于周朝统治者总结吸取了殷商灭亡的历史教训，伴随宗法等级制度的确定，商周时期的伦理思想和宗教思想发生了很大的变化。因此，周朝宗教观和伦理思想并非完全承袭殷商宗教的观念。

（二）夏商周时期中国传统伦理思想的主要内容

早在殷商时期，中国古代社会就弥漫着浓浓的原始宗教氛围，人们大多希望通过求神算卜来预测凶吉，处处听天由命，因此，中国古人在自然面前显得异常渺小和无能为力。这与人们生活中的酗酒纵猎成习一致，充分折射出此时人们重自然和天命的思想文化特征，尽管盘庚迁殷是为了去奢行俭。由此可见，当时的人们已经有了朴素的道德自觉和伦理意识，但这种早期朴素的道德自觉与伦理意识在奴隶主贵族们的普遍反对声中遭到扼杀与毁灭。这也反映出先进的社会伦理意识与落后的社会关系之间呈现强大的反向张力，这种张力的存在与统治阶级的阶级属性和时代命题有着必然联系。

商周时期，"天命神权"思想在政治生活和宗教生活中占有重要

---

① 《左传·成公十三年》。

地位。天命神权思想与当时落后的社会生产力和自然科学水平发展的限制不无关系，由于宗教迷信思想在人们精神世界中占统治地位，人们热衷于崇拜祭祀，将人世间的种种现象和征兆归结于神灵的作用。在《上述·盘庚上》中记载，盘庚对执政者说：按照先王制度，必须恭敬地顺从天的命令，因此他们不敢永久居住在一个地方。由于不永久居住在一个地方，所以从立国到现在，已经迁移五次了，如果现在不去继承先王的旨意，那还谈什么继承先王的事业呢？上天本来就是要使我们的生命在这新邑里绵延辖区，要我们在这里继续复兴先王的事业。可见，商人行事，是以先王的法令制度为不可动摇的原则，而先王的法令制度则是以上天的意志为原则。这是一种以祖先崇拜和天神崇拜为价值取向的社会伦理思想和宗教信仰①。

商周时期，人们开始重视进取精神，为形成系统的"德性观"奠定了良好的基础。周朝统治者充分吸取夏朝灭亡的惨痛教训，注重"以德配天，敬德自励"，主张敬德而不废天命，将"敬德"作为统治者行为规范和调节社会关系的基本准则。一方面，商代统治者践行"尽职厚民"的统治伦理；另一方面，广大民众要切实做到"克己遵规"，坚决按照社会制度上要求的孝、公、廉、友等基本准则践行"具体德行"。因此，周朝开启了中国古代社会"以德治国"的历史先河。

商周伦理的最大特点是通过沿袭、变革与发展殷商时期的礼仪制度，从而实现社会道德伦理的自觉与社会关系的稳固。商周时期的宗法制度是以家族血缘关系为基础的，因此具有极强的封建等级性和权力的"梯度"，因此商周时期伦理体系是等级森严的宗法等级制度体系。早在《易传·序卦》中就有对这种宗法等级制度的生动描述："天地，然后有万物；有万物，然后有男女；有男女，然后有夫妇；有夫妇，然后有父子；有父子，然后有君臣；有君臣，然后有上下；有上下，然后礼义有所错，夫妇之道不可以不久也"。由此可见，商周时期，统治阶级通过对父子相继、嫡庶相分宗法等级制度的完善，

① 秦燕、张启勋：《中国思想文化概论》，西北工业大学出版社 2002 年版，第 19—20 页。

对封建社会的分封、君臣关系、丧服、庙数、婚娶等伦理仪式制度的建构与完备，初步形成了一套规范性、系统性和等级性的伦理道德体系和社会等级关系，这种伦理道德体系与社会等级关系与血缘和家族保持密切联系，把宗法制度与家族精神融为一体，形成了商周时期伦理道德体系的鲜明特征，"深深渗透在中国古代的伦常关系、道德体系、社会价值观念和民众行为方式乃至政治制度中，这是中国传统伦理文化的基本精神"①，也是中国古代伦理体系的雏形。"文化是一系列规范或准则，当社会成员按照它们行动时，所产生的行为应限于社会成员认为合适和可接受的变动范围之中"②，按照王国维的话说，商周时期人们重礼倡德，定规犯纪，无不旨在"合天子诸侯卿大夫庶民，以成一道德之团体"。

"周虽旧邦，其命维新"③。商周伦理以政治手段为工具，主张对旧有的宗教宗法制度进行全面改革，周朝统治者在推进政治改革基础上提出了"敬德保民"的主张，周朝统治者将道德伦理贯穿于社会生活的方方面面，作为维护社会正常秩序的规则和约束。郭沫若曾形象地形容这种伦理制度："这种'敬德'的思想在周初的几篇文章中就像同一个母题的合奏曲一样，翻来覆去地重复着"。周朝统治者对殷商时期的德性观进行了宗教式的改革，一方面，周朝的伦理思想强化了社会成员对血缘关系的认同，正如《国语·晋语四》写道："黄帝以姬水成，炎帝以姜水成，成而异德，故黄帝为姬，炎帝为姜。帝用师以相济也，异德之故也。异姓则异德，异德则异类。异类虽近，男女相及，以生民也。同姓则同德，同德则同心，同心则同志，同志虽远，男女不相及，畏黩敬（故）也"。另一方面，殷商时期"人性本善"思想成为周朝伦理改革的重要基石，《尚书·商书·盘庚》所记载："无有远迩，用罪伐厥死，用德彰厥善。"孔安国注："言远近待

---

① 张国均：《家族精神：中国传统伦理文化的基本精神》，《中国人民大学学报》1990 年第 3 期，第 82—86 页。

② 威廉·A. 哈维兰：《当代人类学》，上海人民出版社 1987 年版，第 242 页。

③ 《诗经·大雅·文王》。

之如一，罪以惩之，使勿犯伐去其死道。德以明之，使劝慕竞为善"，由此可见，周朝的"敬德"思想与"人性本善"思想有着密切的联系，德与善是伦理思想的两个重要方面，对党政统治者而言，善即是德；对普通百姓而言，德即是善。但是，善又不同于德，德又不等于善，两者存在微妙的区别。由于善的伦理可以成为社会成员的共同行为准则和思想的行为内容，因此，周朝统治者往往通过政治化的方式将道德伦理以国家强制力固定下来，使其成为统治阶级的意识。基于这样的逻辑，周朝的伦理思想既包含了对商朝伦理思想的认同，同时也有周朝的伦理思想特殊性一面，这种特殊性就在于周朝统治者将"敬德"的思想以国家强制力规定下来，成为统治阶级巩固自身统治地位和政治权利的政治工具，这也是中国历史上所谓的"意识形态"的开端。

（三）夏商周时期中国传统伦理思想的解崩

伴随社会生产力的发展和社会活动的内部变化，周朝末期，奴隶制社会下的中国传统伦理思想开始发生动摇，逐步走向衰落并最终解体。西周建国后，宗法制和分封制结合在一起，确立了宗法贵族的特权地位，主要生产资料逐层分封给各级贵族占有，用来剥削奴隶和平民。但各级贵族的所有权是不完全的，周王有权随时收回封地重新分配，所谓"溥天之下，莫非王土"① 就是当时土地制度的写照。西周中期，随着国势的衰落，士阶层和平民的处境也急剧恶化。昭王时南征受挫，穆王时征犬夷无功，又"欲肆其心"而"周游天下"②，荒废政事，出现"王道衰微"的局面。到了厉王时，为应对淮南蛮夷急剧消耗国力，王室进一步衰微，周厉王为了恢复王室实力，实行违反历史潮流的"专利"政策，把贵族和公社成员在山林川泽之地开辟的私田予以取缔，重新垄断山林川泽之利，他还改变了不从公社自由民份地上收税的旧典，增加了对公社自由民的剥削。

---

① 《小雅·北山》。
② 《左传·昭公十二年》。

　　上述这些政策直接触犯了平民的利益，引起民众舆论的强烈谴责。周厉王对舆论采取高压手段，造成"国人莫不敢言，道路以目"的恐怖局面。召公看到了政治危机，劝厉王"防民之口，甚于防川，川壅必溃，伤人必多，民亦如此"，并提出"为民者，宣之使言"① 的忠告。周厉王对此熟视无睹，继续倒行逆施，终于引起国人暴动，驱逐了周厉王。周宣王吸取前车之鉴，但宣王时代所谓的"中兴"并没有根本消除社会危机，周宣王的"南国之师"在连年征战中彻底溃败，接着有"料民于太原"之举，说明劳动者也纷纷逃散。军溃民散，正是士和平民不堪重负的表现，因此，周族成员从贵族到平民都对现实产生了普遍不满，于是在他们的精神世界中，对上帝祖先的传统信仰及由此产生的一系列社会伦理规范不可能不发生动摇和改变②。

二、百家争鸣与伦理思想的发展

　　春秋战国时期是中国古代社会第一个文化发展繁荣时期，百家争鸣现象的出现是中国古代社会生产力迅速发展，社会关系发生深刻变革的必然结果。这就决定了春秋战国时期社会思潮多元、思想理论发展的客观事实。百家争鸣集中反映了春秋战国时期新兴地主阶级与没落的奴隶主阶级之间的政治斗争，这种政治斗争在意识形态领域内在表现为新兴地主阶级为实现和维护自身阶级利益的政治意识表达和社会价值倡导。百家争鸣的出现为中国传统伦理思想，特别是中国封建社会伦理思想奠定了坚实基础，对中华民族伦理文化体系的形成和发展，为中国奴隶社会秩序的解构和封建社会秩序的重构提供了精神动力，在中华文化思想史上具有重要意义。春秋战国时期，各国政治家和思想家都广泛著书立说，试图对宇宙间万事万物和自然界作出代表本阶级自身价值的阐释和学说，以此来达到维护本阶级利益、扩大本阶级影响、巩固本阶级政权的目的。他们广收门徒，相互激辩，由此

---

　　① 《国语·周语》。
　　② 张凯之：《中国思想史》，西北大学出版社 2003 年版，第 13—15 页。

呈现出中国古代社会第一个文化发展繁荣景象。百家争鸣时期思想流派众多，较有影响力的思想派别主要有儒家、墨家、道家、法家、阴阳家、名家、纵横家、杂家、兵家和小说家①，笔者主要对其中具有代表性意义的思想流派作一介绍。

（一）孔孟与儒家学派

孔子（公元前551—公元前479年），名丘，字仲尼，春秋后期的思想家、教育家，儒家学派创始人。孟子（公元前372—前289年）进一步丰富和发展了孔子的儒家伦理思想，强调"仁"是儒家伦理最基本的行为准则和最高的道德标准。孔孟长期致力于儒家伦理思想的研究工作，他们在设计社会伦理规范和道德标准的同时，也开辟了中国伦理思想史的学理之路。儒家学派认为，国家治理和政权建设除了需要凭借统治阶级的强制力外，道德建设在国家政权建设中起到极其关键的作用。儒家伦理思想是一个系统而完备的思想理论体系，它与哲学、政治思想等相互渗透、相互补充、相互关联，构成了中国传统伦理思想主体大厦。当然，尽管孔子和孟子都是儒家思想的代表性人物，但他们的思想观点和价值主张也存在明显不同，儒家伦理思想体系内部也存在诸多学派。尽管如此，我们仍然于儒家伦理思想的个性中把握寓于其中的共性，或一般价值。

第一，儒家伦理思想的核心是"仁"。在孔子看来，"仁"具有"全德"之称，包含诸德，传统的孝悌、忠信、智勇等都被纳入"仁"的范畴。"仁"的基本内容有三个方面：一要"仁者，爱人"。就是说人与人之间要有同情心。即用善待他人之心去爱护人、帮助人、同情人。二要忠恕。"忠"就是帮助别人，即"与人忠"；"恕"是推己及人。孔子的忠恕之道包括两个方面：其中"己所不欲，勿施于人"是消极的一面；"己欲立而立人，己欲达而达人"则是积极的一面。忠恕之道是孔子"爱人"的具体化，也是他讲"为仁"的方法。三要"克己复礼"。爱人不能违反"礼"的规定，而要按贵贱等级差别去爱

①　《汉书·艺文志》。

人，不能不分等级一视同仁。可见孔子讲的"爱人"是维护宗法等级制度的，是有阶级性的。儒家思想以礼乐伦理、人格伦理和政治伦理为主要内容的"德性伦理"被后人继承与发扬，成为中国传统伦理思想的鲜明特征和价值品格。

第二，儒家强调道德的社会作用。孔子的伦理观倡导"道之以德，齐之以礼"，强调"道"与"礼"在社会关系调节和个人行为活动中的重要意义，认为道德伦理是维护社会秩序，规范社会行为的重要约束，人们必须知晓什么事情应该做而且可以做，什么事情不该做而且不能做，因此道德标准就成为人们日常行为的基本规范。孟子的伦理观与孔子有诸多相似之处，孟子将孔子的伦理道德观发展到政权统治阶级的政治观，他主张统治者要施行"仁政"，所谓的仁政就是将心中的仁、义、礼、智、信全面具体地运用到国家管理和政治活动中，只有全社会形成良好的道德环境，统治阶级的政治、法律等才能实现，"仁政"俨然成为孟子伦理观的重要内容。孟子伦理思想的最高范畴是天，他继承了孔子天命的思想，剔除了残留了人格神的含义，把天视为具有道德属性的精神实体，所谓"天之道也"，孟子将道德概念规定为天的本质属性，认为天是人性固有道德观念的本原。荀子也是儒家学派的重要代表人物之一，他在继承孔孟儒家伦理思想的同时进一步强调了以德治国的极端重要性，"隆礼贵义者其国治；简礼贱义者其国乱"，他强调对社会道德规范的研究必须坚持不懈、持之以恒，特别是要研究"君臣之义，父子之亲，夫妇之别"的重要意义。由上可见，尽管儒家学派的伦理道德主张在某些具体表述上略有差别，但他们都不约而同地强调了伦理道德在政治生活、社会生活中的决定性作用。

第三，儒家强调重义轻利的价值观。"利义"关系自古以来就是中国社会基本社会关系的重要范畴，更集中体现了一个学派、一种思想的价值取向。儒家学派认为所谓的"利"特指"私利"，而"义"则代表了至高无上的道德准则和行为规范，儒家学派语境下的"利义"关系是根本对立的。例如，孔子强调要"见利思义"；孟子甚至将利义完全割裂开来，只强调仁义的重要性。正如有学者所言，在儒家学派认为只有强调义，才能义利两得；而重利，则会义利两失，他

们主张"杀身成仁"、"舍生取义"，提倡为道义而奋斗、献身的
精神①。

（二）老庄与道家学派

老子（生于公元前 581 年，卒年不详），又名李耳，字伯阳。老
子是道家学派的主要代表者，庄子（公元前 375—前 300 年）等继之。
其"道法自然"、"虚静无为"、"与世无争"的道德信条，呈现出别
具一格的伦理向度和道德境界。道心是道家伦理的显著特点，道家伦
理主要讲的是一种人生理性、人生之道、人伦之道②。老子的伦理道
德思想主要包括五个方面内容：

第一，关于世界的产生。老子认为任何事物都有阴阳两种性质，
阴阳激荡变化而产生万物，所谓"道生一，一生二，二生三，三生万
物，万物负阴而抱阳，冲气以为和"。阴阳合体的"一"是"道"赋
予的，但道却不是"一"，如果"道"是"一"，"道"就有了阴阳两
种性质，失去了空虚的含义。老子认为，"道"不是"一"，但它能生
"一"，"道"无阴阳，但它能赋予"一"以阴阳。

第二，关于"道"的特征。老子创立了"道"的理论，并以此理
论构成了一个博大精深的哲学体系。所谓的"道"有如下特征：其
一，作为"实体"，它兼有最小与最大结合的特点，它既有物质基本
粒子的含义，又有自然界和宇宙总体的概念。所以在这种运动中，物
有成毁，道无生灭，它是永久性的存在。其二，作为规律，"道"自
身还是一个"有"与"无"的对立统一的辩证范畴，一方面它是"其
中有物"、"其中有精"的"有"，另一方面它又是"无状之状"、"复
归于无物"的"无"。"道"便是"有"与"无"的统一。其三，
"道"无休止地运动变化，这种运动变化又具有循环性质。

第三，天道自然。老子认为，道的本性是自然，离开了自然，也

---

① 任继愈、张岱年等：《中国哲学史通览》，东方出版中心 2005 年版，
第 61 页。

② 参见樊浩：《论中国传统伦理的精神结构》，《人文杂志》1991 年第 3
期，第 24—30 页。

就不成其为道。"自然"的含义就是天成、自然、自然而然。老子把万物的形成和发展划分为四个阶段：（1）万物由其本体"道"转化和生成；（2）"道"生成万物后，又存在于万物自身中，成为万物各自的属性，即"德"。万物依靠其自身的属性来维持其存在的状态；（3）万物依靠其自身属性而发展成独特的个别的物种；（4）物种还要凭借环境而生长成熟。在这全过程中"道"和"德"是最基本的。没有"道"这个本体，一切物体失去生成之源；没有"德"，万物就失去了各自的属性。但是，"道"和"德"之所以尊贵，就在于它不号令万物，而顺任万物自我化育、自然生长，没有目的性，自生自灭，没有任何主宰沉浮的超自然的神秘力量。

第四，无为而治。老子认为"道"所具有的一切特性都是"自然"派生和引申出来的。当形而上的"道"落实到人生的层次上，就进入了"德"的阶段。在这一阶段上，那些合于"道"的，也即合于"自然"的思想和精神，都可谓之为"德"。老子认为天地的运动是自然而然。因此人生也必须消除外在的干涉，使其自然化育、自然发展、自然完成。基于这样的自然人性论理论，老子构建了著名的"无为而治"的政治伦理大厦。他主张"人之道"也应效法"天之道"，听任老百姓自作自息，不加干涉，所以我们看"无为而治"的政治思想，实际上是老子带有自觉反思和政治实践的意义，它体现了以屈求伸、以退为进的统治策略。因此，老子主张无为并非不为，而是不妄为①。

庄子和老子一样，将"道"视为世界的最高原理，认为"道"无所不在，无所不载，永恒存在，道是世界的终极根源和主宰，他说："夫道，有情有信，无为无形，可传而不可受，可得而不可见；自本自根，未有天地，自古以固存；神鬼神帝，生天生地，在太极之先而不为高，在太极之下而不为深，先天地生而不为久，长于上古而不为老"②。庄子继承老子"道"无形无象的思想，认为道是虚无的实体，因而不能给"道"以明确的规定，"道不当名"，即使取名为道，也是

---

① 参见秦燕、张启勋：《中国思想文化概论》，西北工业大学出版社2002年版，第49—51页。

② 《庄子·大宗师》。

"所假而行"。由此可见，庄子与老子相比较，庄子的思想具有双重性，一方面他继承了老子思想的一部分，认为万物产生于形体，形体产生于精神，个别精神产生于绝对精神——"道"之中；另一方面，他又发展了老子思想中的气以言道的合理内涵，认为"通天下一气耳"，认为道即是气，强调道无所不载，并用"周、遍、咸"三个字形容，认为道作为世界的终极根据，不是存在于天地万物之外的，而是一切事物存在和发展的根本原因。

（三）墨子与墨家学派

墨子（公元前 468—公元前 376 年），名翟，墨家学派主要代表人。墨家思想在战国初期产生了很大影响，它是一个宣扬仁政的学派，在代表新型地主阶级利益的法家崛起之前，墨家是先秦和儒家相对的最大的一个学派，并列为"显学"，《韩非子·显学》记载"世之显学，儒墨也。儒之所至，孔丘也；墨之所至，墨翟也"，其主要思想观点反映在其《墨子》一书中，尚贤尚同是《墨子》一书的基本政治纲领，墨子认为统治者的执政之本在于"任人唯贤"，提出"天下有义则治，无义则乱"，应该"一同天下之义"，即阻止天下动乱，通过选举选择出贤能兼具的士、卿、大夫与天子管理天下，为百姓谋福祉。墨子主张一切人都要"兼相爱，交相利"，即打破传统的氏族等级制度，用"兼以易别"，实现"爱无差等"。

墨子认为，一切灾害都产生于"别"。所谓"别"就是偏爱、自私。各自从偏爱出发，亏人以遂其私，所以产生了"交相恶"。其拯救的办法就是"以兼易别"。所谓"兼"就是每个人都毫无分别地爱一切人，"兼爱"不同于儒家的"仁爱"，墨子的"兼爱"是"爱无差等"，也就是说，他要求人们对别人的爱与对自己父母的爱、对自己亲人的爱，没有差别，一视同仁。墨子以兼为善，以兼为仁义，其"兼爱"的背景就是"互利"，"夫爱人者，人必从而爱之；利人者，人必从而利之；恶人者，人必从而恶之；害人者，人必从而害之"①。

---

① 《墨子·兼爱中》。

他把小生产者互爱互利的道德原则推广为天下普遍的行为准则，这之中包含了功利主义的交换原则，"利人利己"，"害人害己"的心态。他实际上主张"己所欲，施于人"，但从互利互惠的角度讲，则比较平易。

在"兼爱"的原则下，墨子提出"尚贤"的主张。墨子的"尚贤"要求冲破"王公大人骨肉之亲无故富贵"的世袭制度，主张政权向"农与工肆之人"开放。他提出"官无常贵，而民无终贱，有能则举之，无能则下之"①，认为凡有才能者都可以得到官禄，以德就列，任之以事，以劳行赏，量功分禄。在"尚贤"的前提下，墨子又设计了"尚同"的社会蓝图，他主张"选天下之贤可者，立以为天子"②。天子以下，从三公、诸侯到乡长、里长，也都选拔贤者担任。选出各级政长是为了克服天下之乱，克服一人一义，十人十义，自以为是，以人为非的"交相非"状态③。

（四）韩非与法家学派

韩非（公元前280—公元前233年）是法家学派的主要代表人之一。法家学派以"礼"作为最高道德准则，以管仲为源起，由韩非子发展之。管仲把"礼、义、廉、耻"定为国之四维，以外在的规范形式之"礼"为首。韩非子等法家把"礼"进一步法律化，试图以国家暴力机器之"法"来取代儒家的伦理道德教化，成为了一种极端化了的伦理主张。法家思想与中国封建社会土地关系的产生与发展紧密相连，是地主阶级与奴隶主贵族阶级政治斗争的伦理表现。为了适应封建土地所有制发展的需要，奴隶主贵族中涌现了一大批政治改革家，例如管仲、子产等人主张颁布法令与邢书来改革田赋制度，加速封建化进程，这些改革主张成为战国时期法家思想的重要来源。在哲学意义上，他们表述了一些唯物主义原则与观点，管仲及其后继者相继提

---

① 《墨子·尚贤上》。

② 《墨子·尚贤上》。

③ 郭齐勇：《中国哲学史》，高等教育出版社2006年版，第54—56页。

出了重视道德教化，"天不变其常，地不易其则"的唯物思想，子产也提出了"天道远，人道迩，非所及也"的命题，重视并承认自然界存在客观规律，反对天人感应的迷信观念①。

第一，主张君主专制制度。倡导君主专制制度是法家思想最核心、最重要的内容，是法家政治伦理思想在国家政治制度设计中的集中体现，对中国古代政治制度产生了具有深远历史意义的影响。法家学派认为国家的最高权力只能由一个人独自掌握，并且，在国家权力结构体系中的每一个层次的最高领导者也只能是一个人。商鞅重"法"（成文法令），申不害重"术"（国君操纵臣下的手段），慎到重"势"（指国君拥有至高无上的权势），韩非子则主张把三者结合起来，作为加强中央集权的工具。对于中央和地方的关系，他提出"事在四方，要在中央，圣人执要，四方来效"。韩非子的这些做法为结束诸侯割据，建立统一的中央集权的封建国家提供了理论依据。

第二，倡导法制至上的原则。法家学派与儒家学派倡导的"道德决定论"有根本不同，法家学派主张法律制度及法治原则是管理国家事务和规范社会行为的最高标准，是评判一切功过是非的唯一参照，人的情感会随着客观环境的变化而变化，但是法律、法令具有强制性和稳定性特征，不会因社会环境的改变和人的情感的变化而出现变异。法家学派强调要坚持法治原则，真正做到奖惩分明、奖惩公平。如果不坚持法治原则，就会给好人做坏事的机会，也会使坏人得不到应有的惩罚。当然，奖罚也要掌握好一定的尺度和原则，一要坚持法治原则，依法奖惩，除君主以外的全体国民都要受到法律的约束，任何违法行为都必须要得到法律追究；二要坚持赏罚相当的原则，要厚赏重罚，只有这样才能充分激发人们追求名利的动力，才能以最快的速度阻止人们的违法乱纪行为。可见，在法家倡导的"法治至上"原则的背后隐藏着个人主义色彩明显的利益价值观，特别是法家所提倡的君主不受法律约束的主张强化了统治者的"绝对权力"，凸显了法家思想的历史局限性。

第三，强调变革与调整的重要性。法家思想充满了"现实主义"

①　何平立：《中国文化史要论》，山东人民出版社 2010 年版，第 37—40 页。

色彩，他们并不禁锢与已有的思想学说，主张统治阶级的政策及思想文化要随社会历史环境的改变作出变革与调整，不赞同"法先王"的儒家政治守旧思想。韩非子在《五蠹篇》中提到："是以圣人不期修古，不法常可，论世之事，因为之备"。法家注重对社会现实状况的真实了解和掌握，倡导从历史的、变化的、具体的社会环境中挖掘政治统治和文化发展的现实要素，反对墨守成规和循规蹈矩，这充分体现了法家学派作为新兴地主阶级代表者力争改革旧制度、建立新制度的与时俱进和开拓创新精神。

纵观韩非子的一系列政治主张和法理思想，我们不难发现，他的上述思想主张与其伦理思想相互联系、一脉相承。韩非子继承并发展了荀子关于人性恶的理论，认为好利是人的本性，"人皆用计算之心以相待"，在人的社会关系的各种范畴中，唯有物质利益才是最真实、最可信的。他们坚决反对儒家学派倡导的"仁义道德"学说，认为这些都是虚无缥缈的东西。法家与儒家学派发生了激烈的思想争论，法家学派认为儒家所讲的"仁义道德"都是"妇人之见"，反对儒家学派的"道德决定论"和"利义关系"，强调追求利益是人的天性，也是促进人们想问题、办事情的精神动力。正所谓"治"就是示人以利害，人们自然会去做，所谓"重赏之下必有勇夫"正是此意①。

除此之外，以"辩"为最高道德准则的名家学派、以"术数"为最高道德准则的阴阳家学派，以及农家、兵家、杂家、小说家、纵横家学派等都对这一时期的伦理问题进行了或多或少的讨论，并提出了一些较有价值的伦理命题和伦理思想，这些命题与思想同样值得我们深入研究和探讨。

---

① 参见秦燕、张启勋：《中国思想文化概论》，西北工业大学出版社2002年版，第31—33页。钟泰：《中国哲学史》，东方出版社2008年版，第78—86页。

第二节 秦汉以来中国传统伦理思想的发展

公元前221年，秦王灭尽六国，建立了中国历史上第一个统一的封建专制中央集权国家，由此拉开了中国封建社会的大幕。中国封建社会从秦汉开始直至鸦片战争前夕，历经两千余年。在此过程中，中国传统伦理思想得到极大丰富和发展，形成了流派众多、思想深刻、价值多元的伦理思想体系和学说派别。秦汉以来中国传统伦理思想的发展繁荣与中国封建社会经济发展和政治发展是密不可分的，中国古代伦理思想产生于自给自足的自然经济和封建主义君主专制制度基础之上，反映了中国古代社会的经济结构和政治结构的类型与特征，同时，中国古代经济往往以政治为媒介对中国古代伦理思想产生作用，并通过社会政治结构和政治思想体现出来。本节将从秦汉至南北朝时期、唐宋元时期和明清时期三个方面简要梳理秦汉以来中国古代伦理思想的发展演进脉络，力求呈现封建社会背景下中国伦理思想形成的完整图景。

一、秦汉两晋南北朝时期的伦理思想

秦始皇统一全国后，十分强调"以法为教"、"以吏为师"的统治伦理，力图由简单纯粹的国家暴力机器和法家的残忍意识形态维护其封建统治，但却事与愿违，在残暴与血腥中，秦朝覆灭，汉朝取而代之。汉朝统治者继承了秦朝统治者政治统一的思想，将秦朝统一诸国的未竟事业继续推向前进，建立起政治、经济、社会和伦理新秩序。值得一提的是西汉唯心主义哲学家、思想家董仲舒在丰富中国古代封建伦理思想方面做出重要贡献，成为孔子道德的化身，为了达到长治久安，西汉统治者急需一种长远的"治安策"，董仲舒提出"罢黜百家，独尊儒术"的观点，并得到了汉武帝的支持。

（一）董仲舒的"天人合一"思想体系

董仲舒是我国汉代著名哲学家、思想家和教育家，是唯心主义的主要代表者。他根据《公羊春秋》的基本观点，充分融合吸收宗教的天道观和阴阳五行学说，广泛借鉴法家、道家思想中的合理内核，构建了"天人合一"的哲学思想体系。这一思想体系在汉代的意识形态领域中占据了绝对统治地位，并对当时的社会历史问题、哲学文化问题、政治经济问题等作了系统回答，对汉代政治、经济、文化各个领域产生了广泛而深刻的影响。董仲舒的哲学体系集中反映了统治阶级的利益要求，赢得了当时统治者的极大拥护和推崇，对中国传统伦理思想产生深远影响。董仲舒的伦理思想寓于其哲学思想和教育思想体系之中，主要包括三个方面内容。

第一，董仲舒提出了天定人命的人性学说。他认为，人的生命是由上天所赋予的，人的品性也是由上天所决定的。他的人性论的目的在于将封建等级制度以合法性的形式加以确定，主张封建统治是由上天所决定的，是任何人不能更改的。人要受制于上天就要遵从封建等级制度和君主的统治。从他的人性理论可以看出，他的这种人性论主张迎合了封建君主统治的要求，从理论上维护了封建统治的合理性和合法性。他认为，由于天定人命，由此决定了人与生俱来要受制于天命，这便为封建统治者的产生及等级制度作出了看似合理化的解释。在他看来，谁应该高人一等，谁应该低人一等；谁应该受教育，谁不应该受教育；谁应该成为社会秩序的制定者，谁应该成为社会秩序的遵守者等，这些无不是由天命所决定的，是任何人都无法更改和逃避的。

董仲舒的人性论学说与孟子的"人性本善"说和荀子的"人性本恶"说有鲜明的区别，他充分吸收了"性善论"与"性恶论"的合理成分，建构了"性三品"的价值伦理体系。他主张人性具有"善"的一面，这种"善性"是与生俱来的，是一种源于自然的淳朴的"善性"。同时，人也具有"恶"的一面，而教育是去恶扬善的主要途径，唯有通过适当合理的教育才能规避人性中"恶"的一面，塑造人的善性。因此，董仲舒十分注重教育在国民伦理价值观塑造方面的重要作用，强调统治者要顺应天意对子民实施教化。董仲舒主张在政治工作中要贯彻教育方针，在教育工作中要体现政治原则，强调"养士"在国家政治生活中的重要性，正所谓"夫不素养士而欲求贤，譬犹不琢玉而求文采也"。他提出了比较完整的"养士"三法，其中，以太学为最重要，"故养士之大者，莫大乎太学。太学者贤士之所关也，教化之本原也。"因此，他要求汉武帝"兴太学，置明师，以养天下之士"。

第二，董仲舒提出了"性三品"思想。前文已经提到董仲舒的"人性论"不同于孟子的性善说和荀子的性恶说。他将人性分成上、中、下三个等级：上等人性即圣人之性；中等人性即中人之性，下等人性即斗筲之性，其中，只有中等人性方可称为"性"，而上、下等人性不能称之为"性"。董仲舒"性三品"学说观点的实质就是将人区分成三六九等，这是一种由神意决定的阶级论。在他看来，上等人天生就是圣人，他们的善不同于普通人的善，他们的善是超越"善"的善，人类社会的善的标准与具体内容都是由这些圣人所决定的，他们设计并规划了人类社会的行为准则和道德标杆。何人才能称为上等人呢？董仲舒提出只有帝王将相等政权统治的当政者才是真正的上等人，下等之人是在这些上等人统治下社会最底层、最贫苦的"低贱"的劳动人民，他们的性与生俱来就是恶的，根本不算是人性。圣人生而知之，因此不需要再接受教育；卑贱之民是愚昧无知的，因此也不能接受教育，除了上述两种人外，其他的社会成员都属于中民范畴，具体而言指的是地主阶级。地主阶级是有善的品质的，但有善的品质不一定有善的行为，因此他们必须接受教育后才能具有善性，因此从这一点看来，董仲舒主张的教育对象是对中等民的教育，广大的贫苦劳动人民是排除在教育之外的，可见，董仲舒的"性三品"说是从根本上维护封建社会君主专制制度和封建地主阶级统治的，具有严重的历史局限性。

第三，董仲舒提出了古代朴素唯心主义思想。董仲舒从其创设的"天人感应"的学说出发，主张人心与天心是天然相连的。人认识客观事物的能力是由"天命"所赋予的。因此，他的认识论是具有神秘的唯心主义色彩的。在他看来，所谓的知识不是"众物"的知识，而是要真正认识到事物的"本心"，只有依靠"内视反听"的内省方法才有可能认识到事物的"本心"。董仲舒主张天由阴阳两部分组织，人也是由阴阳两部分组织，天之阴阳与人之阴阳可以实现彼此的互动与呼应，人内心深处的想法会引起上天的相应，因此，如果人想求风调雨顺，上天就会风调雨顺。基于这样的逻辑，董仲舒认为只要通过人的内省与直观就可以实现对事物本质的认识，在他看来，"名"就是"真"，因为"名"源于"天"，故而"名"就是我们要认识事物的真理和内心，也是我们学习的对象。

（二）魏晋南北朝时期的伦理思想

秦汉以后，国家再次进入分裂状态。晋南北朝时期是我国古代史上的大分裂时期，在此期间，战争频繁，政权更迭，东西冲突，南北对峙，中国历史又一次陷入规模空前浩大的震荡之中。社会的震动必然引起思想和价值观念的震动，必然会导致人们对固有社会伦理的反思和批判。多元伦理价值观念伴随汉朝的灭亡而得到重生，在魏晋南北朝时期，以何晏、王弼、向秀、嵇康等人为代表的魏晋玄学思想开始出现，这种思想是对儒家传统纲常伦理的一次重大挑战。玄学家们围绕《易》、《老》、《庄》，就有无、本末、体用、动静、言意、孔老优劣、自然与名教等抽象论题展开形而上玄思，构建起风格各异的思想体系，并以生命来体证和实践玄学精神。在政治压力下，振起玄风的哲学家们貌似潇洒，但内心却非常痛苦，在思辨上则会通儒道，协调自然与明教。

与此同时，源于印度的佛学也开始在中国流行起来，它宣称人生无海无边、善恶因果、灵魂三世轮回等教义，主张过禁欲的人生。然而，作为一种外来文化，其生根发芽，也只能在中国文化的"百草园"占其一隅，况且它从根本上倡导的神学禁欲主义而且竭力主张个人的出世修行，佛学伦理——这种消解性哲学决定了它不能担当起作为积极维护当时社会形态的伦理形态的历史重任①。例如，禅宗就是

---

① 李抗美：《中国传统伦理道德特征举要》，《江淮论坛》2003 年第 6 期，第 75—79 页。

中国佛教的一个主要派别，禅宗强调自性是佛，平常即道，无念为宗，不立文字，当下自识本心。魂能的顿悟成佛之本心佛性说，凸显了人的主体意识与能动性；肯定了每一个人都可以成佛，都可以成就人格；一旦就见到自己的真性与能动性，人们就了解了终极的实在，就可以得到智慧。禅宗以创造性的生活和自我觉悟的日常生活途径来解释人生的秘密，化平淡为神奇，寓神奇于平淡，开悟心灵，让真心真性真实地呈现出来。

外来宗教得以发展的同时，中国本土宗教——道教也取得长足发展。在汉代，早期道教经典《太平经》坚持缘起说和精神与气共存不可分割的观点。在魏晋时期，葛洪的《抱朴子》建立了以"玄、道、一"为核心的本体论，寇谦之弘扬葛洪的思想，注重内丹、外丹的修炼和道教仪轨制度的建立。这一时期的道教充分发挥了先秦时期道家思想，深入探讨了道体与性体，在生命学说和自然哲学方面取得一定成果。

二、唐宋元时期的伦理思想

魏晋南北朝结束后，中国进入长达六百余年的长期稳定和统一时期，中国儒家传统伦理思想在这一时期得到全面复兴和发展，并由此形成了以宋明理学为标志的中国古代伦理体系。

（一）隋唐的儒学思想与发展

隋唐时期，以儒家伦理体系为核心内容的中国伦理价值观发生了重大变化和新的历史性发展，这一变化的鲜明特点是儒学与佛学逐渐融合，形成了一种新的社会伦理样态。儒学与佛学的融合主要通过两种途径来实现。一种是"悄无声息"的融合方式，韩愈是这种类型的主要代表者，他在极力反对佛学的同时也潜移默化地受到了佛教体系中某些思想的深刻影响。韩愈是孟子伦理价值观的倡导者和发展者，在他的伦理思想体系中，孟子的学说占据主要地位。这是因为以"行善"、"尽心"、"知性"为核心要旨的孟子伦理观与佛教学说具有相似之处和相通之道，为把佛学从对人的主体性研究和人的意识研究之论域转化到儒家思想体系提供了一种理论上的可能性。例如，佛学十分强调自我意识对自我行为的决定作用，主张意识的对象无非就是对象化了的意识，一旦建立起自我意识，就会给予个体以坚定的信念和战胜一切艰难险阻的毅力和决心；而韩愈的"治心"学说实现了"修身、齐家、治国、平天下"的高度统一，他力图阐释封建主义的明教礼法如何与个人的自觉性、主动性和创造性协调一致的关系，他所提出的解决方案就是"道统论"与"治心论"相结合，即个人信仰与自我意识相结合。可见，韩愈充分吸收了佛学对人的主体性和人的意识的研究成果，强调信仰是个人主体性和个人意识的加强和升华，只要从心灵深处认同明教礼法，就会将其转化为一种内化于心的价值取向和行为规范；就会自觉地遵守它、服从它；就会将其上升为一种神圣的信仰与追求。总之，纵观中国古代伦理思想史发展长河，纵观中国伦理思想宝库精华，我们不难发现，中国儒家学派的主要代表者所提出的思想主张，无不生动反映了儒学发展的历史脉络和基本轨迹，无不彰显出儒学在我国古代社会伦理思想体系中的强大生命力和发展力。儒学逐渐由一种思想学说发展为一种社会规范，到了唐宋时期升华为一种宗教信仰，我们不妨将其称为儒教。

　　另一种类型是以柳宗元为代表。他一方面公开颂扬佛教，另一方面却有利用和改造佛教的若干理论命题，建立起无神论的思想体系，这与韩愈有所不同。他在学术上更能兼容百家之说，他认为诸子学说都有"有益于世"的内容，所以他提倡"读百家书"，对各家之言要"伸其所长，黜其所斜"，用其中"有以佐世"的东西，以补充孔子的儒学。柳宗元的无神论世界观在当时并不是思想界和儒学中的主流，因为隋唐的统治者支持佛教，无神论被视为异端。加之柳宗元的个人遭遇，使他容易接受佛教的一些消极思想，妨碍其思想中积极部分的进一步升华。

　　值得一提的是，儒家思想中的"爱民"、"重民"思想在唐宋时期也有所发展，并集中体现在这一时期丰富的文学艺术成果上。例如杜甫的"朱门酒肉臭，路有冻死骨"是孟子的"庖有肥肉，厩有肥马；民有饥色，野有饿殍"的再现，他继承并发展了孟子的"重民"思想，通过"三吏"、"三别"等诗歌作品，真实地反映了安史之乱时人民的生活情境，其中渗透出的恰恰是"人饥自饥，人溺己溺"的人学气息①。

（二）宋朝的理学思想与发展

宋明理学标志中国传统伦理思想的全面成熟和形成，它以中国古代儒家伦理为基石，同时兼具了佛学、玄学和禅宗等伦理思想的合理成分，构成了体系庞大、内容完备、思想多元、论述精致的中国传统伦理思想体系。宋明理学在发展过程中也出现了"关学"、"洛学"及"理学"、"心学"之分，但在宏观上起其基本的伦理道德观是一致的：都将"理"置于至高无上的地位；在道德修养上都奉行"格物""致知"、"诚意"、"正心"，及"主静"至"主敬"等修养模式；在理欲之辩上都主张"存理灭欲"等②。

程朱理学是宋明理学的重要一派，对宋明理学的发展起着至关重要的作用。程朱理学有时会被简称为"理学"，它与心学相对，是指中国宋朝以后由程颢、程颐、朱熹等人发展出来的儒家流派，认为理是宇宙万物的起源（从不同的角度认识，它有不同的名称，如天、道、上帝等），而且它是善的，它将善赋予人便成为本性，将善赋予社会便成为"礼"，而人在世界万物纷扰交错中，很容易迷失自己禀赋自"理"的本性，社会便失去"礼"。

程朱理学的主要观点可以概括为三个方面。一是主张"理"一元论的唯心主义体系。认为"理"或者"天理"是天地万物所遵循的根本法则，万事万物的发展演变必然在"理"的规定下进行。二是主张"理一分殊"，认为万事万物都有其内在的运行规律与演化逻辑，这是事物之间彼此区别的特殊性，此为分殊；同时，人和物内部所存在的"理"都有一个共同的渊源——"天理"，天理的存在体现了万事万物

---

① 张凯之：《中国思想史》，西北大学出版社 2003 年版，第 271—272 页。

② 赵炎才：《中国传统伦理道德基本特征透析》，《安徽大学学报（哲学社会科学版）》2006 年第 6 期，第 29—34 页。

"同一"的性质，此为理一。三是主张"存天理，灭人欲"，该主张是程朱理学的核心要旨，认为人的本质就是天理，天理在人类社会中体现在社会伦理道德的"三纲五常"。"人欲"与"天理"相悖，它是超越出人维持自身生命以外的欲望要求和违背礼仪规范和纲常礼教的不端行为。"三纲五常"将人们追求美好生活的现实需要视为人的欲望，这是封建纲常礼教与禁欲主义相结合的产物，在维护封建社会宗法等级制度的同时也严重扼杀了人们对自我生存发展需求的合理需要，具有鲜明的时代烙印。

程朱理学是中国儒家伦理再次复兴的重要阶段。众所周知，中国儒家伦理思想演变经历了比较大的周折——先秦时期儒学逐渐成为百家之首，初步确立了其在中国传统伦理思想体系中的核心地位；然而秦朝统治者为了适应统一多民族封建政权的需要，"焚书坑儒"，儒家伦理体系遭受重创；两汉时期，董仲舒的"罢黜百家，独尊儒术"再次确立了儒家思想在中国封建社会思想体系中的核心地位，这次核心地位的确立也为中国封建社会伦理思想的发展起到决定性作用；魏晋南北朝时期，社会伦理价值多元，儒家思想受到来自道家、佛家和胡文化的多重影响，其内在合理性遭受质疑。唐宋以来，为了进一步加强中央集权的封建统治，适应封建社会从前期向后期发展演变的需要，程朱理学以儒学为基础，同时积极吸收了佛学、道教等伦理思想，将天理、仁政、人伦、人欲等有机地统一结合起来，开启了儒学向政治哲学转型的大幕，为封建等级特权的统治提供了更为精确、更适应民意的思想理论指导，由此产生了两个结果：一方面适应了加强意识形态统治的需要，与封建社会统治阶级的政治要求高度一致；另一方面，儒学以此为契机，随后成为南宋之后的官学，儒学发展再次迎来春天。

三、明清时期的伦理思想

明清时期是我国封建社会中央集权不断加强，同时封建社会也逐渐没落的时期，在此期间，资本主义萌芽在中国江南地区产生，新的工商业、手工业者阶层出现。由此导致社会伦理思想的新变化和新发展。明清时期的伦理思想是对中国封建社会几千年来伦理思想的一个全面反思和重构的阶段。明末时期的思想家李贽以"童心说"对宋明理学给予严厉批判和扬弃，戴震高举"以理杀人"的大旗；明末清初的黄宗羲、顾炎武、王夫之等人在批判总结中国封建社会历来的"义利"之辩、"理气"之辩、"习性"之辩等基本问题的同时，反对封建君主专制制度和封建等级制度，提出了"保国"不同于"保天下"，他们的思想反映出早期的启蒙思想的灵光，这种启蒙性伦理思想的提出是早期资本主义萌芽的必然结果，为中国近代社会以来的改良主义在伦理道德领域冲破封建思想枷锁起到革命性的作用，成为中国传统伦理思想中熠熠夺目的光辉内容。

　　李贽是明代著名的思想家和文学家，他以孔孟传统儒学的"异端"自居，对封建社会的男尊女卑、贪官污吏、社会腐败大斥批判，主张"革故鼎新"，反对思想禁锢。李贽的伦理思想可以概括为四个方面：一是尊重人的个性，主张思想自由。他认为每一个人都应该有自己的政治见解和信仰体系，不能盲目地随人俯仰，要实现个性解放与思想自由就要打破孔孟之道及其宋明理学在中国封建社会中垄断地位，冲出封建经典所设置的各种思想禁区。为此，他特意编写了《藏书》和《续藏书》，打破孔子提出的是非标准，重新评价了中国古代历史的重要人物。二是注重人人生而平等。在他看来，"万物合一"，社会上根本不存在高低贵贱的差别，他严重批评封建宗教等级制度，认为老百姓并不卑微，自有其值得尊重的地方；王侯将相并不高贵，也有其卑贱的地方。三是极力反对封建礼教制度，对儒家经典给予严厉抨击，认为儒家六经并非全部都是圣人之言，而是经过后人吹捧形成的，儒家经典不能当成万年不变的真理。四是主张"至道无为，至治无声，至教无言"的政治理想，他认为封建统治者对社会的干预导致人类社会动乱频发，统治者只有顺乎自然和民意民情，"因其政不易其俗"才能维护社会和谐稳定，减少社会动荡。

　　黄宗羲是明末清初的史学家、经学家和思想家，有"中国思想启蒙之父"的美誉。在哲学思想方面，他反对宋明理学中"理在气先"的理论，他认为所谓的"理"并非是客观存在的物质实体，而是

"气"的运动规律，提出"气质人心是浑然流行之体，公共之物也"，因此具有较为朴素的唯物主义特色。然而他的"盈天地皆心也"也反映出他的伦理思想体系中杂糅着唯心主义的成分，这与其阳明学的学术信仰有很大关系。在政治伦理方面，他立足于"民本"立场深刻批判封建君主专制统治，提出君乃是天下大害，不如无君；他主张废除君主的"一家之法"，建立万民的"天下之法"，他还提出以学校作为议政机构的设想，并将历法、地理、数学等教育科目运用于治史实践之中，产生重大影响。黄宗羲的启蒙思想没有任何外来成分，空前绝后，因而被称为"中国思想启蒙之父"。

与黄宗羲齐名的还有顾炎武。顾炎武与王夫之、黄宗羲并称为明末清初的"三大儒"，是我国古代著名思想家、史学家。他与陆王心学做出彻底决裂，并且在性与天道、理气、道器、知行、天理人欲等范畴上都显示出与程朱理学迥然不同的为学旨趣。顾炎武提倡"利国福民"，大胆怀疑君权，提出了具有早期启蒙精神的"众治"主张，他所提出的"天下兴亡，匹夫有责"口号成为激励中华民族奋勇前进的精神力量。他提倡经世致用，反对空谈，注重广征证据，认为"君子为学，以明道也，以救世也"，钱穆称其"重实用而不尚空谈"。

四、中国传统伦理思想演进的一般规律与特点

我们认为，伦理观是社会价值的表现形式之一，也是社会意识形态的具体反映和生动展开。伦理观始终围绕"人"如何"为人"展开讨论与凝练，因此，人的利益驱动是伦理观形成和发展的根本动力所在。而人们的利益需要是伴随社会生产力的不断发展和人对自我意识的反省而不断丰富并强化的，因此，中国古代伦理观的演变遵循着"社会存在决定社会意识，经济基础决定上层建筑"这一"古老"但不失科学的演变规律。纵观夏商周以来中国传统伦理思想的演变历程，我们可以得出三点基本启示和结论。

第一，中国古代哲学对中国传统伦理思想的演变具有重要导向作用。中国古代哲学是以价值观为核心的哲学，中国古代哲学在探

索客观规律的最终归宿是为了给我们提供一个符合历史与现实的价值导向，这就是社会对国家而言是探求"治国平天下"之道，就对个人而言是寻求"安身立命之所"。可见，中国古代哲学总是追求理想社会和理想人格，试图在理想社会与理想人格之间寻求某种统一与一致。正是中国古代哲学的这种特点，使其在中华民族伦理思想的形成和演化过程中发挥了独特作用，中国古代哲学、古代思想与古代伦理高度融合，在哲学思想中可以窥见伦理道德的踪影，在伦理道德体系中可以体察哲学思想的深邃要旨。中国传统伦理思想深受中国古代哲学的指导，封建社会的文化、教育政策、行为规范、社会关系调节等，乃至封建社会统治集团的治国理政策略都始终将儒家经典著作作为其"精神法宝"，这就是中国古代哲学在社会伦理思想导向作用中的具体表现。从微观层面来看，普通人的伦理意识中也深刻地渗透着中国古代哲人所弘扬的价值观念和基本精神。世俗伦理的主流与统治阶级的哲学价值观是一致的。然而，与西方伦理思想发展演化相比，中国古代自然科学的发展对伦理思想的影响并不是很大。

　　第二，中国传统伦理思想的演变是矛盾冲突、融合与震荡的动态过程。中国传统伦理思想的演变有其内在的特殊性和矛盾性特征，它总是围绕着一个中心左右震荡并不断融合，这个中心就是儒家伦理所倡导的道德价值观念在汉代以后的封建社会乃至整个中华民族的价值观念，中国传统伦理思想体系中的其他伦理要件都围绕着这个中心呈波状起伏。道家的自然伦理、生命价值伦理，佛家的解脱伦理、智慧伦理，以及明末清初的个性彰显与情感伦理，都在一定历史时期发生过重大影响，从属于并受制于儒家伦理思想观念。中国传统伦理思想的发展演进贯穿于中国古代封建社会发展演进的历史过程。这种争论与中国古代封建社会的经济制度和社会形态的涤荡是相生相伴的，在先秦时期表现为"百家争鸣"，在秦汉以后，则表现为占统治地位的主导价值观与非主导价值观的争论，在学派上表现为儒法之争、德利之争、义生之争、理欲之争、天人之辩等。各思想派别在矛盾和冲突中相互吸收和融合①，相互借鉴和转化，正是这种冲突与矛盾的作用，中国传统伦理思想才能延绵不绝流传至今，成为中国传统伦理思想自我完善发展的内在动力。

第三，中国传统伦理思想在自我生成与演变过程中形成了符合自身特性的特点。其一，中国传统伦理思想演变的实质是中华民族主体性的演变，中华民族伦理思想的演变充分反映了中华民族的主体性在历史上经历了由强到弱再由弱到强的变化过程，宋代以前是强化过程，宋代以后是弱化过程，清朝以后是民族主体性的振兴过程。其二，中国传统伦理思想的演变基点是以人自身的价值为本位的，中国传统伦理主张以人为本，人为主体，反对"神本"也反对"物本"，这是中国传统伦理思想的基本特征。其三，中国传统伦理思想的演变主题是以提高国人的精神素养特别是道德素养为核心的，由此导致了中国传统伦理的"失衡"，这种"失衡"表现为在漫长的中国封建社会中，中国传统伦理思想无论怎样发展，从总体上总是忽视物质财富和价值、自然知识和科学技术价值，成为制约中国自然科学发展的重要因素。第四，中国传统伦理思想的演变方式是在继承传统的前提下进行的革新，在维护主体的前提下有益地吸收借鉴，是儒家思想所确立的价值观念如"仁、义、礼、智、信"等得以长期存在并最终成为封建社会的主导思想。

当然，我们在看到中国古代传统伦理局限性的同时，也要看到其中孕育的超越性和恒常性的价值成分。在当时的历史情境下和历史环境中，为了使思想斗争紧跟时代和形势的需要，"道德革命"难免呈现政治色彩②，我们不能用现代人的眼光去审视古人的局限，这不是唯物史观的原则。或许，我们将中国传统伦理思想与西方古代伦理思想作比较，在权衡中才会深入洞察中国传统伦理思想的先进性和超越性。

---

① 赵馥洁：《价值的历程——中国传统伦理价值观的历史演变》，中国社会科学出版社 2006 年版，第 9 页。

② 杨威：《现代性的伦理维度与传统伦理的价值重构》，《学习与探索》2012 年第 1 期，第 44—46 页。

第三节　中国传统伦理思想的特点与方法论特征

历经千百年来的继承与发展，中国传统伦理思想逐步在历史舞台上发挥重要作用，成为中华文化宝库乃至世界文明百花园中的一朵奇葩。深刻把握中国传统伦理思想的内涵与特征不仅需要用历史的眼光去审视和洞察，更需要用比较的视角和哲学的思辨去思考中国传统伦理思想的方法论特征。在本节中，我们通过比较中西方社会传统伦理思想的迥异凝练中国传统伦理思想的特点与方法轮特征，以便从中寻找到中国传统伦理想现代性转型的积极因素和创新思维。

一、中西传统伦理思想的迥异

思想是社会经济生活的反映，是由经济基础所决定的上层建筑的一部分，是主观社会意识的体现。我们知道，中国传统伦理思想根植于中华民族千百年以来的实践与智慧之中，也是中华民族共有的精神财富和思想宝库，其强大的理论色彩和丰富的思想内涵有力显示了中华民族悠久的历史文化和创造力。我们在探讨和研究中国传统伦理思想时，十分有必要将中国传统伦理思想与西方伦理思想作一简单比较，这是因为中国与西方社会都是拥有完备的社会道德规范和伦理制度体系的文明社会，东方文明与西方文明是世界文明中的重要组成部分，但受制于中西方历史发展、经济社会结构、语言文化宗教等习俗以及自然地理条件的限制等，中西方伦理思想存在很大的差异性和不同点，通过比较两者的差异与不同可以帮助我们更好地理解中国传统伦理的"中国特色"所在。

（一）政治与宗教的迥异

中世纪之后的西方世界，政治伦理与宗教伦理的差异便逐步显现出来，两者由早先的相对统一逐步发展到彼此分离。在古希腊时期，伦理学与政治学关系密切，两者往往被视为统一范畴下的两种解释框架。例如，亚里士多德就曾经认为伦理学研究是政治学研究的一部分，两者的目的都在于探讨获得相对于人的"善"①；而柏拉图的"哲学王"思想认为，在治理国家当中，以哲学王为国王，以哲学王为基本正义、基本公正、基本公平，"除非哲学家成为我们这些国家的国王，或者我们目前称之为国王和统治者的那些人物，能严肃认真地追求智慧，使政治权力与聪明才智合二为一"②，可见，在柏拉图这里，哲学也包括在伦理学之中，成为治国之王。尽管如此，中国传统伦理与思想有一个共同的主张，无论是中国的孔子还是西方的柏拉图或亚里士多德，他们都希望寻找到一个有"德行"的掌权者，他们渴望国家的统治者是充满道德和良知的圣贤之人。

西方中世纪以后，宗教神学世界观仍然主导着国家政治和人民生活，教会统治国家，政教合一的政治体制进一步巩固和加强。伦理与宗教的关系显得更为密切和更加具有控制力。因此，包括文学、艺术，甚至自然科学在内的各种学科往往被批盖上一层"神秘"的面纱，伦理学与其他学科一道被给予神的色彩。当时，伦理学不仅与宗教相结合，更与政治产生了紧密联系，并以宗教为名义去影响政治生活。文艺复兴后，人的理性意识逐步取代了对神学的崇拜，宗教神学世界观的统治功能逐步弱化，伦理与宗教的纽带也受到冲击，但这种冲击并非是致命性的，以至于让伏尔泰这样的学者也感慨道："离开了宗教西方人的道德就会完全崩溃，社会就是一个暗无天日的无序社会"。

与西方社会不同，中国宗教的威力要远远弱于西方社会宗教的影响力，中国的宗教并未取得对世俗世界的统治权。因此，在中国社会中，宗教对政治的影响要比在西方社会中宗教对政治的影响小得多，中国古代的统治者很早就意识到伦理意识对政治统治和政权稳定的重要性，因此，他们也试图将伦理道德规范与政治制度和政治合法性联

---

①   亚里士多德：《尼各马可伦理学》，廖申白译注，商务印书馆 2003 年版，第 124 页。

②   柏拉图：《理想国》，郭斌和、张竹明译，商务印书馆 2009 年版，第 473 页。

系在一起，成为加强政权统治的武器，他们希望将伦理学上升为一种意识形态，从而使伦理学沦为为统治阶级服务的政治工具。

（二）家族与个人的迥异

中国封建社会的经济基础是自给自足的小农经济，小农经济的最大特征是以家庭为单位进行农业生产和经营。家族是中国古代社会最典型的基层社会组织形式，是封建主义君主专制制度下的基本社会单元和构成，也是国民从事一切政治活动和经济活动的最小单位。因此，家族在中国古代社会中扮演重要角色，起到联系国家与个人、社会与家庭的纽带作用。在西方社会中，以血缘为纽带的家族关系早在梭伦改革中就被打破，地域关系取代血缘关系，成为社会关系的重要纽带。特别是西方资本主义发展以来，物质利益满足和拜金主义成为人们的主要需要和价值取向，因此个体作用在此过程中扮演日益重要的角色。

在中国，政治关系是家庭关系的推演或延展，因此才有"四海一家"、"君臣如父子"、"朋友如兄弟"等古语。而在西方世界，这种政治与家庭的关系却恰好相反，亚里士多德在谈到家庭关系时，用政治关系来说明家庭关系，他认为夫妇关系类似于共和制度，父子关系类似于君主制度，主奴关系类似于专制制度。这充分说明在西方哲人眼中，政治关系要优越于家庭关系。

（三）义务与权利的迥异

中国传统伦理与西方传统伦理的第三个显著不同是对待权利和义务的态度存在迥异，中国人强调义务的平等性，而西方人更加关注自身，强调权利的平等性。具体而言，中国人强调"父慈"、"子孝"、"兄爱"、"弟悌"、"夫义"、"妇听"、"长惠"、"幼顺"、"君仁"、"臣忠"，但在中国伦理思想中，社会成员如何实现权利的平等性却较为鲜见，特别是处于弱势群体中的社会成员或者处于支配地位的社会成员，其基本权利往往容易被忽视。西方世界却呈现了不同的情景，自柏拉图起，西方社会就不以对父母的孝、对君主之忠、对夫妇朋友之和与信为主要的德目，主张智德为本。西方社会对公民权利的强调和关切肇始于文艺复兴之后，特别是近代自然法学派的兴起以后，此时人的自然权利、天赋人权、法律面前人人平等之类的思想逐步兴起并深入人心。俗话说"尚义务者以他人为本，尚权利者以自我为本"。因此，"个人主义"、"利己主义"和"自我保存"意识在西方盛行，成为西方社会主流伦理思想和价值观念，这与中国古代社会倡导的"国家利益高于一切"集体主义价值观有显著不同。

（四）重私德与重公德的迥异

中国传统伦理重视私德和个人的修身养性，强调伦理责任自近及远，起于近亲。"刑于寡妻，至于兄弟，以御于家邦"①，可见，中国社会把私德上升为国家法律，成为强制性的制度规范，《礼记》中就有"不孝不悌之刑"之说。另外，在任命各级官员时，统治阶级也十分看重官员个人的私德。自汉代起就有乡举里选之制。魏晋时期设立九品中正制，特别注重乡评，"宋明以来，士大夫朋党相攻，往往以私德为口实"②，而且，中国人对"私"的理解在许多方面超越了传统伦理的管辖界限，以私德为名干预人的私人生活，这是十分不可取的。

在西方社会，美德伦理也经历了从个人美德转化为社会美德的过程，从苏格拉底到柏拉图至亚里士多德完成了这一过程。西方社会强调个人主义，但他们始终认为人的个体尊严要在社会公德之中才能得以表现，尊严体现于社会性的崇敬之中。早在古希腊时期，统治者就将荣誉视为高于一切的财富，但荣誉的获得不是自我肯定的"孤芳自赏"，而应该通过社会的评价和认可才能实现。西方近代社会所提出的种种理念，例如平等、自由、正义、博爱等均表现在社会生活的点点滴滴。在中世纪的西方社会还存在一种武士的风范，主张劫富济贫，扶弱惩强，乐善好施，主持公道。这种差异的产生也与中西方社会的家族血缘制度有关系。

---

① 《大雅·思齐》。
② 黄建中：《比较伦理学》，中国人民大学出版社2003年版，第90页。

（五）尚敬与尚爱的迥异

中西传统伦理的又一重要区别就是如何看待"爱"与"敬"，也就是如何处理家庭关系的问题。在中国传统家庭中，中国人十分重视对父母的尊敬，讲求各种礼数和规矩，不能说的话不说，不能做的事不做，讲求尊卑有序，长幼有别。比如，在中国家庭中，子女不能直接称呼父母的姓名，而在西方社会家庭中则强调爱，主张父母之间的爱，父母与子女之间的爱，爱不离口。中国社会情感含蓄，爱的表达并非十分容易，甚至有时会让人感觉到羞涩；但在西方社会亲情表露于言表，并认为这是理所当然。这或许与中国家庭的基本宗法制度有很大关系，因此要以礼仪来维系家庭成员之间的有序关系；西方社会家庭成员较少，家庭规模也不大，家庭成员关系十分简单，因此彼此之间就不需用威仪来团结家庭成员，情易通而嫌难起，无所谓父子不同席、叔嫂不通问、男女授受不亲等的约束。

（六）重德性与重规范的迥异

从学理发展的角度看，中国传统伦理正处于伦理学发展的初级阶段，在许多方面与西方伦理学有很大的相似性，因此，中国传统伦理往往以重德性为主，以重德性为其伦理体系的显著性特征。而西方社会不同，自亚里士多德之后，特别是中世纪以来，西方伦理思想表现为规范伦理学，对个人德性的培养并不重视，这或许是西方伦理发展过程中的一个重大缺陷。但中国的传统伦理过于重视个人德性的培养，因此往往停滞于德性伦理的理论架构中，很难有所突破，这也是中国传统伦理的一个明显不足。尽管如此，我们纵观人类社会发展的共同历程和普遍规律，发现世界各国的伦理思想在发展过程中还是存在着某种共性，这种共性是寓于各国伦理体系的特殊性之中的。换言之，中西伦理思想中有特殊性的一面，因为每一个国家的社会结构、经济状况、宗教、文化、习俗以及自然地理环境不同，社会发展也存在不同的阶段性特征。但是中西伦理思想也存在着普遍性的一面，这就是其绝对性的一面，是为全人类所共通的一面。

综上所述，我们可以在中西方伦理的比较中得出这样两个基本结论。

第一，中西方伦理发展的共同线索是由德性论向规范论发展。我们不难看出，西方伦理思想在向规范伦理发展的效果要好于中国，这与西方哲学注重思辨性的理性思维不无关系。长期以来，中国伦理思想始终停滞于德性论的层面上，到了宋明以后才逐渐向规范伦理学转化，这种发展阶段上的差异构成了两者发展形态迥异的重要因素。尽管中西方伦理思想存在差异，但是两者的共性也是较多的，比如对德性的追求，伦理与政治的关联等。这些差异是从西方中世纪政教合一的政治体制出现后才产生的，由此可见一个国家伦理思想的走向与该国的政治制度和政治体制有很大的关系。

第二，在比较中我们发现，两者的差异性特征并非是绝对化的，因为无论在历史中还是在现实中，都不存在绝对化的东西。当我们说西方伦理思想重视个体的同时，也只是就西方伦理思想的一般状况而言的。实际上，我们只要仔细回想就不难发现，主张整体主义的伦理思想从亚里士多德到黑格尔还是不少的。

二、中国传统伦理思想的主要特点

（一）深厚的历史沉淀与丰富的思想样态

中国古代伦理思想历史悠久，内容丰富，博大精深。如前文所述，中国古代伦理思想萌芽于原始社会末期，伴随奴隶社会的解体和封建社会的形成，新兴地主阶级的政治主张与利益要求需要以一定的社会伦理规范加以确定，因此中国古代伦理思想便由此产生。中国古代伦理思想根植于中国古代政治、经济和社会发展的历史条件与社会实践基础之上，具有深厚的历史沉淀和丰富的思想样态形式。中国儒家学派的创始人孔子生活在春秋战国时期，他生活于中国社会大发展、大变革的时代，封建地主土地所有制逐步发展并最终确立，封建生产关系和社会关系的形成为其儒家的"仁爱"思想的确定提供了时代依据，儒家主张在人的道德世界体系中，"仁爱"是处于最顶层的价值标准，包括"孝"、"悌"、"礼"、"信"等在内的社会道德规范和价值观都要以"仁爱"为核心原则，遵循"仁爱"标准所建构的价值主张和伦理规范。需要强调的是，尽管"仁爱"思想在儒家思想中占据重要地位，时至今日仍对规范社会生活具有积极影响，但是我们应该以一种历史的、辩证的眼光来科学评价儒家思想的科学性与合理性，尽管其中有一些思想内容与当代社会伦理价值观格格不入，甚至背道而驰，但是从整体上来看，儒家伦理仍是中国古代社会开明的社会伦理思想体系，预见性、开放性和包容性是其鲜明特点。孔子的道德学说及其门下弟子将孔子的儒家思想进一步发扬光大，儒家思想逐渐形成一套内容丰富、论证严密的完整体系。但是在春秋时期，列国诸侯战乱不断，此时的儒家思想与统治阶级的政治主张和利益追求出现了矛盾和冲突，儒家伦理很难从实践和理论的维度去维护统治阶级的利益，因而法家思想在此时就占据了社会思潮的主流地位，孔孟学说仅仅是多元社会思潮中的一个派别。

从秦始皇统一六国直至汉武帝时期，封建统治者深刻认识到传统暴力镇压的方式已经不再适应国家统治的要求，巩固和加强自身的统治地位需要开辟新的途径，而思想文化在凝聚人们共识、维护社会稳定、规范社会秩序中发挥着重要的引领作用和示范作用，加强国家意识形态建设成为封建统治阶级在国家政治活动和政策设计中的一项重要内容。此时，儒家思想被重新推到历史舞台的最前沿，儒家学派的伦理道德思想作为一种文化遗产受到统治者的追捧与推崇。汉代的董仲舒是儒家思想的推崇者和发扬者，他在《春秋繁露》中提出著名的"三纲"，即君为臣纲、父为子纲、夫为妻纲，有力维护了封建社会的统治秩序，满足了统治者巩固其统治地位的愿望。与此同时，儒家思想在多元的社会思潮中逐渐凸显，其思想的辐射面和影响力逐渐扩大，秦朝统治者实行"罢黜百家，独尊儒术"的思想文化政策进一步巩固了儒家思想在中国封建社会政治伦理思想体系中的核心地位，儒家思想逐渐由一种思想学说发展到执政理念和政治方法论，成为中国封建社会伦理道德的基本规范。

由此观之，中国传统伦理思想在这一时期的最大特点是实现了政治主张与执政活动的有机结合，各学派提倡的伦理思想多角度、全方位地体现在国家的政治活动和国民的政治意识之中，伦理思想已经不再是"学院派"的空洞理论，摇身一变成为统治阶级管理和治理国家的思想利器。这一时期，中国农耕技术的快速发展以及农村集体耕作制度的确立大大解放了农村社会生产力，农业生产水平显著提高，封建地主阶级在国家政治生活中的地位和作用进一步巩固和加强，他们代表着社会先进生产力的发展要求和先进文化的前进方向。因此，根植于中国经济社会发展土壤的中国传统伦理道德思想也同样具有思想的先进性和前瞻性，对于调节社会关系具有一定的积极意义。当然，我们需要指出的是，中国传统伦理思想并不是一成不变的，也不是静止不前的，封建统治阶级也在根据自身的需要对其理论体系和解释方式作出调整和改造，使之更好地服务于小农经济基础上的封建宗法等级制度，更好地服务于巩固和加强新兴地主阶级的政治主张和利益要求。

隋唐以来，中国古代经济社会取得长足发展，思想文化呈现繁荣景象。"安史之乱"后，中国古代封建社会开始由盛转衰。此后中国封建社会逐步走向下坡，地主阶级在上升和发展时期的勃勃生机逐渐窒息，地主阶级的阶级局限性暴露得一览无余。封建地主阶级的局限性集中体现在其阶级私利的膨胀，为适应这种私利的无限膨胀，代表地主阶级的政治利益的思想家和政治家们相继提出了一些过于僵化和极端的社会理论要求。例如，朱熹曾经认为"圣贤千言万语，只是教人存天理，灭人欲"①，程颐也曾说过"人心私欲故危殆，道心天理故精微，灭私欲，则天理明矣"②。此种"存天理，灭人欲"的"禁欲主义"价值观对中国传统伦理思想体系造成严重冲击，先秦以来的一些伦理思想的合理内容逐渐趋向于禁欲主义，甚至在关乎国家和民族生死存亡的重要危急关头扮演了负面角色，给国家和民族带来深重灾难。例如，南宋孝宗帝时期，驱逐外敌、收复中原应成为全国上下一致行动，然而孝宗帝奉行朱熹提倡的所谓"正心诚意"的政治价值观，不但没有驱逐外敌、重整河山，反而使国家和民族陷入外来入侵

---

① 《朱子语类》卷十二。
② 《遗书》卷二十四。

和国家分裂的深重灾难。此类事实不胜枚举，由此可见，那时的伦理道德文化已经与正义、良知完全相悖，已经成为腐朽反动的落后文化，并在中国历史发展过程中起到长期的消极作用，理应受到严肃批判和抵制。

（二）维护封建统治和礼教

中国伦理思想的另一个显著特征是与中国封建政治具有藕断丝连的紧密联系，这有力彰显了中国古代哲学家和思想家们用思想理论武器改造国家、建设国家、服务民众的主动意识和崇高品质。我们可以洞察出他们内心深处所孕育的共同的政治愿景，即期望封建社会统治阶级和掌权者在政权建设和国家管理活动中遵循"仁政"和"善治"的政治伦理观，坚持"重民"、"爱民"的民本主义思想，这充分反映了中国古代哲人对"以道学政术为二事"[1]，突出思想理论研究的现实意义和指导作用的实用主义精神和实践态度。受此影响，封建统治阶级和掌权者在国家政治活动和管理活动中积极贯彻"以德治国"的要求，并将代表统治阶级利益的思想主张和学说通过国家强制力的方式以一定的合法性形式加以确立，并通过政治符号的严谨设计对这些思想主张和学说加以表现，以达到统治阶级的政治统治与思想家们的思想主张的和谐一致。

宗法制和等级制是中国古代社会制度的两个基本特点。在中国传统社会中，家庭是社会组成的基本单位，在一个家庭中存在着多种的社会关系，有以血缘为纽带的家庭关系，也有以隶属关系为纽带的社会政治关系。可见，治理社会的关键在于对家庭的管理。在如何处理家庭关系这一问题上，最具代表性的学说是由孔子提出的"差等仁爱"思想，他认为，家庭内部关系的爱是有差别的爱，其本质就是"尊卑有序"的封建等级思想和宗法制度。打个比方，在封建社会家庭等级制度下，排在第一位的是父母与子女的关系，排在第二位的是兄弟姊妹的关系，排在第三位的是亲戚关系和邻里乡长关系，排在最

---

[1]　《张载集·文集佚存·答范巽之》。

后的是国家与个人的关系。在家庭内部关系中，这种等级关系也体现得尤为明显，特别是以父为尊、以男性为尊的思想深刻影响着中国古代社会的等级制度。

宗法制度往往不能独立存在，必须要配以适当的伦理道德规范和社会文化才能将其内化于心、外化于行。中国古代社会是最具典型的封建主义中央集权制国家，中央集权制在中国古代社会能够存在长达千年之久，其重要原因就在于宗法制度和等级观念在维护封建国家社会体系和家庭结构中发挥的巨大稳定作用和黏合作用，在国家、社会和家庭三个层面始终贯彻集体主义的价值取向，强调个人利益对集体利益的绝对服从，家庭利益对国家利益的绝对服从，任何个人利益都不能僭越家庭、宗教和国家利益，否则将受到国家法律和社会伦理的制裁和谴责。

（三）入世尚仁与重义轻利

伦理道德规范是用来调整人与人、人与家庭、人与社会和人与国家基本关系的行为准则，是形成社会价值观念和引导人们如何生活，怎样生活得更好的一种潜在规定。社会伦理规范是社会上层建筑中的重要内容，任何社会都需要社会伦理规范，没有伦理规范的社会将是无序的社会。那么，在社会共同体中，这些伦理道德的超越性和理想性的根据在哪里呢？在这里我们首先谈一下西方学界对这个问题的思考，西方哲人认为社会伦理道德更多地来自于"彼岸世界"或者"来世"，主张社会伦理是理想国度的产物，是人们苦苦追寻的理念之物。但对中国哲人们而言，这种"来世"的产物未免有些荒诞离奇，中国哲学家认为伦理道德规范不是"彼岸世界"的产物，而是"此岸世界"的呈现，孔子的"未能事人，焉能事鬼？""未知生，焉知死？"[1]就是对中国古代"入世"伦理观的最有力的说明和阐释。另外，中国古代哲人倡导的"仁者，爱人""居处恭，执事敬，与人忠""恭、宽、信、敏、惠"等伦理思想和道德主张也充分体现了伦理道德观的

---

[1] 《论语·先进》。

现实意义和社会价值。

　　我们还要看到，中国的传统伦理在坚持与世俗相伴的同时，也十分强调以义制利的重要性，主张在现实生活中遵循"先义后利"的基本原则和行为导向。儒家学派代表者孔子曾强调在看见利益的时候要审慎思考道德要求和良知规范，要做到"见利思义"。他根据人们的利义观的差异，把人划分为君子和小人两种，他要求人们都要效仿君子的行为，要追求大义，而不是眼前小利，正所谓"君子喻于义，小人喻于利"①。儒家学派的另一位代表者孟子强调"何必曰利？亦有仁义而已矣"②，他提出了利义之间的辩证关系，认为仁义是最大的利，董仲舒也将其称为"正其谊不谋其利，明其道不计其功"③。由上可见，对于利义关系的不同理解和不同态度是"君子"与"小人"的最显著区别，君子所遵循的道德关键和行为准则是"重义轻利"，只有君子自觉追求义的最大化，才能始终保持自我的平稳心态，才能实现和维护国家政治清廉和政治清明。

　　综上所述，中国传统伦理及本文内容是一种基于中国封建社会宗法等级制度和社会经济发展水平的一种历史性存在，是一种充分"去世"精神的道德导向。不同时代、不同地域和不同文化背景的人可以将其阐释为不同的思想途径，呈现出不同的理论样态。我们主张，要用历史唯物主义的基本立场、基本观点和基本方法去解读中国传统伦理思想，既要反对全盘否定中国传统伦理思想积极性一面的"历史虚无主义"，又要反对全盘复制中国传统伦理思想的"左"的趋势，要积极实现中国传统伦理思想现代性的重塑，在当代中国社会价值体系建设和社会文化建设中找寻中国传统伦理思想"复兴"载体和归宿。总之，中国传统伦理思想形成于历史的过程，同样也要在历史的延续中得以弘扬和发展，这是中国传统伦理思想生命力得以延续的根本原因。

---

① 《论语·里仁》。
② 《孟子·梁惠王上》。
③ 《汉书·董仲舒传》。

三、中国传统伦理思想的方法论特征

中国传统伦理思想内容丰富、主张多元、思想深邃，它包含构建一个什么样的国家，如何处理人与社会、人与家庭以及人与人的关系，如何规范个人行为和集体行为，等等。中国传统伦理思想在中国历史上发挥重要作用，有的成为调和社会矛盾的基本原则，有的成为治国理政的基本方略。如果说对中国影响最大的思想派别，当属儒家、墨家和道家三种，这三种思想用自己独特的视角和思维为我们构建了截然不同的思考方式和解释框架。如果我们通过三者的特殊性去审视三者共同性的话，笔者认为，上述三种思想在方法论上具有天然的一致性和相似性。

一方面，中国传统伦理思想均提出"体用不二"的理论架构。"体"与"用"是中国古代哲学本体论的两个基本范畴，也是中国传统伦理思想探讨的两个核心问题。"体"是形而上的概念，是指存在的根据；"用"是形而下的概念，是指流行和使用。中国古代哲人们普遍认为，形而上层面的"体"与形而下层面的"用"存在着密切的关联，两者并非是绝对独立存在的，形而上是以形而下的经验层面的行为方式存在，形而上是形而下的最普遍、最一般的特质，形而下是形而上的表现形式和载体，这就是所谓的"体用不二"之说，即"体用一源，显微无间"。除此之外，中国传统伦理思想还主张"体用不二"并非是体与用的简单合一和机械相加。在中国传统伦理思想体系中，如果我们将体与用两者毫无条件地等同，简单认为体即是用，用即是体，那么就会消解道德本体的超越性而走向媚俗和世俗。由此可见，体与用的"不二"关系并非如此简单，两者同时也是"不即"的关系，换言之，体与用是不即不离的关系，两者相互依存，又对立统一。体与用的这种特殊关系充分说明在人的社会实践中，现实世界的经验与感觉是人们从事实践活动的基本前提，想超越现实世界的经验基础去追寻更高层次的道德本体在理论上和现实上都是不可能的，天人合一的思想境界只有在依靠经验世界的现实接触与理念世界的匹配调和才能最终实现。因此，如果把经验世界的东西与天人合一的精神世界简单等同也是不对的，这是由于"仁"、"道"、"诚"等"本体存在"在其自身的演化发展过程中受到内外部环境的影响与干扰会出现各种"失真"现象，这种现象具有极强的隐蔽性，不容易被人们发觉；同样，这种现象也具有极强的变化性，很难发现其隐藏的规律。另外，作为道德本体之一的良知，其经验形式的表现是七情六欲，一旦人们对其有所执着或迷恋，那么个人私心、私利就会油然而生，从而使人的行为受到个人私心私利的支配，进而失去了其自身意义。

另一方面，中国传统伦理思想都倡导天人合一的人生境界。中国传统伦理思想与中国古代哲学有着密切联系，两者在思想观念、理论基础、思维方法等方面具有相似性和共同性。我们把中国传统伦理思想同西方传统伦理观比较后发现，两者所建构的理论框架截然不同，中国传统伦理思想的理论框架是"天人合一"，而西方则是"天人相分"。对中国古人来说，人与自然是统一的、相通的，同样，人道与天道也存在着密切联系，所谓人为自然立法，同时自然的法则也是人生的法则。"天人合一"的理论框架贯穿于中国传统伦理思想中，在中国古代大多数哲人看来，人与自然是天然统一的，天道与人道也是彼此相通的，人为自然立法，自然的法则也是人生的法则。自然法则与人的内心世界达到某种统一和一致，内化为人的固有的内在的德性。反过来，对个人而言，其所需要做的事情就是把这种固有的内在的德性以外在的行动显示出来，进而显示个人的道德情操和品格修养。尽管儒家、墨家、道家对道的理解不尽相同，但他们都认为，个体的人格应同自然达到和谐统一，这不仅是人生追寻的目标，也是每一个人"通过向外开显自己内在的德性，同时又由外向内不断使自己内在的德性挺立起来的过程中所达到的一种人生境界"①。

---

① 邓名瑛：《论中国传统伦理思想的逻辑进程及其特点》，《道德与文明》2002 年第 4 期，第 46—50 页。

第 三 章

中国传统伦理思想的近现代变革

自 1840 年鸦片战争起，中国社会开始经历百余年的沧桑风雨，西方帝国主义以坚船利炮强行打开了沉睡中的封建社会的大门。资本主义的涌入和中国民族资本主义的发展，使得以血缘关系维系的宗法制，及其分散的自然经济和高度集中的君主集权制为特征的封建社会被彻底摧毁。资产阶级和无产阶级以此作为独立的新生政治力量登上历史舞台，时代的主题成为反帝反封建、救亡图存的旧民主革命和新民主主义革命。世易时移，传统的中国封建社会逐渐沦为半殖民地半封建社会，以自然经济和封建统治秩序为根基的中国传统伦理思想受到前所未有的挑战，在巨大的冲击与痛苦的转换过程中，实现了符合社会与历史发展潮流的变革。

第一节　中国传统伦理思想的近现代变革历程

本节将以时间为序列回顾和总结中国传统伦理思想在近现代社会的发展与变革历程，以及西方资本主义的侵入、中国传统社会受到极大冲击的社会现实引发的三大伦理思潮，在这三大伦理思潮中，马克思主义伦理思想以其客观性、科学性和与中国传统伦理思想的契合性，最终为中国共产党和中国人民所选择。

一、中国传统伦理思想的近现代演进

（一）资产阶级伦理思想建构的尝试

自 19 世纪中叶鸦片战争爆发到 1919 年五四运动兴起，是中国民族资产阶级领导的旧民主主义革命时期。这一时期，中国一方面面临着帝国主义坚船利炮的侵扰，另一方面承受着封建腐朽势力的压迫，逐渐沦为半殖民地半封建社会。面对帝国主义和封建统治的双重侵袭和欺压，英勇的中华儿女进行了坚强的斗争与反抗。也正是在这个时候，中国社会经济、政治、文化等方面都发生了巨大变化，中国社会逐渐开始转型，开始由传统社会向现代社会转变，而资产阶级伦理思想也在这种社会大变迁之中应运而生。

鸦片战争后，面对日趋严重的民族危机与社会危机，一些有识之士逐渐从封建士大夫阶级中分化出来，形成了以龚自珍、魏源为代表的地主阶级改革派，他们对世风日下深感忧虑，提倡"经世致用"之学和明耻正心之说，而这一时期也正是中国资产阶级伦理思想的萌芽时期。龚自珍生活在封建社会晚期且处在封建官吏下层，对封建制度的腐朽性与顽劣性有着深切的体会与了解，他认为封建官僚士大夫道德的堕落是国家衰败的重要原因之一，因此提倡通过挽救道德与人心来拯救社会。鉴于此，龚自珍提出了"明耻"的主张，认为只有"以教之耻为先"，才能恢复封建道德维持封建秩序的作用。① 同时，他反对封建专制制度对人们的束缚，要求个性的自由解放，提倡人们"尊心"、"尊情"、"尊官"、"尊人"，他说："心尊则其官尊矣，心尊则其言尊矣。官尊言尊，则其人亦尊矣。"② 在人性问题上，龚自珍既反对孟子的性善论，又反对荀子的性恶论，而是认为性本无善恶，一切

---

① 罗国杰：《中国伦理思想史》下卷，中国人民大学出版社 2008 年版，第 763 页。

② 张锡勤：《中国近现代伦理思想史》，黑龙江人民出版社 1984 年版，第 9 页。

的善恶都是后天发生的。可以说，龚自珍的这些思想，在当时破败腐朽的社会氛围中，是具有积极进步的作用的，但是其地主阶级伦理思想的局限性决定了其终究无法达到目的。魏源和龚自珍同处一个时代，与龚自珍齐名，并称为"龚魏"。鸦片战争的失败，让他认识到想要抵御侵略者必先了解侵略者。因此他编纂了《海国图志》一书，全面介绍了世界主要国家的地理、历史、社会等情况，提出了"师夷长技以制夷"的思想。他同龚自珍一样，在深切认识到封建制度的腐朽与社会危机的严重后，认为要通过整肃人心才能实现救国之路，但很显然，这种过分夸大道德作用的思想是不可能如愿以偿的。魏源认为人的思想总是存在于善恶斗争之中，提倡无欲说和"不主逆而主复"的道德修养方法。他说："君子之学，先立其大而小者从令。"所谓"先立其大"，就是"养心"、"存心"，因此人们要"终日自反"，做"外敬内静"的功夫，才能做到"去本无以还其固有"。① 除此之外，魏源也对一些传统道德观念做了一定的修正，如提出了"仁义之外无功利"、"知足"、"无欲"等思想。

在戊戌维新时期，资产阶级思想启蒙运动和宣传力度进一步加大，为了给变法制造更为积极的社会环境，资产阶级提出了更为明确的政治要求，同时对封建伦理思想进行了猛烈的抨击。以康有为为代表的资产阶级维新派，运用自由、平等、博爱、人权等思想武器，揭露了封建伦理思想的腐朽性与毒害性。康有为的伦理思想以人道主义为出发点，很注重研究人性问题，在他看来，"人人独立，人人平等，人人知足，人人不相侵犯，人人交相亲爱，此为人类之公理。"（《孟子微》），具有明显的资产阶级人格平等论倾向。也正因如此，他对封建伦理思想进行了尖锐的批判，他说"臣妇之道，抑之极矣"，认为这些封建伦理纲常是剥夺人权，违背人性的。② 同时，他对未来社会的政治愿景也是作过详细规划的，这些思想都集中体现在他的《大同

---

① 张锡勤：《中国近现代伦理思想史》，黑龙江人民出版社1984年版，第20页。

② 罗国杰：《中国伦理思想史》下卷，中国人民大学出版社2008年版，第803—804页。

书》中。《大同书》中至今可看到康有为"天理之至公，人道之至平"的大同世界构想。梁启超是康有为的追随者，戊戌维新变法运动失利后，梁启超主要从事一些著述和宣传活动，他不断向中国人介绍西方社会的思想道德伦理学说，同时发表了许多抨击封建传统伦理思想的文章，不过，他并不完全否定中国传统伦理思想，而是主张融合中西方伦理思想。1902—1904 年，梁启超撰写了的《新民说》一书，他提出："新之义有二：一曰淬厉其所本有而新之；二曰采补其所本无而新之，二者缺一时乃无功。"在这本书里，他在融汇中西方伦理文化思想的基础上，尝试着构建新的资产阶级思想伦理体系，他在这本书里谈论了许多问题，包括论爱群与爱国、论苦乐与生死、论公德、论自由与服从、论权利与义务、论利己与爱他等。

辛亥革命时期，以孙中山为代表的资产阶级民主革命派，在传承中国传统伦理思想、借鉴近代西方资产阶级伦理思想和构建资产阶级伦理思想体系方面，将自己的民生史观与中国资产阶级民主革命的具体相结合，是中国近代资产阶级伦理思想发展的丰碑。孙中山提倡忠孝、仁爱、信义、和平等中国传统道德，但又有一定的新的阐释，如对"忠"，就曾指出忠已不是忠于君，而是要忠于国、忠于民、忠于事。与此同时，他还提出了智、勇、仁"三达德"，即聪明、无惧、博爱。蔡元培是中国近代有重要影响教育家和学者，也是资产阶级革命派的主要领导者之一，他对中国资产阶级伦理思想体系的构建做出了重要的贡献。他编写了我国第一部《中国伦理学史》，翻译了包尔生的《伦理学原理》，在《中学修身教科书》、《哲学大纲》、《华工学校讲义》、《简易哲学纲要》等著作中也都对伦理学问题有专门的论述。蔡元培把中国传统伦理思想和国外近代伦理思想结合起来，系统地阐释了伦理学研究的基本问题，促进了中国近代伦理学的发展。他十分重视道德教育，在担任教育总长不久后，就发表了《对于新教育之意见》，书中提出了军国民教育、实利主义教育、公民道德教育、世界观教育、美感教育等五种教育主张。同时，蔡元培还提出了公民道德的基本纲领——自由、平等、博爱，并作了完整系统地阐述，这也是蔡元培的资产阶级民主主义伦理思想的核心。

（二）五四新文化运动至建国前伦理思想的发展

辛亥革命的成功和中华民国的成立并没有给人们带来预期的社会民主与进步，在袁世凯和北洋军阀的反动势力掀起的尊孔复古逆流中，一批激进的民主志士掀起了比辛亥革命更为猛烈的反封建运动——五四新文化运动。可以说，五四时期，是中国伦理思想史上发生历史性巨变的时期，而五四新文化运动，则是现代中国第一次伦理思想解放运动。毛泽东在《新民主主义论》中提道："五四运动所进行的文化革命是彻底地反对封建文化的运动，自有中国历史以来，还没有过这样伟大而彻底的文化革命。"① 在五四新文化运动至新中国建国前夕，中国思想文化界出现了空前的繁荣景象，伦理思想的发展和变革也进入了空前复杂的局面。

陈独秀和李大钊都是中国最早的马克思主义者和五四时期的著名人物，他们对五四新思潮的发展有着重要的影响，为马克思主义在中国的传播起到了积极的推动作用。陈独秀认为道德进步在社会发展中具有举足轻重的地位，他认为"道德为人类之最高精神作用，维持群益之最大利器。"② 因此，"只有道德革命，才是社会革命的必要前提和基础。"③ 他从封建伦理思想核心的三纲五常开始对封建礼教进行猛烈的抨击，认为三纲五常只不过是"片面之义务，不平等之道德，阶级尊卑之制度"，因而，他提倡建立民主科学的伦理观，提出在新的时代要建立新的世界观、人生观和价值观。李大钊进一步深化了对封建伦理思想的批判，他对"孔教"进行了激烈的抨击，认为"吾华之有孔子，吾华之幸，亦吾华之不幸也。自有孔子，而吾华之民族不啻为孔子而生，孔子非为吾民族而生焉。"④ 他此处矛头所指，并非指孔子本身，而是对历代君王为孔子塑身作为专制独裁的幌子而言。他还

---

① 《毛泽东选集》第 2 卷，人民出版社 1991 年版，第 700 页。
② 《陈独秀文章选编》上卷，三联书店 1984 年版，第 190 页。
③ 罗国杰：《中国伦理思想史》下卷，中国人民大学出版社 2008 年版，第 891 页。
④ 《李大钊选集》，人民出版社 1959 年版，第 42 页。

对封建伦理道德中的婚姻家庭关系进行了批判，写了《不自由之悲剧》、《现代女权运动》、《失恋与结婚自由》等文章，他主张恋爱婚姻的自由，认为美满的婚姻应该以爱情为基础，应该是基于家庭成员间的相互平等尊重。在批判封建旧伦理思想的同时，他还提出了与传统的封建伦理思想根本对立的新的人生观和道德观，即"青春"的人生观和"自然"的伦理观，认为要新造民族生命，挽回民族青春，有待于青年人的努力，而道德虽是自然发生的，但人们并不是只能够被动地去接受，而是可以在道德的进化过程中适当施以人为的作用力，促进其蜕变。①

在五四运动对封建伦理思想的猛烈的批判下，这一时期，无产阶级伦理思想逐步取代资产阶级伦理思想成为中国伦理思想的主流，但同时，由于传统伦理思想的根深蒂固以及资产阶级在政治、经济上的软弱性，使中国资产阶级并没有形成自己独立的伦理思想，而是产生了以梁漱溟、冯友兰、蒋介石等为代表的具有资产阶级色彩的地主、买办阶级伦理思想。

梁漱溟是中国现代著名的哲学家、思想家，他批评老复古主义者只知抱残守缺，不是新文化运动的对手，力图把中国传统的封建伦理思想同西方资产阶级伦理思想结合起来，以守住正在土崩瓦解的封建主义思想阵地。他认为人生问题和人生态度是文化的核心，因此提出了"意欲本因"的人生观。"在人生问题上，他把生活理解为'事的相续'，把整个宇宙看作'生活的相续'，但最终又把生活完全归结到'我'本身，也就是'现在的我'对于'已成的我'的一种奋斗努力。在人生态度问题上，梁漱溟认为所有的人生态度或所有人类生活的路向有三种，即'向前要求'的人生态度和生活路向，'对于自己的意思变换、调和、持中'的人生态度和生活路向，以及'转身向后去要求'的人生态度和生活路向。"② 但他的"意欲本因"论刚公诸

---

① 罗国杰：《中国伦理思想史》下卷，中国人民大学出版社 2008 年版，第 903—904 页。

② 罗国杰：《中国伦理思想史》下卷，中国人民大学出版社 2008 年版，第 954—958 页。

于世，就受到了当时学者的辩驳。

　　冯友兰的伦理思想大体上主要包括人性观、道德观和人生观三个部分。他把人性划分为"人之性"和"人所有之性"。他认为"人之性即是人之所以为人者，人之所以异于禽兽者。此人之所以为人者，人之所以异于禽兽者，若用言语说出，即是人之定义"①，但是"人不仅是人，而且是物，是生物，是动物。所以凡是一般物，一般生物，一般动物，所同有之性，人亦有之。此诸性虽亦为一切人所同有，但非人之所以为人而所以异于禽兽者，故此只为人所有之性，而非人之性。但虽非人之性，而亦为人之性所涵蕴，此即人之辅性"。② 在道德观方面，冯友兰将人的行为分为"道德底"、"不道德底"和"非道德底"。他指出："一社会中之分子之行动，其呵护此规律者，是道德底，反乎此者，是不道德底，与此规律不发生关系者，是非道德底。"③ 在人生观问题上，冯友兰认为"人生即人之一切动作云为之总名"，"没有两个个体，是完全相同底，所以亦没有两个人的境界，是完全相同底。但我们可以忽其小异，而取其大同。就大同方面看，人所可能有底境界，可以分为四种：自然境界、功利境界、道德境界、天地境界。"④

　　蒋介石作为中国封建主义、官僚资本主义的政治代表，他的资产阶级买办伦理思想发端于"戴季陶主义"，初步形成于第二次国内战争革命时期，在抗战时期得以进一步系统化。"为了巩固国民党统治，蒋介石很早就把'伦理建设'即所谓'国民道德建设'列为所谓'五大建设'之一，并认为它与'心理建设'一样，都是提高一切建设的基本力量。"⑤ 为了宣传所谓的"伦理建设"的主张，蒋介石提出了他的"力行与致知"的道德修养论，但究其本质只不过是为其统治服务

---

①　冯友兰：《三松堂全集》第 4 卷，第 92—93 页。

②　冯友兰：《三松堂全集》第 4 卷，第 100 页。

③　冯友兰：《三松堂全集》第 4 卷，第 114 页。

④　冯友兰：《三松堂全集》，第 550 页。

⑤　张锡勤：《中国近现代伦理思想史》，黑龙江人民出版社 1984 年版，第 296 页。

而已。在"伦理建设"并未产生什么实质作用之后，蒋介石决心开展"国民精神建设"，发动了以"固有道德——礼义廉耻"为旗号的"新生活运动"，希望使半殖民地的中国彻底军事化，但该运动最后的破产也充分说明了中国现代资产阶级伦理思想势必要被中国人民大革命的历史洪流淹没。

（三）新中国的伦理思想发展

新中国成立后，中国传统伦理思想经历了近代的变革与发展后最终与马克思主义相互融合，共产主义价值观念和道德伦理开始逐步走向全国，广大人民群众开始自觉认同和接受这种新思想，中国伦理思想的发展也进入了崭新的历史时期和新纪元。

总体来说，新中国的伦理思想发展经历了如下四个阶段：中国化马克思主义伦理思想萌芽阶段、伦理思想发展经历曲折阶段、发展恢复阶段和繁荣发展阶段。[①] 第一阶段是中国化马克思主义伦理思想萌芽。1949 年新中国的诞生，为马克思主义伦理思想确立主导地位奠定了良好的基础，为其宣传推广提供了良好的传播条件，共产主义道德真正成为了在国家居主体地位的道德体系，而不再仅仅是共产党人的道德行为准则和规范。在全国政协会议上，《共同纲领》得到一致通过，纲领对国民的公德做出了明确要求，即爱祖国、爱人民、爱劳动、爱科学、爱护公共财物。1950 年，毛泽东提倡要培育爱国主义精神，并且亲自撰写了人民英雄纪念碑碑文，号召人民缅怀先烈，永远铭记为民族解放和独立事业献身的人们。此后，《中华人民共和国婚姻法》在中央人民政府委员会第七次会议上得到通过，确立了新中国妇女同男人具有同等的权利，以法律条文的形式肯定了男女平等的社会道德风气和平等的家庭伦理关系。在这一时期，毛泽东也非常注重集体主义观念的培育，他在《论十大关系》中明确提出了在处理国家、集体和个人的关系问题上，不能一手重一手轻，要同时兼顾三者利益。

---

① 王泽应：《新中国伦理学研究六十年的发展与启示》，《河北学刊》2009 年第 5 期，第 7—13 页。

"在党的八大上，《中国共产党第八次全国代表大会关于政治报告的决议》中明确指出，为了加强党的领导，必须反对主观主义，加强马克思列宁主义的教育，必须在全体干部和党员中反复进行全心全意为人民服务的教育。"① 至此，中国共产党人明确地提出了集体主义和为人民服务等伦理道德思想。随着社会的发展，人们对旧道德的批判日益加深，共产主义道德得以发扬光大，学术界也开始了对人道主义、对批判地继承道德文化遗产以及对马克思主义伦理思想的一系列深入探讨，一些杂志、报刊也相继展开了关于人生观、婚恋观、择业观、幸福观、荣辱观等的系列讨论。应该说当时关于伦理思想的讨论总体上是学术论争，有助于伦理思想的深化和学科的繁荣。

第二阶段是伦理思想发展经历曲折的时期。文化大革命初期，以批判吴晗的清官思想和道德论为契机，刘少奇的《论共产党员的修养》和陶铸《理想、情操与精神生活》受到猛烈的抨击和批判，紧接着，"破四旧、立四新"运动和"造反有理、斗私批修"运动在全国范围内蔓延，并且不断地升级恶化。这一时期社会思想主要呈现出两方面特点：一方面是任何涉及个体利益的思想和行为都被扣以封建主义、资本主义和修正主义的恶名，从而遭到无情的批斗和打击，当时最流行的口号就是"灵魂深处闹革命"、"狠斗私字一闪念"；另一方面领袖人物被无限夸大神化，崇拜之风大兴，人们对领袖人物的崇拜到了几近痴狂的地步，人们热衷于跳忠字舞、唱语录歌等活动，"救星论"、"顶峰论"甚是流行。文化大革命后期，批林批孔运动和评法批儒运动兴起，传统儒家伦理文化和孔子成为众矢之的，不断受到猛烈的批判和抨击，财富成为了人性堕落、道德败坏的标签，人们认为只有贫穷才具有光荣的意义。人们笃信"宁要社会主义的草，不要资本主义的苗"，一系列否定真理、否定知识、否定个性的错误思想占据了人们的头脑和心灵。可以说，无论是在理论层面还是实践层面，文化大革命都为其带来了深切的灾难，整个社会的道德体系都被扭曲、毁坏了，这一时期为中国伦理思想发展带来了巨大的灾难，也为

---

① 中国人民大学伦理学与道德建设研究中心：《中国伦理学与道德建设六十年发展历程》，《齐鲁学刊》2010 年第 1 期。

我们提供了深刻的教训。①

　　第三阶段是马克思主义伦理思想发展恢复时期。文革结束后，关于拨乱反正和真理标准问题的讨论不断深入，马克思主义伦理思想在这一时期有了喘息和恢复的时机。十一届三中全会，中国进入了改革开放的新时代，也为马克思主义伦理思想的进一步恢复发展开拓了道路。"上世纪七十年代至八十年代，李奇所著的《道德科学初学集》、罗国杰主编的《马克思主义伦理学》、唐凯麟、唐能赋主编的《马克思主义伦理学原理》相继出版，这些都是关于伦理学方面的佳作。此后的一段时期，关于伦理学方面的教材层出不穷，不断出版面世，以适应不同环境的教学需求。其中比较具有代表性的有张善城编著的《伦理学基础》，张培强、陈楚佳主编的《伦理学概论》以及金可溪、魏英敏合著的《伦理学简明教程》等。伦理学思想的繁荣不只体现在相关教材方面，也体现在一系列学术专著及具有影响力的学术论文不断推出发表方面，许多老一辈伦理学家们也重新焕发出学术青春，如周原冰的《道德问题丛论》和《共产主义道德通论》，周辅成主编的《西方著名伦理学家评传》，张岱年的《中国伦理思想研究》等著作，可以说，这些著作和文章对于伦理思想的恢复和发展具有十分重要的时代意义。当前，中国改革开放不断深化发展，改革进程全方位推进，社会物质的极大繁荣和发展，进一步推动着人们道德文化生活以及社会道德风尚的巨变，与此同时，当代社会也在不断地涌现着新事物和新问题。伦理学家们，作为这个时代的亲历者和观察者，也在追随着时代的步伐不断成长、思考，他们纷纷著书立作或撰文对当今社会道德变化以及社会伦理等问题各抒己见。"② 中国伦理思想开始走上稳定的发展道路，针对中国传统伦理思想和西方伦理思想的研究也铺展开来，一批关于中国伦理思想、西方伦理思想的巨著相继出版。

　　第四阶段为马克思主义伦理思想的繁荣发展。邓小平"南巡讲

---

　　①　王泽应：《新中国伦理学 50 年研究及其历史启示》，《湖南师范大学社会科学学报》2002 年第 11 期，第 30—37 页。

　　②　王泽应：《新中国伦理学研究六十年的发展与启示》，《河北学刊》2009 年第 5 期，第 7—13 页。

话"以及社会主义市场经济体制的确立，为马克思主义伦理思想的发展提供了宝贵机遇，中国改革开放不断加以深化，社会主义现代化建设进入了崭新的发展时期。这一时期，马克思主义伦理学开始主动寻求发展土壤，不断适应当今中国社会的发展要求，学科理论体系不断得以更新，理论研究日趋深入并多有理论创新，在发挥新的史料、开拓新的领域和为现实服务方面取得了一批标志性的成果，有力地推动着社会主义伦理文化史的建设。"在中国伦理思想研究方面，樊浩所著的《中国伦理精神的历史建构》、焦国成所著的《中国伦理学通论》等著作分别从多层次、多视角、多维度对中国伦理学进行了深入有效的探索与研究。其中，唐凯麟主编的《中国传统伦理道德文化丛书》，对儒家、佛家及道家道德伦理的当代价值进行了深入探讨，可谓是独树一帜，别有韵味。"① 在西方伦理思想研究方面，大量的伦理学精品著作和文献史料被翻译过来，研究领域不断拓宽、研究层次不断深化，取得了一系列成就。90 年代以来，中国马克思主义伦理思想研究者以解放思想、实事求是和与时俱进的精神，在面向现实、面向世界和面向未来的研究中成就斐然，对社会主义伦理道德建设的诸多问题展开了深入的讨论，使得马克思主义伦理思想在新的形势下获得新的发展，也整体上推进了中国伦理学的发展水平，促进了人类伦理学的进步与繁荣。

二、中国近现代三大伦理思潮

（一）自由主义的西化派伦理思潮

中国自由主义西化派的伦理思潮主要表现在五四新文化运动和 20世纪 30 年代前后的中西文化论争之中，其主要代表人物有胡适、陈序经等人。他们以整体性反传统和整体性西化为思想基础，对中国传统伦理思想以及道德价值理念进行了猛烈的批判，宣扬了西方的个人主

---

① 王泽应：《新中国伦理学研究六十年的发展与启示》，《河北学刊》2009 年第 5 期，第 7—13 页。

义思想，并提出了注重感性的伦理观，构成了与早期现代新儒学、中国化的马克思主义截然不同的具有自身特色的价值理念，为中国走向现代化提供了多方面的启示。自由主义西化派，可以说具有彻底否定传统道德，并且全盘接受西方道德的鲜明特点。同时，其在思维方式上更是典型的形式主义，即"所谓坏就是绝对的坏，一切皆坏；所谓好就是绝对的好，一切皆好"①。

胡适在 1926 年发表的《我们对于西洋近代文明的态度》一文中对东方文明几乎全盘否定，并将各种恶名冠以东方文明，与此同时，他对西方文明进行了极大的赞扬和肯定，冠以各种美名于西方文明。在他看来，东方文明是"安分，安命，安贫，乐天，不争，认吃亏"，而西方文明则是"不安分，不安贫，不肯吃亏，努力奋斗，继续改善现成的境地。"② 三年之后，胡适在《中国今日的文化冲突》中更是明确提出了"全盘西化"的主张，他借《中国今日的文化冲突》一文，明确指出了中国人的三派主张，即抵抗西洋文化、选择折中以及充分西化，并在此基础之上鲜明地提出了他的"全盘西化"主张。于是显而易见的，胡适的全盘西化主张遭到了当时包括文化复古派、文化折中派、左翼文化界等众多派别的严厉反对。于是在 1935 年 6 月，胡适发表《充分世界化与全盘西化》一文，表明了其赞成全盘西化的主张，接着他明确指出，自己所说的"全盘"的意义"不过是'充分'而已，不应该拘泥作百分之一百数量的解释⋯⋯'充分'在数量上即是'尽量'的意思，在精神上即是'用全力'的意思。"③ 他表达了自己放弃全盘西化的主张，转而提出了充分世界化的主张。他特意强调："'全盘'一词可灵活运用，也可以稍有伸缩的余地"，"'全盘'是个硬性字，还是让它保存本来的硬性为妙；如要把它弹性化，不如

---

① 《毛泽东选集》第三卷，人民出版社 1991 年版，第 832 页。

② 胡适：《我们对于西洋近代文明的态度》，《胡适文存》三集，卷一，上海亚东图书馆 1934 年版，第 19 页。

③ 姜义华：《胡适学术文集——哲学与文化》，中华书局出版社 2001 年版，第 308 页。

改用'充分''全力'等字。"① 由此我们终于可知，他始终没有把全盘西化作为中国文化的最终归宿，而把全盘西化作为一种方法、一种手段，一种实现中国文化发展的途径而已。胡适所谓的全盘西化主张并不是我们所理解的彻底的全盘西化，显然他与陈序经的主张不同，全盘西化始终没有成为他心目中的中国文化的最终归宿，他只不过是把全盘西化作为一种进步的方法、手段，一种能够实现中国文化快速发展的途径而已。所以，胡适只不过是借"全盘西化"一词来表达他所谓的"充分世界化"或"全力现代化"的主张而已，其实际的根本目标还是"充分西化"。

陈序经认为，所谓文化是一个整体，而中国传统文化之不适合于现代是一种整体上的不适合，而不仅仅是局部的不适合，因此我们需要而且可能进行全盘的西化。同时他认为凡是世界丰富多元的文化中必然存在着一个基础文化，西洋文化就是这样的现代的基础文化，是现代化的根本和主干，而反观中国文化，则是由闭关时代苟延残喘而来的文化，是一种明显不适应现代世界的旧文化。因此我们必然要进行全盘的、彻底的西化。早在 1925 年，陈序经就萌生了"全盘西化"的主张，"自民国十四年到美国读书之后，对于这个题目尤为注意。同时，因为朋友常常谈论东西文化差异，身在异乡，感受甚多。"②三年后，他在公开场合首次表达了要原原本本完全接受西洋文化的观点，他说："差不多二十年前，陈受颐、卢观伟两位先生同我已坚决地相信中国要全盘西化，不过，在名词上，我们最初所用的是'全盘采纳西洋文化'或是'全盘接受西洋文化'的字样"。1931 年，陈序经发表了《东西文化观》一文，也正是在这里，他第一次运用了"全盘西化"这个表达方式。1933 年，陈序经撰写了《中国文化的出路》一书，书中，他以研究文化学理论为切入点，对他的"全盘西化"论进行了详尽的、系统的、完整的解释。陈序经认为文化是一个整体，

---

① 姜义华：《胡适学术文集——哲学与文化》，中华书局出版社 2001 年版，第 309 页。

② 杨深：《走出东方——陈序经文化论著辑要》，中国广播电视出版社 1995 年版，第 462 页。

中国传统文化不适合现代是整体的不适合，而不是局部的不适合，因此需要而且可能全盘西化。同时他认为世界多种多样的文化中有一个基础文化，西洋文化就是现代的基础文化，是现代化的根本和干体，而中国文化则是闭关时代苟延残喘的文化，是一种不适宜现代世界的旧文化。因此要进行全盘的和彻底的西化。陈序经主张"全盘西化"、"彻底西化"，用西洋文化替代中国的旧文化。同时，他也认为"文化本身不得分开"，西方文化所谓"各方面都有连带及密切的关系"，而这种"连带"使得我们最终不可能只是部分地来吸收西方文化，他认为正确的做法就是吸收全部的营养，也就是其所谓的全盘西化。在他的观念中，传统文化已经没有任何积极的、可取的价值，"全盘西化"是可能的选择，也是必然的选择，这已经是不可避免的，是无法抗拒的。

综上所述，我们不难看出当时的西化派伦理思潮是十分偏颇且不实的，其所要建构的这种以西方个性自由、个人中心为终极价值目标的个人主义道德思想体系显然是十分不符合中国国情的，在实践上根本无法行得通。

（二）文化保守主义思潮

自鸦片战争国门被打开一直到五四新文化运动时期，国人的心态逐渐变得更具成熟开放性，同时国人对西方文化的认识也更加清晰与明确。面对强势西方物质文化的冲击，知识分子们忧患传统文化"花果飘零"，担心"文化危机带来的迷茫和消沉"使中华民族失去认同感，于是始终对西方文化的输入持谨慎态度，而一战后西方的短暂衰弱则使他们更加坚定地相信东西方文化其实是各有优劣的。随着1915年《新青年》创刊以及随后五四新文化运动的兴起，文化保守主义思潮的演化终于进入了一个新的时期。文化保守主义思潮，主要包括"东方文化派"和"学衡派"。这是在中西文化和伦理道德存在严重危机的情况下形成并逐渐发展起来的。这些学派的主张是，以复兴中国传统文明为己任，并以此为根本来医治西方文明的弊病。

五四运动时期文化保守主义兴起，首先表现在《东方杂志》主编杜亚泉及钱智修、陈嘉异等以《东方杂志》为阵地，批评五四新文化运动。《东方杂志》主编杜亚泉讲："吾国固有之文明，正足以救西洋文明之弊，济西洋文明之穷者。西洋文明浓郁如酒，吾国文明淡泊如水，西洋文明腴美如肉，吾国文明粗粝如蔬，而中酒与肉之毒者则当以水及蔬疗之也。"① 又讲："吾固有文明之特长，即在于统整且经数千年之久未受若何之摧毁，已示世人以文明统整之可以成功。今后果能融合西洋思想以统整世界之文明，则非特吾人之自身得赖以救济，全世界之救济亦在于是。"② 面对着一战对国家造成的破坏后果以及战后国内经济一片凋敝的景象，归国后的梁启超不由发表《欧游心影录》，来宣布西方所谓的物质文明是存在弊端的，那种科学万能之梦已经宣告破产；1921 年，梁漱溟演讲并出版《东西文化及其哲学》一书，在国内公开打出"东方化"和"新孔学"的旗帜，由此荣获了文化保守主义者的名声；两年后，1923 年 2 月，留欧回国不久的张君劢在清华学校演讲《人生观》，公开反对科学对人生观的支配；1925 年，文化趋于保守学派的章士钊又创办《甲寅周刊》，并极力使之成了新文化运动后期相对最保守的刊物之一。由于杜亚泉、梁启超、梁漱溟以及章士钊、张君劢等人不懈地反对五四新文化运动向西方学习的主张，并且大力提倡东方文化，因此有时人们又把这些人统称为"东方文化派"。其实从思想内涵上来看，"东方文化派"是泛指那些以倡导传统中国文化为宗旨，严厉批判"五四"反传统主义者的所谓西化道路，试图以"援西学入儒"的途径，来对儒学精义进行重释，凸显儒学潜在的现代性精神价值，试图化解传统与现代文化内在紧张的知识分子，其中更是以梁漱溟的文化观和其所著《东西文化及其哲学》一书为主要思想体系代表。东方文化派其实并非一个组织十分严密的思想流派，也没有相对统一的学术风格抑或理论体系，其学派的思想主要来自各著名人物的言论以及著名文章，然而这些人在维护传统文化，提倡并调和各种文化观，反对各种激进主义的思想和主张方面却是始终一致的。

---

① 杜亚泉：《静的文明与动的文明》，《东方杂志》第 13 卷，第 10 号。
② 杜亚泉：《迷乱之现代人心》，《东方杂志》第 14 卷，第 4 号。

由《学衡》而自然形成的"学衡派"在中国现代文学史、思想史以及学术史上更是独树一帜,亦是文化保守主义营垒中的重要一翼。学衡派主要成员吴宓和汤用彤等人自陈独秀创办《新青年》伊始即抱着"融合新旧,撷精立极,造成一种学说,以影响社会,改良群治"的伟大理想赴美留学,1922年1月,《学衡》由时任南京东南大学教授的吴宓、梅光迪等人在副校长刘伯明的支持下成功创刊,并以宣传白璧德的新人文主义,同时批评五四新文化、新文学运动为其主要内容。《学衡》在各期都时刻标明其宗旨:"论究学术,阐求真理,昌明国粹、融化新知。以中正之眼光,行批评之职事。无偏无党,不激不随。"它的兴趣"不在时评,也不在政论,它与政治、现实保持着知识分子理应保持的距离,此乃思想独立之本"①,但在实际上,《学衡》对所有新文化运动的主流派都同时提出了极其尖锐的批评。其中,梅光迪、吴宓、汤用彤提出的"东西历史民性的差异性"问题,极力摒弃浅薄、狭隘学风的问题,如何选择中西文化的真正精华并加以融会贯通以致用的问题,都具有十分积极的意义。其时自哈佛大学学成归来的梅光迪、吴宓、汤用彤都在东南大学里执教,因此学衡杂志社的社员基本上就是以这批留学归来的学生为基础,再加上南京高师(1949年后更名为东南大学)的刘伯明、柳诒徵和他们各自的学生,以及南京支那内学院部分师生。《学衡》杂志的实际存在是1922年1月至1933年7月,但"学衡派"成员的活动却并不限于这个具体的时间。②

五四时期兴起的这些,包括东方文化派、"学衡派"成员在内的众多文化保守主义者在探讨如何建设一种新文化、培养国民健全人格的道路上,与以陈独秀、胡适为首的新文化主流派在对新文化的建设方案上并不一致,但他们都一致地认为现存的社会问题、政治问题是需要从文化上进行根本改造的,这些人都具有追求民族独立和民族进

---

① 孙尚扬、郭兰芳:《国故新知论——学衡派文化论著辑要》,中国广播电视出版社1995年版,第494页。

② 沈卫威:《"学衡派"谱系——历史与叙事》,江西教育出版社2007年版,第30页。

步的天然秉性。其实，保守主义伦理思潮的主张者们试图不经过改造和创造性的转化就能够将两种原生的不同质的文化进行彻底的结合，这在实际上是行不通的。但是他们这种既反对西化派的全盘西化，又不赞成复古派坚定的固守传统，而是主张中西伦理文化有机结合的观点无疑是有价值的、合理的。

（三）马克思主义伦理思潮

马克思主义伦理思潮，这是五四时期，借着马克思列宁主义在中国迅速传播以及中国新民主主义革命过程逐渐形成和发展起来的新思潮。20世纪，在中国发展的马克思主义伦理思想，其发展主线始终围绕在道德领域的革故鼎新以及国人的思想启蒙，并充满着对新道德的无限向往、追求和建设热情，并以这股热情在道德新旧论争、中西古今之辩中逐渐发展出了十分具有系统性的伦理科学。

1919—1920年，李大钊接连发表了《我的马克思主义观》、《物质变动与道德变动》、《由经济上解释中国近代思想变动的原因》等文章，开始在这些文章中运用马克思主义的理论和方法分析研究道德的形成、本质和发展规律。陈独秀、毛泽东、蔡和森、李达、瞿秋白、邓中夏、恽代英，以及郭沫若、范文澜、侯外庐、艾思奇、胡绳、冯定、张岱年等在如何运用马克思主义理论方法进行伦理道德研究方面也作出了自己的贡献。"老一辈理论家们认为，中国传统伦理道德同现实需要有所脱节，而这种现象也同样存在于资本主义的伦理道德之中，正是基于此基础，他们不断地同现代新儒家伦理保守主义、东方文化派、儒学复兴说等流派展开斗争，同时，也一改往日对资本主义伦理思想的盲目崇拜，逐渐自觉运用马克思主义唯物史观去揭露资本主义伦理文明的弊端。陈独秀认为，所有的在私有制基础上形成的伦理思想都应该被革新；李大钊将马克思主义观点作为批判的武器，勇敢地揭示了道德伦理的根源和本质；瞿秋白认为，无论是传统的中国封建主义伦理文化，还是西方的资本主义伦理文化对社会都存在着危害，只有马克思主义伦理思想才能真正克服旧文化的弊端，认为马克思主义伦理思想是一种心物统一、身心并重的高度发达的伦理文明。"①

在五四运动以及第一次国内革命战争时期，中国的马克思主义伦理思想体系实际上还处于一种初创时期，然而到了第二次国内革命战争以及抗日战争时期，中国马克思主义伦理思想体系已基本形成，而毛泽东伦理思想的形成则是其发展的具体标志。

毛泽东伦理思想既是马克思主义化的中国伦理思想，又是中国化的马克思主义伦理思想，可以说，它既是对马克思主义伦理学说的创造性发展，又是对中国伦理传统文化的批判性超越。正是这种基于创造致力超越的特质，使得马克思主义伦理思想具备了其不可替代的独特的历史地位，它实现了其本身从西方经由俄国到中国的转变，为中国伦理文化从传统到现代的蜕变指明了一条光明而具有指导意义的路径。毛泽东伦理思想成功地把马克思主义历史唯物主义以及道德基本理论相结合并运用于考察中国社会及国民个体的道德实践活动，是经由中国马克思主义者不断地在长期革命斗争实践中总结最终而成的，所以我们可以说，毛泽东思想其实是马克思主义伦理思想经与中国革命的道德实际以及中国传统伦理思想中的优秀因素结合而最终形成的产物。在此基础之上，中国特色社会主义伦理思想体系同样也是建立在对中国传统伦理文化的批判以及超越的基础之上，是另一种对马克思主义伦理学说的创造性发展。这种结合并不是简单地对马克思主义伦理思想进行直接移植和复制，也不是生硬粗糙地将马克思主义伦理思想与中国传统伦理思想进行粗暴糅合或混合，而是在准确完整地把握马克思主义伦理思想基本精神、核心要素的基础之上进行的一种更高级的再创造，即以马克思主义伦理文化为终极指导来重新审视和重估中国伦理文化，并站在此高点上对中国伦理文化作出辩证唯物主义的理解与分析，进而做到扬长避短，同时还能以马克思主义伦理文化的基本精神来帮助指导中国革命、建设和改革过程中的道德建设，既注重尽力保持了民族道德的特色，又成功将其纳入了社会主义、共产

---

① 王泽应：《20 世纪中国马克思主义伦理思想发展研究》，《毛泽东邓小平理论研究》2005 年第 7 期，第 23—28 页。

主义道德的轨道。①

　　因此，马克思主义伦理思想能够在中国拥有如此巨大而鲜活的生命力并非偶然，它以独特的魅力深刻而又精辟地揭示了道德、特别是共产主义道德的本质、规律，以及其所能够发挥的社会作用，我们可以这样说，它阐释的基于集体主义的道德原则和因个体自由而全面发展的社会主义道德理想，在某种程度上，彻底标明了人类道德发展的前景与希望。马克思主义伦理思想依据历史唯物论和辩证唯物论的基本观点，从未把自己当作绝对的、永恒不变的真理，而是始终认为其应该在不断实践和吸收新的科学理论知识的良好基础上不断完善自己、发展自己。因此，中国早期拥有共产主义觉悟的先进知识分子对马克思主义伦理学的选择，是中国传统伦理文化进行现代转换的历史必然选择。

第二节　中国传统伦理思想与马克思主义伦理思想的内在联系

　　正如前文所述，马克思主义伦理思潮在鸦片战争后风云际会的中国近现代社会中为中国人民所选择，不仅仅因为具有其客观性、科学性，更重要的原因在于中国传统伦理思想中的人本思想、和谐思想、知行观等与马克思主义人道观念、共产主义社会理想以及实践观等相契合。

一、马克思主义伦理思想的内涵

（一）马克思主义伦理思想的实质

　　关于伦理问题的周密、系统论述，在马克思的系列著作中是看不

---

　　①　王泽应：《20 世纪中国马克思主义伦理思想的理论成果和历史地位》，《道德与文明》2007 年第 2 期，第 4—9 页。

到的，这让人们不禁疑惑，并且发出这样的疑问：马克思究竟有没有真正属于自己个人的伦理思想？针对这个问题，我们可以说答案是肯定的。那么为什么人们常常会觉察不到，甚至忽视马克思的伦理思想呢？主要是由两方面的原因造成：一是由于马克思从来没有把伦理作为共产主义与社会主义理论的根本性、决定性基础定义过；另一方面，马克思的伦理思想与通常意义上我们所讲的传统的伦理学具有不同的特点和特征。也正因为如此，如何分析、认知马克思伦理思想的实质，也就理所当然、自然而然地成为了研究马克思伦理思想的首要任务。

马克思是无产阶级的革命导师，作为一个无产阶级的思想家、革命家，他已不仅仅是一个人道主义者，马克思具有极其鲜明的无产阶级所特有的阶级意识。马克思所关注的并不是人类中的"个体人"的"罪恶"和"苦难"，而是关注整个资产阶级的"阶级罪恶"与所有无产阶级的"阶级苦难"。马克思的伟大发现之一是剩余价值学说，深刻揭示了潜藏在"资产阶级罪恶"与"无产阶级苦难"背后的经济学原因。也正是因为如此，阶级自然就成为了马克思的伦理理论的伦理主体，同时也是客体，而不是单单由个体来胜任这一角色。马克思伦理思想，这实际上是一种彻底反映无产阶级和资产阶级之间伦理关系的思想。在其中，马克思并没有试图通过对资产者个人的道德批判来达到批判资产阶级道德的目的，而是对所有的资产阶级以及资本主义制度都进行了彻底鲜明的道德批判。因而可以得出这样的结论，马克思的伦理思想在本质上是"制度伦理"的性质。在资产者个人对无产者个人的剥削与压迫的罪恶这个方面，马克思始终把资本家对工人的剥削和压迫这一不道德行为归咎于资本的本性。马克思认为，资本家和地主只是经济范畴的人格化，是一定的阶级关系和利益的承担者。他们采取剥削，并不是因为他们的道德是如何恶劣，而是因为经济关系迫使他们不得不这样做。尽管如此，却不能为他们开脱，他们毕竟采取了剥削，而且还不以此为耻，所以决不能粉饰他们的形象。总体而言，要采取绝不美化、也绝不掩饰其罪恶的态度去看待他们。

在这一点上，马克思对于资产者个人的"道德谅解"有其个人特定的伦理依据。道德和伦理原则的关键与核心，在于主体行为的选择原则，而选择其本身则依赖于自由的主体意志。如果资产者个人没有选择的自由权，那么他们的行为就注定只能是对客观规律的认同而已。也因此，这样的主客体关系并不能成为任何的伦理关系，源自资产者个人的行为自然也就不应该承担任何道德责任。承担这种道德责任的主体在马克思的理论中已转变为整个资产阶级以及在这一阶级基础上所建立和统治的资本主义制度。至此，马克思的道德关注对象开始由传统道德转向对个体的道德，转向对社会阶级和制度的道德关注，阶级的、制度的道德价值应运而生，个体性道德价值有了根本性转变，这样，伦理的主体和客体，就由个体转变为阶级的和社会的制度，从而把对资产阶级个人的"道德谅解"转化为对整个资本主义制度、整个资产阶级的道德的批判。

"这种转变，标志着无产阶级从自在阶级走向自为阶级。在马克思的理论产生以前，无产者之间一直没有在真正意义上形成一个统一的阶级。资产者和无产者之间的关系，还被单纯地看成是资本家和工人之间的关系。无产阶级对于资产阶级的残酷剥削压迫所进行的道德谴责和行为上的反抗，还只是存在个别工人和个别资本家之间的个别现象。整个资产阶级的罪恶被理解为是个别穷凶极恶资本家的罪恶，整个无产阶级的苦难也仍被理解为是个别个体的个案现象。这再次证明了，无产者们还没有最终形成一个统一的、整体的阶层，他们自己并没有认识到自身所具有的阶级属性。马克思把资本家压榨无产者的罪恶行径延伸为整个资产阶级对无产阶级的不道德，并将这种对个人不道德的批判上升到对整个资本主义制度的批判。至此，无产阶级的阶级属性意识被唤醒，马克思的社会主义和共产主义理论真正成为了无产阶级意识形态表征。"① 因此，既然是无产阶级的阶级意识，它的道德关注点就必然是资本主义制度下的正当性与合理性。因此可以说，马克思的伦理思想实质即是"制度伦理"。

---

① 刘福森、史兰：《马克思伦理思想的性质和特征》，《内蒙古民族大学学报》（社会科学版）2007 年第 2 期，第 50—54 页。

（二）马克思主义伦理思想的特征

评价社会制度的现实基础被历史唯物主义认为是当时人们所处的最现实的生存条件；而现实的生存条件恰恰是满足当时人民最基本生存需要的物质条件。只有把满足人类生存基本物质条件作为对评价社会制度道德的现实基础，才能真正找到伦理学的根源和依据。马克思和恩格斯在《德意志意识形态》一书中指出："每一个时代的个体的享乐同它所属阶级以及产生这些联系的、这些个体所处的生产、交往条件的联系，到目前为止，还同人们现实生活享乐形式内容有着很大的矛盾和局限性，这种不加区别地面向一切个人的虚伪的哲学——所有这一切当然都只有在可能对现存制度的生产、交往条件进行批判的时候，也就是在资产阶级和无产阶级之间的对立产生了共产主义观点和社会主义观点的时候，才能够被揭露。"① 可以看出，马克思已经把伦理原则放在了现实生存条件之上，这无疑是对一切传统道德宣判了死刑。

西方传统伦理学的哲学基础即是抽象的人性或人的本质。西方传统哲学指示，人性或人的本质超越一切历史条件，是最理想性的、永恒不变的人类共性，这也就是人的本体论的内容。而在伦理中，人的本体论则体现为西方传统的抽象人道主义。这种立足于抽象的人性或人类本质上的人道主义，正是以此为依据，形成了超越所有历史条件的、永恒不变的一系列伦理原则。马克思历史唯物主义把人置于历史的、发展的角度去研究，从而使得抽象的人向现实的人转变得以实现，这在哲学界堪称革命性的转变。伦理的哲学基础也因为实现了从抽象人向现实人的转变后而发生了根本性转变。人们开始在现实条件生存基础上理解"公平"、"正义"、"善"等伦理原则。恩格斯曾明确表示，任何伦理道德都不是终极不变的，而是取决于当时的社会经济状况。因此，所有的伦理价值都具有着其特殊的历史性，世界上并不可能存在着一种超越一切历史条件的、永恒不变的价值准则和原则规

---

① 《马克思恩格斯全集》第 3 卷，人民出版社 1995 年版，第 490 页。

范。恩格斯有关奴隶制度的论述，也充分彰显了马克思主义的新伦理观、道德观。恩格斯认为，按照传统伦理观念中所谓的超越一切历史条件的评价标准可以得出人类历史上最不人道、最不道德的制度就是奴隶制的结论，但是当从马克思主义新伦理观、道德观的立场上去审视这个问题时，就会得到不一样的结论。因为，只有奴隶制建立后，农业和工业之间的大分工才得以出现；奴隶主阶层从劳动中脱离，才推动了文化的发展与繁荣，为希腊罗马文化的辉煌奠定了基础；奴隶制也极大地推动了社会经济的发展，希腊城邦与罗马帝国才由此建立。而这一切，都是欧洲后续发展甚至社会主义实现的前提条件。

因此，恩格斯实质上已经把人类的"生存价值"作为了评价社会制度的终极标尺。按照他的思路去理解，任何社会制度在新出现的一段时间内都具有某些积极的作用与意义。只要这种制度能够作为人类生存发展的基本条件，并且能够满足人类在新的生存条件下所必需的生存需要，那么在一定的时期之内，或至少在当时来说，这制度就是具有伦理的正当性的。然而，随着生产条件，也就是人的生存条件的不断变化与进化，原本能满足人类生存需要的社会制度逐渐地也是必然地失去了对人的生存价值，在这种大前提下，它也就自然变为了不合理、不正当的社会制度了。因此按照马克思的伦理观可以最终得出这样的结论：所有的社会制度都不是一成不变的、永恒的伦理价值，它们都需要经历一个过程，一个由合理转变为不合理、并逐渐为新的更为适应社会需要的社会制度所取代。

二、中国传统伦理思想与马克思主义伦理思想的内在关联

（一）中国传统人本思想与马克思主义人道观念的契合

中国传统人本思想特点有二，其一在于绵延不绝的重民、爱民，以及以民为本的思想特点。中国传统文化的侧重点一直在于对人的高度关注，并以人作为价值观念指向的主体位置。人的地位其实是高于鬼神的，这一直是传统文化的思想主体，而神只成为一种假设的存在。重人主义的思想，与近代以人为本的思想，在本质上就已然不尽相同；

重人主义思想与人本主义思想间一直存在一个历史与逻辑上的距离，但不可否认，在某种程度上，由"重人主义"引导形成的民本主义价值观正是"人本主义"思想的前提与基础。中国民本主义价值观一向具有深厚的历史文化与历史渊源，也一直是中国古代思想家与政治家们共同推崇和提倡的价值伦理观念。早在《尚书·五子之歌》中便提出了"民唯邦本，本固邦宁"的思想理念；在《尚书·盘庚》中亦有"罔不唯民之承"、"视民利用迁"、"重我公"、"施实德于民"之类说法；周人早在殷亡之后便认识到民众对于社会的巨大力量，并以民意为天意，把敬天与保民彻底联系起来，并且始终把民众看作政治统治与国家治理的基础与根源；墨家更是以更加激进的方式提出兼爱非攻的民本主义学说；之后孟子的"民为贵，社稷次之，君为轻"的思想理念更是对民本主义的行政思想观作出了高度概括。在《管子·治国》中，"凡治国之道，必先富民"阐述了富民乃治国之本的道理，贾谊更在《新书·大政上》中以"闻之于政也，民无不为本也"表达了其对民为本的美好愿景；一直到唐太宗认定的"君依于国，国依于民"思想，更是进一步道出了民、国相倚相成的关系；而在《宋史·朱熹传》中的"天下之务莫大于恤民"，也将为官为政的最大要务定义为体恤民情。尽管中国的人本思想从未超出君民不平等的窠臼，且一直深受尚农重农的封建社会心理深层结构影响，但其重视民众影响的基本理念与马克思主义思想关于人民群众创造历史的思想观点是相通的。

中国传统人本思想特点之二即在于对现实生活的特别关注。其思想认为作为一个人，作为一个个体，首先要考虑其对社会所需尽到的责任与义务，如父慈子孝、兄友弟恭之类。而在马克思主义唯物史观里则认为，人其本质其实是"社会关系的总和"，是强调人其个体的社会性，并反对把人的本质理解为"孤独的个体"的。马克思主义思想承认，人具有一般性，但更强调其社会性。马克思认为，人并未作为单个个体所固有的抽象物而存在，而是在一定程度上的一切社会关系的总和，是历史的创造者，更是历史运动的指归。只有把全世界的无产者联合起来，才能达到解放人类的前提条件，这也正是我们去实现共产主义社会的决定性力量。只有当达到充分的历史条件时，社会所有个体才能得到全面而自由的发展，抑或自由而全面的发展。人，即是马克思主义思想的核心内容与最真实的主题，是其思想的出发点与归宿。其实马克思主义的宗旨就在于通过对社会的批判改造来达到最终解放全人类的宏伟目标。而在中国哲学里，"主要关心的是社会，而不是宇宙，关心的是人际关系的日常功能，而不是关心地狱或天堂，关心人的今生，而不是它的来生"①。因此这些对人现实生活的特别关注，就恰恰成为了中国伦理思想与马克思主义伦理思想的重要结合点。马克思始终认为，共产主义社会的未来实质是一个"自由人联合体"的社会，并始终将其作为现实的共产主义运动的永恒目标。因此总结起来我们可以说，人文关怀思想始终是马克思主义理论的特质之一，他自始至终都把人类个体的自由全面发展当作其理论建构核心的主线思想与其根本归宿。中国先进的知识分子在最早开始接触马克思主义时也正是因为如此才十分注重地把共产主义与中国的"重人主义"思想融会贯通，寻找有机结合的契合点。毛泽东同志的"民众的大联合"思想，就是已经将马克思主义中"人民群众是历史创造者"的原理与中国传统民本思想经过具体结合后的产物体现。

（二）中国传统和谐思想与共产主义社会理想的契合

源自中国传统文化中的"和谐"思想，其实也正是大同、小康社会的原本理想。这正是我们中国传统文化中积淀的精华所在，也是能够充分彰显思想现实生命力的人文主义思想。根植于传统文化的主干儒学核心思想，"仁"、"义"、"礼"、"智"、"信"五大基本理念，也随着时间流逝逐渐演变为封建伦理道德所讲的"五常"，这一点充分表达了当时人对于寻找人与人、追求人与社会和谐统一、寻求社会整体人类整体有序发展的美好愿望与价值目标体现。《论语》有云："礼之用，和为贵。先王之道，斯为美；小大由之，有所不行。知和而和，不以礼节之，亦不可行也。"这是"和"首先出现在《学而》中的地方。这里的"和"正是和谐之意。孔子还提出"有道"的理想国模

---

① 冯友兰：《中国哲学简史》，新世界出版社 2005 年版，第 9—10 页。

式，也即在经济上主张起均贫思想，即"不患寡而患不均，不患贫而患不安"，同时也描绘了以"天下为公"为总则的"大同"主义社会理想特征："使老有所终，壮有所用，幼有所长，鳏寡孤独废疾者皆有所养"①。而道家创始人老子的"小国寡民"社会理想，也可以说是道家最原始的社会理想了。由此可见，在中国传统文化理念中，"天人合一"的本位思想已经充分体现出了人与自然和谐共存的终极场景。

近代以来，中华民族饱经风霜苦难，中国的先进知识分子于是以传统"革新图治"的社会文化角色为己任，投身于构建古代大思想家"大同"、"平等"的理想主义社会的大事业。当时社会风气已然，社会现象普遍地非理性化，但是他们仍然努力寻找一条可行的变革道路。从"有田同耕，有饭同食，有衣同穿，有钱同使，无处不均匀，无处不饱暖"②的理想天国，到康有为的"手定大同之制，名曰《人类公理》"③，他们归根结底的精神动力和精神源泉就是一定要实现"和谐"社会、理想社会。马克思以"现实的人"作为逻辑基点，构建起了其哲学思想体系的整体结构，他把其对人与自然、社会和谐的深切关注都投入了其中。批判资本主义生产方式前提下人与劳动异化情况的同时，马克思更是提出了人的自由全面发展的思想观点。他认为，共产主义社会终将是一种按需分配、各尽所能、相互合作、各得其所并最终以和睦为特征的新型社会，是一种自由的人类联合体，只有这样的社会才是高级和谐的社会。

由此可知，中国传统"和谐"思想与马克思的共产主义社会理想之间存在许多相似之处，也正是因此，在马克思主义的早期传播途径中，"和谐"思想作为马克思主义传播的一种可靠的文化环境，迅速拉近了马克思主义与"中国"的距离，使中国的人们很快对马克思主义产生亲切感。比如早期毛泽东同志就是在"大同"思想影响下主动

---

① 《礼记·礼运篇》。

② 太平天国历史博物馆：《太平天国印书》上册，江苏人民出版社1979年版，第409页。

③ 梁启超：《南海先生诗集》，广东人民出版社1988年版，第1页。

积极地去接受西方传来的各种共产党、共产主义相关学说的，1917 年的他更是在给黎锦熙的信中写道："大同者，吾人之鹄也。"① 同时更值得我们注意的是在反动派抹黑马克思主义是"过激主义"、"洪水猛兽"、"异端邪说"的叫嚣声中，我们主动承认马克思主义其与中国传统大同思想文化的趋同性，也十分有助于消除普通民众对马克思主义的防范与恐惧心理。也正是因为如此，一旦中国的先进知识分子在接受了马克思主义之后，并已经在自己的理解基础之上对马克思主义理论做出了符合中国传统文化、中国国情的解释之后，在这种社会阶级矛盾与人民矛盾空前尖锐、所有人民都渴望过上安定幸福生活的特殊时代，人们必然会迅速地接受这种学说。

（三）中国传统知行观与马克思主义实践观的契合

"中国传统政治文化多以现实的社会政治为基本研究对象，致力于探索安邦定国之道，并形成了以重政务为特征的经世思想，这种经世思想强调把自己所学的知识运用到社会实践中，并通过实践来实现自己的社会理想，这是中国伦理思想的显著特色。"② 在传统的中国历史文化中，虽然我们一直以来并没有直接提出实践的观念，但其所涉及与呈现出来的传统知行观与趋向实践的品格还是相当契合的。更为主要的是：历史上的儒家人物大都是力行主义者。其一为孔子，是主张经世致用、提倡教化的历史上影响最大的思想家之一。周游列国，四海为家，他的目的不外乎说服诸侯王室对黎民百姓施以仁政，行以仁爱，以此拯救人民于水火。然自西汉"独尊儒术"之后，历代儒生更是在此之上把经世致用加入了读书的终极目的之中，并后来逐渐演变成为了主张实践、重视人本主观能动性的特殊知行观，并随着历史时期的变迁逐渐得到进一步的发展。著名南宋学者吕祖谦主张"于做中明行失"，其"做"便是"行"；到了明代的王阳明则认为"学"

---

① 毛泽东：《毛泽东早期文稿》，人民出版社 1990 年版，第 89 页。

② 魏范青：《论中国传统文化与马克思主义的价值契合》，《淮海工学院学报》（社会科学版）2008 年第 9 期，第 18—21 页。

必见于"行"，"尽天下之学，无有可行而可以言学者"，也正是主张"知行合一"；至明清之际，更有王夫之以重行思想家为说，其"知必以行为功"明确提出了"行可兼知，知不兼行"的观点，已经在道理上把知统一于行，从而坚持了基于实践基础上的知行统一观。"先天下之忧而忧，后天下之乐而乐"，正是中国知识分子千年来道德情怀的终极体现，也正是中国传统政治伦理知行观蕴含丰富积极入世价值取向的积极佐证。在这种积极的学风渲染之下，多年以来的中国知识分子大多热心世事，并积极投身于政治活动之中。

同时，马克思主义理论，则是以实践为基石的理论体系，实践理论也始终占有非常重要的地位。从某种意义上来讲，马克思主义哲学本身就是一门实践哲学。一方面，马克思主义指出："人的思维是否具有客观的真理性，不是一个理论的问题，而是一个实践的问题。"①充分肯定了认识的基础就是实践的基本理论；另一方面，马克思主义又指出："哲学家只是用不同的方式解释世界，问题在于改变世界。"②以此强调了认识的终极目的也是实践。这种把科学认识世界与革命地改造世界有机结合，并能够始终保持与社会实践密切结合的思想特点正是马克思主义所独有的。

因此，中国传统伦理思想中的知行观，以及千百年来中国的仁人志士所力倡的投身于实践的传统，与马克思主义理论体系严格的以实践为基础的科学性与革命性无疑是统一的。也正因为如此，马克思主义在中国的早期传播才能做到较为顺利。

第三节　近现代中国共产党对中国传统伦理思想的借鉴与转换

中国人民和中国共产党最终在诸多的近现代思潮中选择了与中国传统伦理思想最为契合的马克思主义伦理思想，并将其与传统伦理思

---

① 《马克思恩格斯选集》第 1 卷，人民出版社 1995 年版，第 16 页。
② 《马克思恩格斯选集》第 1 卷，人民出版社 1995 年版，第 57 页。

想、新民主主义革命、社会主义革命及新时期中国特色社会主义社会建设的实践相结合，并经过党的历代领导人的理论创新，最终形成了具有中国特色的、以马克思主义为指导的社会主义伦理价值观，实现了中国传统伦理思想的时代性转换，为社会主义核心价值体系的产生奠定了理论基础与文化根基。

一、以毛泽东为核心的中共领导集体的伦理思想

以毛泽东为核心的中共领导集体的伦理思想，是以毛泽东为代表的中国共产党集体智慧的结晶，也是中国化的马克思主义伦理思想发展的杰出成果。它是马克思主义伦理思想与中国革命与建设的具体道德实践及中国伦理文化精髓的结合，这种结合不是简单地对马克思主义伦理思想进行移植和嫁接，而是在准确地把握马克思主义伦理思想精神实质基础上的一种超越。以毛泽东为核心的中共领导集体以马克思主义伦理思想所提供的立场、观点和方法为指导来重新审视中国伦理思想，通过对中国传统伦理思想进行唯物辩证的审视与分析，进而扬长避短，在此基础之上，以马克思主义伦理思想的基本精神来指导中国革命过程中的道德建设，从而勾勒出既有民族特色又具共产主义道德特征的中国伦理思想。

以毛泽东为核心的中共领导集体的伦理思想博大精深，内涵丰富。因为道德是一种复杂的社会现象，可以说涉及生活的方方面面，故而毛泽东思想中对道德的论述涉及的内容也极为广泛，包括道德的本质特征及规律、共产主义的道德规范、评价和修养等方面问题。毛泽东认为，道德在本质上，是作为一种意识形态而存在的，它是由一定社会的政治、经济状况决定的。一个社会的政治和经济的发展对道德起着关键性作用，只有在解决好政治和经济问题的前提下，才能够把道德问题解决好。要想建立科学的道德体系，就要遵循道德自身的发展规律，需要彻底废除那些与时代不相符、违背社会发展规律的旧道德，否则，新道德的建立就无从谈起。因此毛泽东指出，新旧道德之间存在着不可调和的矛盾，所以，必须将新旧道德之间划清界限，

并进行彻底的、根本的、坚定的斗争，只有这样才能建立符合时代流行趋势的、科学的、发展着的共产主义道德。刘少奇也曾对阶级社会的道德作了历史的科学的分析。他指出："人们的社会存在，决定人们的思想意识，不同阶级的人们的思想意识，包括人们的道德意识，反映着不同阶级的地位和利益，在阶级社会里，道德是有阶级性的。"① 以毛泽东为核心的中共领导集体运用辩证唯物的矛盾规律将共产主义道德的建立和发展客观规律阐释得清晰透彻，使广大人民群众明确了这一时期的伦理道德建设认知。

道德原则规范是道德现象的重要内容，是各种道德体系和道德类型的核心，共产主义道德具有其自己独特的基本原则和主要规范。以毛泽东为核心的中共领导集体在领导中国人民进行反帝反封建的斗争实践中，提出了"全心全意为人民服务"的道德宗旨，"集体主义"的道德原则，以"五爱"为主要内容的道德规范。1944 年，毛泽东在《为人民服务》的演讲中，将在中国人民解放事业中为人民利益无私奉献、勇于奋进的道德品质和崇高精神概括为"为人民服务"，周恩来也曾对毛泽东全心全意为人民服务思想进行形象化阐述，他说"要诚诚恳恳、老老实实地为人民服务"，"应该像条牛一样努力奋斗，团结一致，为人民服务而死"。② "为人民服务"这一道德范畴，是中华民族优秀传统道德同马克思主义伦理学说普遍原理的具体结合，彰显着鲜明的中国特色，是马克思主义伦理思想的中国化的具体体现。

集体主义是以社会整体利益为基础来调节个体利益与社会利益之间关系的价值观，也是社会主义公有制经济基础在人们认知世界的客观反映。集体主义的道德原则最早是毛泽东在民主革命时期提出来的，并把这一原则作为共产党员所有行动和言论的出发点。毛泽东曾多次强调集体主义，认为它是无产阶级道德观的基本准则。他在《反对自由主义》一文中写道："全心全意为人民服务，一刻也不脱离群众；一切从人民的利益出发，而不是从个人或小集体的利益出发，向

---

① 王泽应：《20 世纪中国马克思主义伦理思想研究》，人民出版社 2008 年版，第 146 页。

② 《周恩来选集》（上），人民出版社 1980 年版，第 241 页。

人民负责和向党的领导机关负责的一致性；这些就是我们的出发点。"① 据此，我们可以清晰看出毛泽东的集体主义观。在社会主义时期，毛泽东提出"反对自私自利的资本主义的自发倾向，提倡以集体利益和个人利益相结合的原则为一切言论行动的标准的社会主义精神。"② 进一步将革命集体主义丰富发展为社会主义集体主义。周恩来认为，要全心全意为人民服务，就必须处理好个人利益与集体利益的关系，要坚持集体主义，反对个人主义。他指出："如果个人或少数人利益与大多数发生根本冲突时，则大多数加少数；如果少数人或个人利益与大多数发生根本冲突时，则抛弃少数而顾大多数。"③ 以毛泽东为核心的中共领导集体对集体主义原则的这些论述使共产主义道德范畴更加丰满和完备。

　　1949 年，中华人民共和国成立之时，《新华月报》邀请毛泽东同志为刊物题词，毛泽东同志写下了"爱祖国、爱人民、爱劳动、爱护公共财产为全体国民的公德"。此后，在全国政协一次会议上，他又提议在全体国民公德中加入"爱科学"，至此，社会主义"五爱"应运而生。"五爱"的提出，为人们在社会主义初级阶段处理道德领域各种关系提供了具体的行为准则、规范和原则，也是毛泽东同志对共产主义基本道德行为规范的总体概括。它的提出不仅使人们社会生活的基本领域有了可循的准则，同时也为结合具体的道德生活提供了便利，延伸出一系列特殊规范（如师德、医德、艺德等）。1982 年，在五届人大五次会议上，通过的新宪法将"爱护公共财产"修改为"爱社会主义"，进一步丰富了"五爱"内容，使之更充实、更完整，切实反映了社会主义现代化建设新时期对道德建设的更高要求。"五爱"是社会主义社会中每个成员都应自觉遵守与践行的行为准则，是人们道德现实性与理想性的统一。

---

　　① 《毛泽东选集》第 3 卷，人民出版社 1991 年版，第 1094—1095 页。
　　② 《毛泽东选集》第 5 卷，人民出版社 1977 年版，第 244 页。
　　③ 《周恩来选集》（上），人民出版社 1980 年版，第 305 页。

二、以邓小平为核心的中共领导集体的伦理思想

以邓小平同志为核心领导的中共领导集体伦理思想，是中国社会主义初级阶段党、国家和人民伦理实践经验的科学总结和集体智慧的结晶，是马克思主义伦理思想基本原理与中国当代改革开放的道德实践有机结合与进一步发展，其提出进一步丰富了马克思主义伦理思想体系，不仅充实了许多被历史证明为理性正当的内容，而且贡献了许多带有创造性的新观念和新学说。因此，以邓小平为核心的中共领导集体的伦理思想成为继以毛泽东为核心的中共领导集体伦理思想之后马克思主义伦理思想发展史上又一座丰碑，它不仅坚持和发展了马克思主义伦理思想，而且开启了中国当代道德转型新运动，它深深契合人民的道德理想与追求，已经并将继续成为中国特色社会主义伦理文化建设的理论指南。

以邓小平为核心的中共领导集体提出了社会主义初级阶段的伦理道德建设问题，认为我们要正视我国处于社会主义初级阶段的基本国情，并应据此考虑当前道德建设的基本视角和层次要求。他们发展了马克思主义集体主义理论，把坚持和培养人们的集体主义思想作为道德建设的重要内容，在《全国教育工作会议上的讲话》中，邓小平明确指出：“要把青少年培养成为有很高的政治责任心和集体主义精神，有坚定的革命思想和实事求是、群众路线的工作作风，严守纪律，专心致志地为人民积极工作的劳动者”。① 集体主义的核心是坚持集体利益高于个人利益，坚持集体主义道德原则，就必须鲜明地反对资产阶级个人主义和利己主义。邓小平认为，要协调好个人利益、集体利益和国家利益的关系，当三者关系发生矛盾和冲突的时候，要自觉地牺牲个体利益而保全集体利益和国家利益。同时，他们认为每一个中国公民都应该恪守“爱祖国、爱人民、爱劳动、爱科学、爱社会主义”的行为准则，这是社会主义道德建设的基本要求，也是全国各行各业

---

① 《邓小平文选》第 2 卷，人民出版社 1994 年版，第 106 页。

劳动人民的道德规范。其中，爱祖国被列为最主要的公民道德，邓小平在许多讲话、文献中都明确谈到人们要用爱国主义来规范自己的行为，尊重自己的民族和国家。爱人民是爱祖国的重要表现，只有尊重人民的意志、关心人民的利益，才会更好地践行社会主义道德。爱劳动是倡导人们要热爱自己的本职工作，在实践中充分发挥自己的主观能动性，勇于承担建设中国特色社会主义的重任。爱科学是要求人们不仅掌握先进的科学文化知识，同时要培养自我顽强的毅力和刻苦的精神，积极投身社会主义现代化建设。爱社会主义是爱祖国的本质要求，只有坚定不移地拥护社会主义制度，人们才会积极地投身社会主义建设的伟大事业之中。在此基础上，以邓小平为核心的中共领导集体提出了培养社会主义"四有新人"的社会主义道德建设和教育目标。1985 年，邓小平谈道："要教育全国人民做到有理想、有道德、有文化、有纪律。"[1] 他认为，有理想是培养人们对未来社会及自我发展的向往和追求，有道德是为人们在追求理想的过程中提出的行为规范要求，有文化为人们实现理想提供了知识保障，而有纪律则是有道德的具体表现，是须内化到个人的最基本的行为准则。培养"四有新人"是一个有机的、整体的、系统的育人目标，其各要素之间相互关联，相互影响。

以邓小平为核心的领导集体敏锐把握了义利关系这一伦理学说的基本问题，在社会主义市场经济过程中唯物地辩证地加以分析应用，客观上极大地调动了劳动者的积极性，促进了经济的飞速发展。邓小平深入考察和分析了社会主义市场经济条件下人们利益观念的变化发展，并把人们利益融汇到社会主义生活的各个方面，在此基础上，提出了以重视物质利益为前提的务实功利观，主张坚持社会主义功利主义原则，以最大限度满足每一个人的物质利益，使人民群众享受到改革开放带来的丰富成果。他指出："革命精神是十分宝贵的，没有革命精神成就了革命行动。但是，革命是产生于物质利益基础上的，如果只讲牺牲精神，不讲物质利益，那就是唯心论。"[2] 同时，他也认

---

① 《邓小平文选》第 3 卷，人民出版社 1993 年版，第 110 页。
② 《邓小平文选》第 2 卷，人民出版社 1994 年版，第 146 页。

为，社会主义功利主义要兼顾全国人民利益，要正确认识和处理社会整体利益和个人利益的关系，当个人利益与集体利益产生矛盾时，要按照统筹兼顾的原则来调节各种利益相互关系。由于在改革开放的过程中，产生了许多新的问题和现象，用传统的价值标准已经很难对它进行合理的价值判断，要求人们必须寻找新的价值判断作为依据，"三个有利于"评价标准正是在此背景下应运而生。邓小平指出，在新形势下，应该将"是否有利于发展社会主义的生产力，是否有利于增强社会主义国家的综合国力，是否有利于提高人民群众的物质生活水平"作为判断标准，"三个有利于"观点既是邓小平关于社会主义功利主义的重要组成部分，也是以邓小平为核心的中共领导集体成功运用马克思主义的立场、观点和方法对中国社会主义现代化建设，特别是改革开放以来的实践经验的科学总结。

三、以江泽民为核心的中共领导集体的伦理思想

以江泽民同志为核心的中共领导集体，自党的十三届四中全会以来，高举毛泽东思想、邓小平理论的伟大旗帜，坚持解放思想、实事求是、与时俱进，提出了全面建设小康社会、弘扬社会主义主旋律等社会发展建设思想，同时，提出了"三个代表"重要思想，提出要加强党的先进性建设和社会主义道德建设等思想，这一系列思想中可谓蕴含着丰富的伦理思想。

社会主义市场经济体制确立后，中国社会人民生活的道德面貌与精神风貌发生了巨大的变化，人们的传统伦理价值体系处于转型与重构时期。以江泽民为核心的中共领导集体对社会主义市场经济体制下的精神文明和道德建设给予了充分的关注，党的十四届六中全会上，江泽民同志作了重要讲话，对社会主义市场经济体制条件下精神文明建设和道德建设问题作了精辟的论述和部署，全会通过了《中共中央关于加强社会主义精神文明建设若干重要问题的决议》，这一决议是社会主义精神文明建设的行动纲领，江泽民同志在此后的多次讲话和报告中都对社会主义市场经济条件下的精神文明建设和道德建设问题

进行了深入分析和探讨，在对以邓小平为核心的中共领导集体伦理思想的充分继承和发扬基础之上，逐渐形成了以江泽民同志为核心的中共领导集体的社会主义道德体系系列理论。

以江泽民同志为核心的中共领导集体所提出的市场经济条件下的社会主义道德建设，"是以马克思列宁主义、毛泽东思想、邓小平理论为指导，以为人民服务为核心，以集体主义为原则，以爱祖国、爱人民、爱劳动、爱科学、爱社会主义为基本要求，以社会公德、职业道德和家庭美德的建设为落脚点"。① 在社会主义市场经济发展过程中，大力倡导把国家、集体和广大人民群众利益放在第一位，增强以为人民服务为核心的社会主义道德建设，充分尊重个体人民群众的合法权益，共促健康的社会义利观，有助于引导人们正确处理自主与监督、竞争与合作、先富与共富、效率与公平、社会效益和经济效益等关系，有助于构建有序、健康、稳定的社会经济生活规范。我们倡导以为人民服务为核心的社会主义道德观，并不是单纯地指向某一个群体，而是针对社会生活中的每个人的，"为人民服务"是社会主义的道德诉求，也是道德要求的一种多层次、多形式的表现，在社会主义社会，每一个人都应该也都有能力去实践这种人民服务的道德。当然，共产党员和社会先进分子理应为人民群众积极带头作表率，认真践行全心全意为人民服务的道德准则和行为。集体主义是社会主义基本制度的客观要求，是社会主义道德的基本准则，也是为人民服务的必然诉求。社会主义集体主义与资本主义社会的民族主义、国家主义，以及封建社会的总体主义都不尽相同，因为集体主义充分彰显着人民群众的根本利益和整体利益，为人民服务是它最根本的出发点，它所追求的终极目的也是为人民服务。那么，人民大众的根本利益和整体利益究竟是什么呢？归根结底，就是社会主义的国家利益和集体利益。社会主义道德建设的基本要求是"五爱"，其中，爱国主义教育是根基性工程，也是中心工程。江泽民同志曾对爱国主义的具体内涵作出明确界定，他说："我们所说的爱国主义，作为一种体现人民群众对自己祖国深厚感情的崇高精神，是同促进历史发展密切联系在一起

---

① 《江泽民文选》第 3 卷，人民出版社 2006 年版，第 92 页。

的，是同维护国家独立和广大人民的根本利益密切联系在一起的。现阶段，爱国主义主要表现为献身于建设和保卫社会主义现代化事业，献身于促进祖国统一事业。"① 与此同时，他还提出要在广大干部群众中大力开展社会公德、职业道德和家庭美德教育，提倡无私奉献、爱岗敬业和乐于助人的理念，培养人们坚定理想信念、树立健康文明生活方式，反对和抵制享乐主义、拜金主义和极端个人主义等腐朽思想，共同构建起社会主义道德体系，促进社会主义市场经济健康稳定发展。

"三个代表"重要思想高屋建瓴，深谋远虑，既是对中国传统文化的批判继承，也是正视现实问题，着眼未来的理论，是我们党的立党之本、执政之基和力量之源，从伦理学角度分析，它蕴含着丰富的伦理智慧：第一，把发展作为第一要务的经济思想蕴含于"三个代表"重要思想之中。"三个代表"重要思想认为生产力是推动社会发展前进的根本性力量，把解放和发展生产力放在第一位，主张"既尊重个人合法利益又积极承担社会责任，既注重提升效率又重视维护社会公平"②，以此为基础，实现先富与共富、竞争与合作、社会效率与经济效率、秩序与活力的有机结合。第二，以人为本的政治思想蕴含于"三个代表"重要思想之中。想要良好地贯彻落实"三个代表"重要思想，本质上就是要坚持执政为民。追溯马克思主义人本思想的发展历程，我们可以知道，这里所说的执政为民与资产阶级的人本主义以及中国古代的人本主义有着很大的差别。三个代表重要思想强调始终代表最广大人民的根本利益，这既区别于中国古代的君主至上，又区别于西方人本思想。江泽民同志执政为民的实质就是"以人为本"，强调一切依靠人民，一切为了人民，一切的出发点都是为了广大人民群众的利益。第三，以整合为核心的社会思想蕴含于"三个代表"重要思想之中。共产党人对"三个代表"重要思想伦理道德的细致阐述，构筑了当代社会主义社会主流伦理文化的根基，弘扬了当代社会主义社会主流伦理文化的精神。"它立足于当今中国社会主义道德建设的实际，提出了一种凝聚全党共识，进而统一全国人民共识的伦理

---

① 《江泽民文选》第1卷，人民出版社2006年版，第121页。

② 江泽民：《论"三个代表"》，中央文献出版社2001年版，第94页。

学理论，是针对改革开放以来，新形势下社会主义市场经济出现的价值取向多元化而提出的一种伦理价值导向和整合，是对价值多元论的一种引领、提升和整合，反映着社会主义道德体系建设的价值追求和实现中华民族伟大复兴伟大梦想的价值诉求。"①

---

① 王泽应：《20 世纪中国马克思主义伦理思想研究》，人民出版社 2008 年版，第 216 页。

第 四 章

社会主义核心价值体系的基本理论

党的十六届六中全会从构建社会主义和谐社会、发展社会主义先进文化、增强中华民族凝聚力和向心力的战略高度，首次提出建设社会主义核心价值体系这一重大科学命题和历史任务。这是中国共产党对社会主义精神文明建设科学内涵认识的重大飞跃，是马克思主义普遍原理与中国思想道德文化建设实际相结合的重大理论成果，是马克思主义中国化在社会主义文化建设领域的重要体现。全面呈现社会主义核心价值体系的发展脉络与历史沿革，科学理解社会主义核心价值体系的丰富内涵，准确解读社会主义核心价值体系的主要特征对于构建社会主义和谐社会、提升国家文化软实力、促进社会主义文化大发展、大繁荣具有重要意义。

第一节　价值与价值观

"价值"与"价值观"是两个既相互区别又彼此联系的概念，其所涉及的问题是哲学社会科学领域研究的重点所在，也是研究社会主义核心价值体系必须厘清的重要基础性问题，因此，十分有必要加以区分及界定。

一、"价值"的概念界定

"价值"作为价值哲学研究中的中心概念，学者们尝试从不同维度对其加以界定和说明。例如，李德顺先生在《价值大辞典》中将学界关于"价值"概念的讨论归纳为四种类型：一是实体说，认为价值是一种客观存在的实体，德国哲学家谢勒、英国哲学家罗素等人都支持这种观点；二是观念说，认为价值是人赋予事物的意义，如荷兰哲学家斯宾诺莎、美国新实在论者佩里、逻辑经验论者查兹等都认为价值是人的欲求、兴趣和情绪倾向；三是关系说，认为价值是一种主客体间的关系，即客体满足主体需求的状况；属性说则认为价值是客观实体所固有的或产生出来的基本属性。① 上述四种观点基本上可以概括当前国内外学界关于"价值"界定的各种意见，当然还有一些诸如"意义说"、"需要说"等也均可以归入上述四种观点之中。

我国学者比较倾向价值关系说，例如袁贵仁教授认为，"价值是主体和客体之间的一种基本关系"，"价值可以理解为客体对人的作用、效用"②，这种观点坚持了马克思主义关于价值的基本思想，即认为"价值"源自于人们对某种"外界物"的需求，也就是说，某种物具有对人有用或者使人愉快的属性，它才是有价值的。总之，价值是主客体两个方面的关系，主体的需要、欲求和兴趣与客体的某种结构、属性对他们的满足状况。近年来，我国学界关于价值的认识又有了新突破。例如，吴向东教授就提出功能和属性说、主体和主体的需要说、主体与客体的关系说，"三种解释都属于同一种框架：主体客体统一的认识论框架"，而这种"认识论框架存在着重大缺陷：首先它不能全面反映复杂的价值关系，特别是主体间的价值关系，或者说不能对这种价值关系做出合理的解释……其次，它不能说明作为目的的价值本身……再次，它在价值认识方法论上停留在知性范围内和经验层面上，缺乏合理的存在论的基础和超验的维度。这恰恰也是它的稳妥的根源之所在。""因此，在对价值的理解上，我们需要突破价值的认识论框架，进入到价值的存在论（本体论）的层面，或者说在价值与存在的关系中把握价值。"如此，"价值就不是一种固定存在着的某种抽象实体，甚至也不仅仅是关心，而是人的存在（生存）以及对人的存

---

① 李德顺：《价值大辞典》，人民出版社 1996 年版，第 235 页。

② 袁贵仁：《价值学引论》，北京师范大学出版社 1991 年版，第 49 页。

在（生存）所具有的意义"①。

二、"价值观"的本质

如同"价值"概念一样，"价值观"也是哲学社会科学关注的热点问题。在哲学领域看，价值观是指主客体相互作用中，人们对事物及行为的意义、效用的评价标准，是推动并指引人们决策和采取行动的核心因素。价值观是判断是非曲直、真善美与假恶丑的价值准则，它在社会文化中居核心地位，是社会文化的精神之所在。价值观属于上层建筑，是意识形态的核心，是社会政治、经济、文化影响的结果，具有突出的民族性和时代性，是民族文化中最核心、灵魂的部分。总之，价值观的形成有两个直接前提：需要和自我意识。需要是价值观念形成的客观前提，自我意识是价值观念形成的主观条件。②

我们可以从三个方面去理解价值观的内容，把握价值观的科学本质。首先，价值观是社会意识的范畴，是人民对于事物是否有价值及价值大小的根本看法和根本态度，也是人们在处理价值关系问题时的立场、观点和态度的总和。所谓的价值即为客观事物对人的有用性，价值的本质是一种社会关系，客观事物对人是否有用、有用性的程度有多大、如何最大限度发挥客观事物的有用性等问题是价值观的基本内容。价值观人人都有，深刻影响着人们的价值判断、价值选择和价值评价，对个人行为、社会发展和国家关系产生重大影响。马克思主义唯物史观认为，价值观是社会意识，社会存在决定着价值观的有无、内容和形式。一方面，价值观的产生要根植于社会历史发展的深厚土壤之中，是社会存在的能动反映，具有其他社会意识的一般特征和属性，例如对社会存在的依赖性，相对于社会存在的独立性等；另一方面，没有永恒的价值观，也没有普适的价值观，价值观是社会存在的

---

① 吴向东：《重构现代性——当代社会主义价值观研究》，北京师范大学出版社 2006 年版，第 18—26 页。

② 宣兆凯：《中国社会价值观现状及演进趋势》，人民出版社 2011 年版，第 6—7 页。

产物，生产力与生产关系、经济基础与上层建筑的内在矛盾共同推动了人类社会的向前发展，这种发展趋势是不可逆转的，这就决定了价值观的内容与形式也要伴随社会历史条件的发展而不断发展，它是社会历史发展的一面"镜子"。此外，价值观也有好与坏、科学与错误、先进与落后之分，不同的价值观对社会存在和个体行为将产生不同影响。

其次，价值观也是一种价值意识，它既具有社会意识的一般本质，也具有价值意识的特殊本质。[①] 价值观反映的是客体属性与主体需要之间的价值关系，并非是单纯的客体范畴。价值关系涉及的领域很广，既有人们在社会活动和生产活动中形成的利益关系和需要关系，也有在政治、文化、法律、宗教、艺术等领域内形成的价值关系。价值观作为一种价值意识，必然受到其他社会意识的影响，其中政治因素对价值观的影响最为突出。一方面，由于个人活动需要在国家政治制度和法律制度体系下才能实现，个人活动必须遵循国家的政治规则和法律规则；另一方面，个体是国家的细胞，国家为了实现其政治稳定和政权巩固，必将通过政治思想宣传和政治活动政策等形式将统治阶级的价值观灌输给个人，增强社会成员对国家政治文化和政治目标的认可度和一致性。

最后，价值观是一种实践精神。马克思在《1857—1858年经济学手稿》中曾把人类把握世界的方式分为四种，即科学理论的、艺术的、宗教的和实践精神的。[②] 科学精神的方式主要体现在伦理认识活动中，采用抽象思维来求得认识世界之真理；艺术精神的方式主要体现在审美活动中，采用形象思维来求得欣赏之愉悦；宗教精神的方式

---

① 价值意识是人脑对价值关系的自觉或不自觉的反映。价值意识包括非理性认识，也包括理性认识，可由浅入深分为三个层次：一是朦胧或不稳定的价值意识，如兴趣、爱好、欲望、愿望等；二是人们从日常体验中提升的对某一类价值关系的比较稳定的思维模式，是经过思维抽象的价值认识，如时间观念、效率观念、质量观念、竞争观念等；三是系统化、理论化的价值观，是对各类价值关系抽象概括的最高层次，是价值意识的最高形式。

② 罗国杰：《伦理学》，人民出版社1989年版，第54页。

主要体现在宗教信仰活动中，采用假象思维以求得超脱现实世界、步入虚幻世界之慰藉；实践精神的方式主要体现在改造世界的活动之中，采用价值思维以求得改造世界之价值。① 价值观作为一种实践精神，发挥着其他社会价值所不具有的特殊功能，它是左右个人思想和行为的主导因素。总之，个体价值观具有规范行为指导、激励行为持久、判断价值有无、选择价值优劣以及价值目标的特定功能等，因而对个体的成长发展具有重要的意义。

第二节 社会主义核心价值体系的形成与发展

价值体系是社会存在的反映，是社会经济、政治、文化发展的必然结果。价值体系总是镶嵌着时代和民族的烙印，同时也成为历史车轮滚滚前进的精神动力和民族发展昌盛的力量源泉。价值体系根植于社会生产力和生产关系的变革中，是社会上层建筑的重要组成部分，是社会意识形态的主要表现形式。价值体系反映一个国家、一个民族的文明程度和发展进步，折射人民群体共同追寻的梦想和期待。中华民族在几千年的峥嵘岁月中凝聚起强大的民族凝聚力和国家向心力，1840 年鸦片战争以来，无数仁人志士为探求中华民族伟大复兴苦苦奋争，但终究以失败而告终，只有中国共产党的诞生才使中华民族的面貌、中国人民的面貌发生了前所未有的伟大历史变革，同时也为重塑中华民族兴盛发展的共同心理基础和伟大愿景而不懈探索。

一、社会主义核心价值体系提出的历史必然性

任何一种社会文明形态的发展，都要求社会成员具有与其经济基础相适应的价值观念、道德品质、社会心理和思维方式，缺少共同社

---

① 唐永泽、朱冬英：《道德的基本定位：实践主体的一种品性》，《光明日报》2000 年 11 月 26 日。

会心理基础和社会价值标准的社会发展都将失去根基和动力。马克思主义认为，共产主义社会的优越性不仅体现在生产力高度发达，物质产品极大丰富等方面，还体现在人们的精神世界方面。社会主义核心价值体系是在中国特色社会主义体制下所形成的特定的价值观念体系，在当代中国诸多的价值体系中居于核心地位，起着统领和引导其他价值体系的作用，是全体中华儿女的主流价值观念和价值追求。

（一）任何社会形态都有社会价值体系

众所周知，社会价值体系不是凭空想象的，也不是智者理性思考的产物。任何社会形态都有社会价值体系，没有社会价值体系的社会是没有灵魂的群体组织。在任何社会形态下，都有主导社会发展的意识形态，集中表现为社会的核心价值体系。价值体系不是孤立存在的，是特定历史环境和特定历史时期在意识范畴内客观反映的结果，是现实世界在理念框架下的呈现和彰显。在这里，我们有必要对社会意识做一个明确的界定，所谓的社会意识是"人们的社会精神生活过程，是社会存在的反映。它是人们在社会实践中形成的一切意识要素和观念形态的总和。"① 根据马克思主义的社会形态理论，马克思将社会划分为三种社会形态：第一类是"人的依赖关系（起初完全是自然发生的），是最初的社会形态，在这种形态下，人的生产能力只是在狭隘的范围内和鼓励的地点上发展着的"②，这种社会形态是建立在人与人依附关系基础上的，即在原始社会和封建社会中人们以血缘姻亲为纽带的伦理与政治关系，表现为人与人的直接依赖关系和群体本位关系；其次是"以物的依赖性为基础的人的独立性，是第二大形态，在这种形态下，才能形成普遍的社会物质交换，全面的关系，多方面的需求以及全面的能力的体系"③，该种社会形态是建立在人对物的依赖关系基础上的，人从血缘姻亲的规定性中得以解脱，但又受制于以

---

① 杨春贵等：《马克思主义哲学教程》，中共中央党校出版社 2004 年版，第 289 页。

② 《马克思恩格斯全集》第 46 卷，人民出版社 1979 年版，第 104 页。

③ 《马克思恩格斯全集》第 46 卷，人民出版社 1979 年版，第 104 页。

商品或资本为纽带的物化关系，这是劳动异化的结果；最后是"建立在个人全面发展和他们共同的社会生产能力成为他们的社会财富这一基础上的自由个性，是第三个阶段。第二阶段为第三阶段创造条件。"① 在第三个阶段，彰显自由个性的社会是以扬弃第一个阶段的"血缘姻亲"关系和第二个阶段的"交换价值"关系为基础的，是"人和自然之间、人和人之间的矛盾的真正解决，是存在和本质、对象化和自我确认、自由和必然、个体和类之间的斗争的真正解决"②。

马克思从生产力与生产关系、经济基础与上层建筑的矛盾运动入手，提出并使用了"社会形态"概念，对人类历史发展的坐标作了更为清晰的描述和表达，用唯物史观回答了人类社会"从何处来"到"何处去"关乎人类社会发展的关键问题。那么，人类社会的存在与发展与社会意识间存在着怎样的关系呢？马克思在《〈政治经济学批判〉序言》中指出，"不是人们的意识决定人们的存在，相反，是人们的社会存在决定人们的意识。"这就是马克思唯物史观的经典命题"社会存在决定社会意识"。个体的价值观，或者社会的价值体系必然是以社会存在与发展为基础的，必然是与社会经济、政治发展水平相适应的，这一点毋庸置疑，自人类社会形成之日起，社会价值体系就与人类社会的发展休戚相关。在原始社会和奴隶社会状态下，生产力极度低下，满足族群的生存繁衍是社会的第一要务，生产工具——石器的变革成为推动社会价值体系演变的重要动力。"人类价值观中的自然特征逐渐淡化，社会特征渐于增强，人类对生命与自然和环境关系共存与互利的认识也开始产生，人类的价值观念在这一历史进程中逐渐构成了自身体系"③。当氏族社会随生产工具的改进以及生产力的发展而瓦解，阶级伴随私有财产的出现而生产，国家应运而生。此时，统治阶级的意识成为社会成员共同遵循的行为准则，统治阶级的价值体系成为社会的共同价值体系。资本主义社会的价值体系构建是以天

---

① 《马克思恩格斯全集》第 46 卷，人民出版社 1979 年版，第 104 页。
② 《马克思 1844 年经济学哲学手稿》，人民出版社 2008 年版，第 81 页。
③ 戚小倩：《价值体系的演进与社会主义核心价值体系的建设》，《江海纵横》2007 年第 5 期，第 15—20 页。

赋人权、自由、民主、博爱为代表的价值观念，是对人性本质的追求，是对神学世界观和价值观的毫无保留的摒弃。进入社会主义、共产主义社会后，人类个体的价值将与社会价值处于统一与和谐状态，个人的创造性得到充分的发挥，个人的潜能得到充分的开发，个人的意识得到充分的实现，每一个人的价值实现将是人的价值实现的必要条件，价值主体的价值观的实现将获得合理与和谐的社会条件和高度发达的物质阶段①。

（二）社会主义核心价值体系是时代发展的必然结果

冷战结束后，两极格局被打破，世界多极化成为大势所趋，和平发展成为当今时代的主题。当今世界的竞争已经不再是简单粗暴的军事实力竞争，而是以一国经济、科技为基础的综合国力的竞争，"竞争"已成为当今时代的代名词。当今世界是和平与对抗、竞争与合作的矛盾统一体，如何在社会经济发展的同时坚守我们的精神高地，维护国家意识形态安全，成为执政党必须深刻思考的一个重大问题。

第一，世界多极化与经济全球化成为大势所趋。进入 20 世纪 90年代以后，苏联解体、东欧剧变，欧洲、日本和以中国为代表的第三世界国家迅速发展，国际政治格局发生了深刻变化，邓小平指出，"现在旧的格局在改变中，但实际上并没有结束，新的格局还没有形成"，"美苏垄断一切的情况正在变化②"。党的十八大报告强调："世界多极化、经济全球化深入发展，文化多样化、社会信息化持续推进，科技革命孕育新突破，全球合作向多层次全方位拓展，新兴市场国家和发展中国家整体实力增强，国际力量对比朝着有利于维护世界和平方向发展，保持国际形势总体稳定具备更多有利条件"③ 世界多极化与经济全球化紧密相连，互为纽带，在推动生产要素在世界范围内自

———————————

① 戚小倩：《价值体系的演进与社会主义核心价值体系的建设》，《江海纵横》2007 年第 5 期，第 15—20 页。

② 《邓小平文选》第 3 卷，人民出版社 1993 年版，第 153 页。

③ 《中国共产党第十八次全国代表大会文件汇编》，人民出版社 2012 年版，第 42—43 页。

由流动的同时，进一步加剧了世界政治经济发展不平衡的现状，对发展中国家，特别是对新兴经济体带来严峻挑战。作为世界上最大的发展中国家，我国需要以更加开放的姿态，更加自信的状态主动应对世界多极化和经济全球化带来的双重影响，为世界发展谋机遇，为世界人民谋福祉。

第二，当代世界主要国家国际战略发生新变化。进入新世纪以来，世界主要国家的国际战略发生显著变化，对新世纪以来国际局势产生重大影响。其一，美国的"重返亚太"战略将其注意力置于中国，通过巩固日美、印美、韩美关系，企图为中国发展制造外交障碍，达到牵制中国的目的；其二，中日关系因钓鱼岛事件急剧恶化，日本政府希望尽早摆脱国内经济低迷和与周边国家在领土纠纷中的不利地位，试图通过日美军事同盟全面提高日本"综合安全保障战略"的质量和可靠性；其三，欧盟主张以自身经济、政治一体化为基础，以"东扩"、"南下"战略为依托，力争在确保自身安全前提下通过"共同安全战略"最大限度地扩大其全球影响；第四，俄罗斯希望通过调整军事战略指导原则和稳定国内政局以及克服经济危机来恢复俄罗斯的大国地位。进入新世纪、新阶段，中国的国际战略也发生了深刻的变化，并随着世界多极化和经济全球化的发展而日臻完善，一是维护世界多样性，促进世界和平与发展；二是积极推动国际关系民主化，"国际上的事情要由各国平等协商，全球性的挑战要由各国合作应对"①；三是树立互信、互利、平等、协作的新安全观，奉行独立自主的和平外交政策。

第三，敌对势力对中国意识形态侵略没有停止。如前所述，在世界多极化和经济全球化趋势深入发展的国际背景下，各国及时调整并修正本国国际战略，确保本国在激烈的国际振荡中保持国内政治稳定、国际地位巩固。从国际斗争大局看，这一阶段意识形态领域的斗争呈现两个特点：意识国家文化软实力的战略进一步凸显，核心价值体系在社会发展和国家安全中具有"生命线"的意义；二是以美国为

---

① 《江泽民论有中国特色社会主义（专题摘编）》，人民出版社 2003 年版，第 526 页。

首的西方发达国家在实现其全球霸权战略中，把意识形态战略摆在首位，美国借用"人权高于主权"谬论，公然利用台湾问题、新疆问题和西藏问题粗暴干涉中国内政，不遗余力地鼓吹"马克思主义过时论"、"社会主义失败论"，大肆宣扬"新自由主义"、"宪政民主主义"和"意识形态失败论"，从不同维度影响和离散人民群众对中国特色社会主义政治制度的认同感，试图以西方资本主义民主取代社会主义人民民主。此外，西方国家还在政策上鼓励支持民主基金会等非政府组织通过民间渠道支持台独、疆独和藏独等分裂势力，制造紧张氛围。同时，与马克思主义相悖的非马克思主义的社会思潮也有所抬头、滋长与蔓延，对马克思主义的指导地位造成冲击和挑战，例如，主张全盘西化，推行资本主义宪政民主和自由经济的"新自由主义"；主张否定党的领导，复辟资本主义、披着社会主义外衣的"民主社会主义"；主张重评历史、歪曲近现代中国革命历史、中国共产党的历史和中华人民共和国历史的"历史虚无主义"等。

（三）社会主义核心价值体系是解决当代社会矛盾与问题的有效途径

伴随社会转型和市场经济体制的逐步完善，中国社会价值观也悄然发生着变化，这一变化是一个作为拥有五千年灿烂历史文化的文明古国在改革开放和国家现代化建设过程中的必然结果。中国政治、经济体制的改革在不断推进，在这一过程中旧的问题有待解决，新的问题又层出不穷，具体表现在以下几个方面。

第一，改革的内部和外部关系有待妥善处理。中国的外部改革成绩有目共睹，中国已经加入包括 WTO 在内的所有国际重要组织，成功举办北京奥运会和上海世博会，中国的国际地位显著提升，在国际政治经济舞台的话语权日益增强，参与国际事务和国际关系的机会不断增加，可以说，中国在贸易投资、对外关系、民间往来等方面远远走在其他发展中国家的前列。然而，中国内部改革却不尽人意，阻碍社会主义市场经济发展的体制和机制障碍依然存在，政府职能有待转型升级，官僚主义、形式主义、享乐主义在少数党员领导干部中蔓延，市场经济的利益诱惑成为滋生腐败的温床，等等。这使得中国社会发展呈现一快一慢、一前一后的尴尬形式，也使得社会某些人的价值观发生扭曲。

第二，贫富差距问题亟待解决。近十年来，中央高层一再讨论收入分配体制改革的问题，2012年底改革方案才见雏形，尽管只是一些原则性的制度安排，但却比"呼之欲不出"要好得多。当年邓小平"南巡谈话"时提到的"让一部分人先富起来，先富带动后富，最后达到共同富裕"的伟大设想如今却被某些人戏称为"先富带动后富，先贫带动后贫"，"富二代"、"官二代"、"星二代"以及"穷二代"、"农二代"等时代名词的出现无不说明了这样一个道理：先富者聚敛财富的积极性并没有因为财富的增加而减弱，利益集团维护自我利益的"决心"伴随财富的增加而不断加强；经济垄断伴随的政治垄断将普通百姓隔绝于民主政治参与的大门之外，金钱确实已经成为换取政治资本、社会地位和敛财之道的"敲门砖"。

第三，民生问题正导致社会失序。有学者认为中国的经济发展与民生问题存在严重脱钩现象，他指出"改革开放的初衷，首先就是解决人民的民生问题，邓小平将此形象地称为'温饱问题'。此后，解决民生问题的概念越来越明确，主要体现在'建设小康社会'和'全面建设小康社会'的政策目标上。初期的改革政策非常成功，不仅改善了大多数人的生活，而且使得数亿人脱离贫困。"[1]，然而，令人担忧的是，近几年来，中国经济迅猛发展，亦然成为世界第二大经济体，但民生问题却日益凸显，"这主要归咎于各级政府GDP主义的形成，为了GDP而发展经济。经济发展得很快，国家财富大量增加，富豪不断涌现，但大多数人的民生越来越艰难。如果经济发展继续和大多数人的民生脱节，中国社会必然继续分化"[2]。

上述这些问题也只是改革开放三十多年来中国社会结症的一个方面，与之相伴随的群体性事件、道德滑坡、贪污腐败等社会问题也都是由上述问题衍生而来的。可以说，当代中国正处在新的"十字路口"之

---

① 郑永年：《为中国辩论》，浙江人民出版社2012年版，第192页。

② 郑永年：《为中国辩论》，浙江人民出版社2012年版，第192页。

中，改革开放推动中国进入新的社会发展阶段，也自然为中国的意识形态建设提出新的要求，这是"经济基础决定上层建筑"这一真理在当代中国的直接反映。国家的掌权者只有从战略层面对这一问题倍加重视并深刻思考，才能从顶层设计的高度去构建解决上述问题的机制，中国改革开放才有新的契机和空间，中国的意识形态建设才会有新的思路。

（四）社会主义核心价值体系是推进党的建设新的伟大工程的必然要求

社会价值体系是政治权威主体和群众主体之间良性建构的结果，也是执政者维护政治合法性的有效手段。具体来说，进入新时期、新阶段，党的建设面临崭新挑战，全面推进党的建设新的伟大工程，永葆党员干部队伍的纯洁性和先进性，巩固党长期执政的群众基础必须要全面建设社会主义核心价值体系。从国际形势来看，世界多极化和经济全球化的发展使得发达国家与发展中国家的差距进一步扩大，国际安全形势复杂多变。少数西方强国为了称霸世界，一方面积极展开军备竞赛，企图用武力方式征服弱小国家；另一方面加强对发展中国家的和平演变，企图用"颜色革命"的手段颠覆国家政权，培育代表本国利益的势力范围。这就要求我们党必须全面加强党的自身建设，使广大党员领导干部坚定政治立场，提高拒腐防变能力，增强大局意识和政治敏锐度，能经受住来自国际风云变幻和"和平演变"的严峻考验。一方面，全体中华儿女正满怀信心投身全面建成小康社会的伟大实践中，全党面临着"两个一百年"的奋斗目标和实现中华民族伟大复兴的中国梦历史重任；另一方面，我国改革开放进入"深水区"和攻坚期，共产党人面临着新的执政考验，正如党的十八大报告所指出："新形势下，党面临的执政考验、改革开放考验、市场经济考验、外部环境考验是长期的、复杂的、严峻的，精神携带危险、能力不足危险、脱离群众危险、消极腐败危险更加尖锐地摆在全党面前"①。这

————————

① 《中国共产党第十八次全国代表大会文件汇编》，人民出版社 2012 年版，第 45—46 页。

就要求我们党必须从根本上解决好增强党的抵御风险的能力、拒腐防变能力和提高党的领导水平，不断巩固党的阶级基础和扩大党的群众基础。从总体上看，我们的党员队伍和干部队伍的主流是好的，但是也必须清醒地认识到，仍有一部分党员干部的素质还不够高，党员的先进性还未能充分发挥和体现，共产党员的纯洁性有所减弱，党员队伍中也有一部分人已经不合格或基本不合格，还有少数人问题相当严重甚至腐败变质。因此，在新时期、新阶段，我们所处的国际国内环境更加错综复杂，无论从党的自身状况看，还是从所肩负的历史使命看，遇到的挑战都是严峻的。在这样一种情况下，我们党确立了社会主义核心价值体系，以社会主义核心价值体系为指导，加强党的自身建设具有十分重要的现实意义和战略意义。①

需要指出的是，在党和政府极力推崇马克思主义主流思想的同时，社会矛盾的涌现和国外社会思潮涌入使广大人民对马克思主义的正确性、真理性和指导性产生了怀疑，片面地认为当代中国出现的社会问题是马克思主义指导思想"惹的祸"，因此社会中就有不少人去污蔑马克思主义、否定党的领导，推崇资产阶级自由化思想和普世价值观。实际上，中国的社会问题是现代化发展进程中客观的必然结果，是不以人的意志为转移的社会发展必然趋势，纵观世界历史，西方发达国家在经历工业化和民主化进程中也经历了类似当代中国现阶段发展的基本特征。正是有些人不清楚这一点，片面地认为中国问题是中国特有的问题，西方发达国家一切都好，导致非主流价值观可以乘虚而入，对主流价值观造成冲击，这一点值得引起我们的注意和思考。归根到底，我们认为中国经济社会发展中遇到的种种问题使核心价值观和非主流价值观相伴相生。核心价值观是主导社会发展的价值观，非主流价值观是社会少数成员持有的价值观。有学者对当前我国社会非主流价值观与核心价值观的距离作了一番调查，调查结果显示：当前，中国社会成员涉及利益关系的经济价值观差距较大，政治价值观在认识与行动、应然与实然方面存在差距，文化道德价值观差距呈现

---

① 宁先圣、石新宇：《社会主义核心价值体系与当代社会思潮》，社会科学文献出版社 2011 年版，第 50 页。

多元、层次性态势，生态价值观认识差距小但是行动差距大①。因此，我们必须在社会领域牢固树立起能够凝聚人心、催人奋进的强大精神力量，其目的在于引导社会成员一致行动，构筑具有中华民族品格和时代发展特征的精神高地和道德家园。

二、社会主义核心价值体系的形成与发展历程

社会主义核心价值体系是具有中国特色的价值体系，是引领当代中国繁荣发展的精神力量。社会主义核心价值体系有着深厚的历史渊源和文化传统，自 1949 年新中国成立以来，中国共产党人就对建设怎样的社会价值体系进行了不懈探索。

（一）党的第三代中央领导集体对探索社会主义核心价值体系作出的贡献

1949 年 10 月 1 日，社会主义中国宣告成立。以毛泽东为代表的党的第一代中央领导集体作为中国社会主义事业的开创者和奠基人，在进行社会主义革命和改造过程中，对社会主义核心价值体系也进行了理论上的探索和探究，不仅始终强调马克思主义的指导作用，而且特别注重思想、政治工作的引领作用，这对社会主义核心价值体系的孕育和萌芽起到了重要的奠基作用。马克思主义自中国共产党成立之日起就鲜明地写在党的旗帜上，中国共产党以马克思主义作为自己的行动指南。毛泽东始终强调马克思主义在意识形态领域中的指导作用。早在新民主主义革命时期，毛泽东就强调："我们的眼力不够，应该借助于望远镜和显微镜。马克思主义的方法就是在政治上军事上的望远镜和显微镜"②，他指出："在现时，毫无疑义，应该扩大共产主义思想的宣传，加紧马克思列宁主义的学习，没有这种宣传和学习，

---

① 宣兆凯：《中国社会价值观现状及演变趋势》，人民出版社 2011 年版，第 45—55 页。

② 《毛泽东选集》第 1 卷，人民出版社 1991 年版，第 212 页。

不但不能引导中国革命到将来的社会主义阶段上去，而且也不能指导现时的民主革命达到胜利"①。党的十一届三中全会形成了以邓小平同志为核心的党的第二代中央领导集体，提出了建设社会主义精神文明的历史命题，进一步强调了坚持理想信念的极端重要性。邓小平特别重视理想信念教育，将其作为思想政治教育的最根本内容，认为思想政治教育的核心问题是理想信念的问题，他强调："马克思主义，另一个词叫共产主义。我们过去干革命，打天下，建立中华人民共和国，就因为有这个信念，有这个理想"②。以江泽民同志为核心的党的第三代中央领导集体鲜明地使用了意识形态的概念，正式提出了建设中国特色社会主义文化的概念，强调中国共产党始终代表中国先进文化的前进方向，党的十六大报告也强调了民族精神和时代精神的要求，要求"必须把弘扬和培育民族精神作为文化建设极为重要的任务，纳入国民教育全过程，纳入精神文明建设全过程"③。

（二）社会主义核心价值体系的正式提出

党的十六大以后，我国开始进入了全面建设小康社会的新的历史发展阶段。这是实现现代化建设第三步战略目标必经的承上启下的发展阶段，也是完善社会主义市场经济体制和扩大对外开放的关键阶段。这一时期是我国发展的一个重要战略机遇期，同时又是一个矛盾凸显期。面对着日益复杂的国际国内环境，如何把全党全国人民的思想和力量凝聚起来沿着中国特色社会主义事业发展的正确方向不断前进，是我们坚持用先进文化引领社会进步必须面对的一项重大课题。正是在对这一问题的不断探索中，社会主义核心价值体系的理论内涵逐渐变得清晰起来。

党的十六大以来，以胡锦涛同志为总书记的党中央坚持和发展了中国特色社会主义，党的十八大将科学发展观写入党章，实现了党的

① 《毛泽东选集》第 2 卷，人民出版社 1991 年版，第 706 页。
② 《邓小平文选》第 3 卷，人民出版社 1993 年版，第 173 页。
③ 《江泽民文选》第 3 卷，人民出版社 2006 年版，第 559—560 页。

指导思想的又一次与时俱进。社会主义核心价值体系形成于全面建设小康社会的生动实践，形成于社会主义建设的历史过程，形成于中华文化传承创新的时代呼唤。2003 年"非典"疫情过后，人们在反思中国经济社会发展的症结何在时，如何实现经济社会的"科学发展"和"持续发展"被提上战略高度。同年召开的党的十六届三中全会提出了科学发展观的重大命题，同时也开启了探索构建社会主义核心价值体系的起点。2006 年 10 月党的十六届六中全会审议通过的《中共中央关于构建社会主义和谐社会若干重大问题的决议》中明确提出："马克思主义指导思想，中国特色社会主义共同理想，以爱国主义为核心的民族精神和以改革创新为核心的时代精神，社会主义荣辱观，构成社会主义核心价值体系的基本内容"①。这是我们党对社会主义核心价值体系的首次全面阐述。

2007 年 10 月 15 日，党的十七大在北京召开。大会旗帜鲜明地把"建设社会主义核心价值体系，增强社会主义意识形态的吸引力和凝聚力"作为推动社会主义文化大发展大繁荣的一项重要战略任务提了出来，强调要"切实把社会主义核心价值体系融入国民教育和精神文明建设全过程，转化为人民的自觉追求。积极探索用社会主义核心价值体系引领社会思潮的有效途径，主动做好意识形态工作，既尊重差异、包容多样，又有力抵制各种错误和腐朽思想的影响"②。基本内容的明确、作为一项重要战略任务的提出、总体思路的进一步清晰，明确了社会主义核心价值体系在社会主义建设事业和国家战略设计中的重要地位，标志着党建设社会主义核心价值体系思想的逐渐走向成熟。

党的十七大以来，党中央对于建设社会主义核心价值体系的理解进入了一个深化发展的新阶段。在 2008 年初的全国宣传思想工作会议上，中央在强调社会主义核心价值体系对于我们这样一个拥有十三亿人口、五十六个民族的发展中大国具有的特殊重要意义的基础上，要求在中国特色社会主义理论体系指引下，把建设社会主义核心价值体系作为长期的战略任务和现实的紧迫工作切实抓紧抓好。会议提出了

---

① 《十六大以来重要文献选编》，中央文献出版社 2008 年版，第 661 页。
② 《十七大以来重要文献选编》，中央文献出版社 2009 年版，第 26 页。

建设社会主义核心价值体系的具体路径，即把社会主义核心价值体系的研究纳入马克思主义理论研究和建设工程、把社会主义核心价值体系体现到媒体宣传中、把社会主义核心价值体系建设贯穿精神文明建设全过程、把社会主义核心价值体系寓于大学生思想政治教育和未成年人思想道德建设中、把社会主义核心价值体系融入文艺作品创作生产中、不断提高用社会主义核心价值体系引领各种社会思潮的能力和水平①。总之，要把核心价值体系建设融汇到日常工作生活之中，体现到政策法规制定和社会管理之中，使之转化为人民的自觉追求。

经过十年的实践探索和检验，社会主义核心价值体系逐渐发展并成熟，其内涵也不断丰富并发展。2012 年 11 月 8 日，党的十八大在北京召开。党的十八大对社会主义核心价值体系进行了新阐释，指出："要深入开展社会主义核心价值体系学习教育，用社会主义核心价值体系引领社会思潮、凝聚社会共识。推进马克思主义中国化时代化大众化，坚持不懈用中国特色社会主义理论体系武装全党、教育人民。广泛开展理想信念教育，把广大人民团结凝聚在中国特色社会主义伟大旗帜之下。大力弘扬民族精神和时代精神，深入开展爱国主义、集体主义、社会主义教育。倡导富强、民主、文明、和谐，倡导自由、平等、公正、法治，倡导爱国、敬业、诚信、友善，积极培育社会主义核心价值观。"② 党的十八大从全面建成小康社会的战略高度系统阐释了新时期建设社会主义文化强国的战略构想，指出社会主义核心价值体系是兴国之魂，决定着中国特色社会主义发展方向，用社会主义核心价值体系引领社会思潮，凝聚社会共识。并首次从国家、社会和个人三个层面阐释了社会主义核心价值观的具体内容，从国家共识、集体共识和个人意志三个维度最大限度地涵盖了不同层面的价值认同，可以说，这次大会标志我们党对中国特色社会主义核心价值体系内容和结构内涵的又一次重大飞跃。

---

① 《十七大以来重要文献选编》，中央文献出版社 2009 年版，第 169—197 页。

② 《中国共产党第十八次全国代表大会文件汇编》，人民出版社 2012 年版，第 29 页。

第三节　社会主义核心价值体系的主要内容与
科学内涵

社会主义核心价值体系是马克思主义价值学说与当代中国思想文化建设实践相结合的重大理论创新成果，是中国共产党人在社会主义建设实践基础上形成的对"什么是社会主义价值观、怎样建设社会主义价值体系"的科学认识和理论凝练，是中国传统伦理文化在当代中国的继承和发展。社会主义核心价值是科学的理论体系，理解社会主义核心价值体系就要把握其形成的历史性，从社会主义建设历史、中华文化发展历史的维度去理解社会主义核心价值体系形成的丰厚历史土壤和文化积淀；理解社会主义核心价值体系就要把握其内容的整体性，深刻理解马克思主义指导思想、中国特色社会主义共同理想、民族精神与时代精神、社会主义荣辱观在社会主义核心价值体系中的地位和作用；理解社会主义核心价值体系就要把握其特征与品质的人民性，认识到社会主义核心价值体系是广大人民群众创造历史的精神凝练，是彰显个体的价值理性和实现公民教育的有效形式。

一、马克思主义的指导思想是社会主义核心价值
体系的灵魂

中国共产党自成立之日起就把马克思主义牢牢地写在了自己的旗帜上，马克思主义是中国共产党的指导思想，也是中国特色社会主义现代化建设事业的根本遵循。尽管当今社会依然存在种种社会矛盾，有的社会矛盾甚至激化成为群体性事件或暴力犯罪事件，但我们需要清醒地认识到，社会发展过程中出现的矛盾需要在发展中解决，没有矛盾的社会不存在，以社会矛盾的出现怀疑甚至否定马克思主义指导思想的根本地位是不能成立的。在此，我们需要回答三个问题：第一，我们为什么需要马克思主义，究竟是何种理论魅力吸引了我们的注意

力？第二，我们为什么选择马克思主义，马克思主义为中国和中国人民带来了什么？第三，当今时代马克思主义是否过时，如何更好地实现社会实践与马克思主义的有机结合，推进马克思主义的理论创新？

（一）马克思主义是革命性的科学理论，具有普遍指导意义

马克思主义产生于19世纪工业革命进行中的欧洲社会，工业革命催生了马克思主义的产生。在19世纪中叶，马克思主义并非"主流"思想，我们甚至可以用"另"类概言之，因为它彻底颠覆了人对世界的认识、人对社会的认识以及人对自我的认识。马克思主义产生于工业革命时期的西欧社会，工业革命促使资本主义生产组织方式发生重大调整，自然科学的突飞猛进和科技生产力的转化作用的进一步显现为马克思主义的产生与传播创造了必要的社会历史条件。以人文社会科学和自然科学发展为契机，人们有胆量，也更愿意带着一种批判的思维方式去思考现实。与此同时，工业革命正在如火如荼地进行中，如果说工业革命为我们带来了科技的创新和生产力的质的飞跃的话，这仅能看作是工业革命给人类社会带来的物质层面的变革；而由工业孕育而生的两大对立阶级——无产阶级和资产阶级的产生则从根本上改变了人类社会的基本关系，由雇佣劳动导致的剩余价值成为产业工人自觉、自为的起点。

我们可以毫不夸张并充满自豪地高呼：马克思主义是最彻底、最革命、最科学的理论体系。一方面，马克思主义虽然产生在工业革命时期的欧洲大地，但它的理论创立者马克思、恩格斯却吸收汲取了几千年来人类思想和文化发展中的一切优秀成果，特别是扬弃了包括德国古典哲学、英国古典政治经济学和英法空想社会主义等人类思想史上的优秀成果，运用阶级分析方法深刻分析了资本主义社会发展的历史趋势和基本规律，创立了"资本主义社会基本矛盾理论"，提出资本主义必然灭亡、社会主义必然胜利的科学结论，成为指导世界无产阶级联合行动的理论指南。另一方面，马克思主义产生于欧洲，但其并非只对欧洲的工人运动具有指导意义，如前所述，马克思主义最大限度地吸收人类文明成果，特别是自然科学发展的最新成果，为马克

思主义的产生奠定了坚实的自然科学基础，正如列宁所说："马克思主义这一革命无产阶级的思想体系赢得了世界历史性的意义，因为它并没有抛弃资产阶级时代最宝贵的成就，相反却吸收和改造了两千多年来人类思想和文化发展中的一切有价值的东西。"① 由此观之，这一人类历史上的伟大革命成功不仅属于欧洲，更属于世界，世界也充分证明，19 世纪以来马克思主义在世界各国传播，其理论主张逐渐被仁人志士所接受，成为剥削阶级寻求自身解放的思想武器。

（二）马克思主义符合中国实际和人民需要

中国是一个拥有五千年灿烂历史的文明古国，中华文化源远流长、博大精深，为人类发展和世界文明作出了不可磨灭的重大贡献。但我们还需要看到这样一个基本事实，即中华优秀传统文化根植于自给自足的自然经济、小农社会的农耕文明、封建君主专治的封闭社会及其血缘关系。因此，在中华传统文化体系内部依然存在着与社会发展和人民民主意识觉醒等不相适应、不相一致，甚至难以调和的消极因素，这些因素将成为阻碍中华民族持续发展的"绊脚石"。

近代以来的中国历史是最好的证明。19 世纪中叶，西方社会工业革命正在进行，科学技术极大地改变了西方社会的社会面貌和生产方式，同时也推动了这些国家的社会转型和人民觉醒。然而反观华夏大地，"天朝上国"的观念依然成为清朝统治者口中的"炫耀词"，目光短视、妄自尊大、故步自封成为中国社会近代以来屈辱历史的重要根源。1840 年鸦片战争成为中国历史的重大转折点，中国近现代史的序幕由此拉开，中国社会性质和社会主要矛盾发生根本改变，中国开始沦为半殖民地半封建社会，丧权辱国的不平等条约和西方列强在华势力范围的形成使中国版图支离破碎，中华民族陷入前所未有的"危亡时刻"，民族危在旦夕，国家危在旦夕。

此时，仁人志士在新思潮、新科技的指引下，也在苦苦探索救亡图存的兴国、强国之路。然而，历史一次又一次无情地告诉我们：以

---

① 《列宁选集》第 4 卷，人民出版社 1995 年版，第 299 页。

封建地主阶级推动的洋务运动改变不了中国面貌，甲午海战的失败印证了洋务运动的破产；以资产阶级维新派推动的维新变法运动改变不了封建统治者的政治格局，菜市口的铡刀印证了维新之路难以实现；以农民阶级推动的太平天国运动和义和团运动等在封建统治者和帝国主义列强的联合绞杀下显得脆弱不堪，农民阶级的局限性断送了其远大的政治抱负；以资产阶级革命派推动的辛亥革命尽管推翻了清政府的封建统治，但并未从根本上改变中国半殖民地半封建社会的基本性质，中国社会的基本矛盾没有改变，中国社会的面貌没有改变，反而使中国陷入了更为混乱的境地。中国共产党的成立是中国历史的"大事件"，只有中国共产党的成立才使中华民族重新崛起，伟大的新民主主义革命成为 20 世纪世界历史舞台的壮丽篇章。

中国共产党之所以能够团结带领全国各族人民推翻"三座大山"，建立社会主义新中国，实现改革开放和社会主义现代化建设伟大成就，其根本原因在于中国共产党人始终坚持把马克思主义普遍真理与中国革命、建设和改革具体实际相结合，坚持解放思想、实事求是、与时俱进、开拓创新，不断开创马克思主义新境界，不断推动马克思主义的中国化，实现马克思主义的两次历史性飞跃。正如党的十八大报告指出："九十多年来，我们党紧密依靠人民，把马克思主义基本原理与中国实际和时代特征结合起来，独立自主走自己的路，经历千辛万苦，付出各种代价，取得革命建设改革伟大胜利，开创和发展了中国特色社会主义，从根本上改变了中国人民和中华民族的前途命运"①。近百年来的中国历史充分证明，仅仅靠中国的传统思想，靠孔孟之言的儒学之道，不可能实现民族独立和社会主义现代化建设的巨大成功，更不可能实现中华民族的伟大复兴，正如毛泽东同志在延安期间同匡亚明谈论孔子时所指出，"孔子的确是中国历史上一个伟大的人物，他思想中有消极的东西，也有积极的东西，只能当做历史遗产，批判地继承和发扬。对当前革命运动来说，它是属于第二位的东西。第一位的、用以指导革命运动的是马克思主义理论"②。

---

① 《十八大报告辅导读本》，人民出版社 2012 年版，第 10 页。
② 匡亚明：《孔子评传》，齐鲁书社 1985 年版，第 474 页。

（三）用马克思主义指导社会主义核心价值体系建设

19 世纪中叶，资本主义经济迅速发展，资本主义世界市场初步形成，以自由竞争为鲜明特征的资本主义社会形态促生了马克思主义的产生。然而，当今世界正发生着深刻的变化，今天的社会结构、经济关系、科技条件、思想文化发展程度与 19 世纪中叶大不相同，这时一些别有用心的所谓"理论家"就大肆渲染马克思主义的"过时论"，认为马克思主义是"古老"的东西，与当代中国实际和当今时代特征相差甚远，要将马克思主义尘封历史。在此，我们要以马克思主义者的治学精神澄清一个政治性和原则性问题，即马克思主义是真理，真理具有相对性，真理要在实践中接受检验，真理也要在实践中向新的真理发展，真理的"彼岸世界"是理论的完美，但真理只有在"此岸世界"中才能体现其社会价值和实践价值。

建设和践行社会主义核心价值体系要牢牢巩固马克思主义在意识形态领域的指导地位，高擎马克思主义指导思想的伟大旗帜，不被任何社会思潮和思想学说所左右。实践和历史充分证明，党的十一届三中全会以后，从以邓小平为核心的中国共产党的第二代中央领导集体，到以江泽民同志为核心的党的第三代中央领导集体，从以胡锦涛同志为总书记的党中央到以习近平同志为总书记的党中央，始终坚持用马克思主义的基本原理、基本观点和基本方法指导中国特色社会主义现代化建设事业，实现了马克思主义中国化的与时俱进，开辟了中国特色社会主义道路，形成了中国特色社会主义理论体系，确立了中国特色社会主义制度体系。实现中华民族伟大复兴的中国梦需要高擎马克思主义伟大旗帜，实现"两个一百年"奋斗目标需要高擎马克思主义伟大旗帜。中国特色社会主义现代化建设的历史是不可逆的，历史反复证明，自马克思主义诞生之日起，无论国际共产主义运动发生怎样的起伏，只要我们坚持敢于担当的历史勇气和对人民高度负责的政治精神，我们就能够推动马克思主义中国化的与时俱进，马克思主义必然在社会主义现代化建设实践中进一步彰显其强大的生命力和创造力，也深刻地预示了马克思主义在两个世纪接力之间，以及在新世纪中必将展示出蓬勃的发展生机，充分表明了马克思主义在中国特色社会主义发展过程中的重要指导作用，以及在全国各族人民中树立中国特色社会主义共同理想的重要指导作用①。

坚持马克思主义就是坚持用马克思主义中国化的理论成果武装头脑，用毛泽东思想和中国特色社会主义理论体系指导实践。只有坚持和发展马克思主义才能有效凝聚全国各族人民的聪明才智和创造力量，形成全国人民统一的精神动力，创造中国革命、建设和改革开放的辉煌成就，这不仅是建设社会主义核心价值体系的关键所在，也是实现"两个一百年"奋斗目标，实现中华民族伟大复兴中国梦的关键所在。

20世纪90年代初，国际共产主义运动遭遇巨大挫折。历史警示我们：马克思主义在意识形态领域的指导地位动摇不得，一旦动摇就会改变中国特色社会主义的理论根基，就会改变全党全国各族人民共同团结奋斗的思想基础，就会改变社会主义中国的国家性质，甚至会导致社会动荡甚至亡党亡国。马克思主义不是孤立自封的，而是开放包容和与时俱进的。在新时期新阶段，我们要进一步坚定马克思主义的理论自信，在与非主流社会思潮展开对话的同时积极吸取其他社会思潮的合理成分，不断丰富和发展马克思主义理论学说。坚持求同存异的理论对话原则，在对话中凝聚社会共识，增强社会认同，团结社会各阶层，增强马克思主义的凝聚力、解释力和创新力，只有这样才能真正显示出马克思主义在社会主义核心价值体系中的灵魂作用。

二、中国特色社会主义共同理想是社会主义核心价值体系的主题

理想是社会意识的表现形式，人人都有理想。理想是人们对未来美好生活的憧憬和期待，理想是人民前进的目标和人生的蓝图，理想

---

①　教育部高等学校社会科学发展研究中心：《建设社会主义核心价值体系的理论思考和实践探索》，教育科学出版社2011年版，第30页。

更是一个国家、一个民族永续发展、繁荣强盛的精神动力。党的十七大报告把"用中国特色社会主义共同理想"作为"建设社会主义核心价值体系，增强社会主义意识形态吸引力和凝聚力"的主要内容，坚持"用中国特色社会主义共同理想凝聚力量"就是从理想信念方面要求全国各族人民要坚定不移走中国特色社会主义道路，为实现中华民族伟大复兴中国梦而不懈奋斗。新中国成立六十多年来，中国共产党人带领全国各族人民历经社会主义建设的曲折探索，终于找到了建设中国特色社会主义的共同理想和实践道路，建设中国特色社会主义，实现中华民族伟大复兴的中国梦是中国共产党在社会主义初级阶段的基本纲领和基本目标，也是全体中华儿女的共同期盼和美好愿望。建设中国特色社会主义和实现中华民族伟大复兴的中国梦是符合经济社会发展规律和人民群众根本利益诉求的，是符合马克思主义执政党建设规律和当代中国社会实际的，因此，中国特色社会主义共同理想不是"空想"，而是科学的社会规划和发展愿景，这个共同理想能够实现，而且必将实现。

（一）社会主义共同理想源于我国社会主义初级阶段基本国情

共同理想在本质上属于社会意识，马克思主义唯物史观认为社会存在决定社会意识，社会意识对社会存在具有能动的反作用：正确的、科学的、先进的社会意识将对社会发展起积极的推动作用，错误的、迷信的、落后的社会意识将阻碍社会的发展与进步。社会实践活动是社会意识产生的基础，我国当前正处于并将长期处于社会主义初级阶段，人民群众日益增长的物质文化生活需要同落后的社会生产之间的矛盾没有改变，人民群众渴望过上富裕祥和的生活，这是人民群众对执政党未来的期待，也是对自己生活状况的美好憧憬。但是，我们需要清醒地看到，尽管改革开放三十多年来中国经济社会快速发展，社会生产力极大解放，社会商品丰富多样，人民群众温饱问题基本解决。然而，我国幅员辽阔、人口众多、自然资源分布不均，还有相当一部分人民群众生活在贫困线以下，同时，城镇化迅猛发展，城乡二元结构已经难以适应现代社会发展要求，阻碍科学发展的体制和机制障碍依然存在，东中西部差距和城乡差距有扩大趋势，等等。这些问题是社会主义初级阶段社会矛盾的表现，也对执政党建设提出了崭新课题——如何实现更好更快发展。

出现问题并不可怕，关键在于我们以一种怎样的心态去看待这些问题，是否能够探寻出正确的方法去解决这些问题，使发展的问题在发展中得以解决，而不是累积。对上述问题，社会上有两种立场，一种是快马加鞭进行政治体制改革，破除束缚社会发展的体制机制障碍；还有一种是持保守主义态度，不敢改革，不敢触动政治集团的利益链条。我们认为，两种态度都不可取，想早日见得改革实效的心情是可以理解的，但是如果操之过急就很容易重蹈苏联领导人戈尔巴乔夫改革的覆辙，将改旗易帜；如果停滞不前，政治体制改革与经济发展的鸿沟将日益拉大，最终导致各种社会矛盾的集中爆发。

由上可见，在社会主义初级阶段积极稳妥推进政治体制改革需要我们达成一种思想共识——全面深化政治改革要实现个人利益、集体利益、社会公共利益和国家利益的高度统一。一方面，要广泛关注社会主义现代化事业建设者们的利益诉求和正当权益，建立健全社会各阶层利益表达机制和利益实现机制，保障公民合法正当权益；另一方面，要团结一切可以团结的力量，建设最广泛的爱国统一战线，将海内外全体中华女儿凝聚在中国特色社会主义建设事业的伟大旗帜之下，鼓励和支持全国各族人民通过诚实劳动实现人生梦想和人生价值。

（二）通过共同理想凝聚社会主义核心价值体系的社会共识

社会主义核心价值体系是当代中国的伦理规范和道德准则，是规范个人与个人、个人与家庭、个人与社会、个人与国家、群体与群体关系的基本原则，是社会主义精神文明建设的领航标。"价值共识与人的生命发展之间存在着深层次的内在辩证关系，要增强社会主义核心价值体系在形成中华民族共有的价值观念、信念信仰、理想追求等方面的现实针对性与建设性；要把握社会主义核心价值体系对当代中国大众的精神影响，探索社会主义核心价值体系的履践方式；要通过坚信共产主义理想，坚持社会主义共同理想、树立良好的社会道德风尚、确立具有时代性和民族性的信仰信念，增强对社会主义意识形态的价值认同，增强社会主义核心价值体系和精神的吸引力、凝聚力和想象力"①。

当前，我国社会道德领域出现诸多令人担忧的迹象，温家宝同志在 2011 年同国务院参事和中央文史研究馆馆员座谈时对我国食品安全问题及其隐藏在背后的道德滑坡和诚信缺失问题表达了深深的忧虑。共和国总理对国家食品安全问题表示担忧足见这一问题的严峻程度和影响范围，由此折射出道德领域的两个关键问题：其一，伴随市场经济发展与社会转型，新的社会思潮逐渐渗透在人们社会生活的方方面面，并逐渐挑战着传统主流价值观的核心地位，有的人在美与丑、善与恶、好与坏、正义与非正义、公正与非工作之间做出了错误的选择，违背传统伦理道德做出伤天害理的"恶性"。其二，我国社会道德和诚信体系还有待健全完善，社会道德成本过低，违背社会公德行为一旦发生，社会惩罚机制很难发挥作用。我们认为，上述问题归根结底是由于在公民心中缺乏一个清晰明确的行为准则，社会主义核心价值体系所倡导的敬业、奉献、友善、团结等难以发挥实际作用。这是一种社会共识不足的表现，也是一种社会理想不坚定的表现。因此，社会主义共同理想在凝聚社会成员社会共识方面将发挥重要作用。

（三）社会主义共同理想是人类社会发展趋势的必然反映

纵观人类社会发展的各个历史阶段，每一个阶段都印有特殊时期的时代痕迹，每一个阶段都反映出这一阶段中的人在思考什么，为了实现怎样的目标而努力。中国特色社会主义共同理想是时代的产物，也是人类文明的宝贵结晶。

社会主义在人类历史长河看来是个新鲜事物，资本主义也只不过是两三百年的时间，社会主义也才一百年左右。历史上社会主义有过辉煌的时刻，当然也有低谷时期。但是马克思的预言——社会主义必

---

① 张未知：《论社会主义核心价值体系的价值精神内核》，《社会科学战线》2012 年第 5 期，第 237—239 页。

将胜利，资本主义必将灭亡，社会主义最终取代资本主义的基本判断是正确的。但是，我们还需要看到，我们的社会主义并非是在马克思恩格斯预想的在资本主义高度发达基础上形成的社会主义，我们的社会主义是在经济社会发展极其落后的农业国基础上形成并发展起来的，因此，我们的社会主义充满了"中国特色"。

中国正处于并将长期处于社会主义初级阶段，社会主义初级阶段的基本特征决定了我们要建设的社会主义具有更多的中国特色。在社会主义初级阶段，我们不但要解决促进社会发展的物质基础的问题，还要解决促进社会更好发展的上层建筑的问题。换言之，我们不仅要解决生产力不发达的问题，而且要解决社会主义制度不成熟、不完善的问题，包括要进行经济体制改革、政治体制改革、文化体制改革和社会管理体制改革等。要不断完善并发展以公有制为主体、多种所有制经济共同发展的基本经济制度和以按劳分配为主体、多种分配方式并存的分配制度；要不断完善并发展人民代表大会制、中国共产党领导的多党合作和政治协商制度、民族区域自治制度和基层民主制度；要不断完善并发展以社会主义核心价值体系为主要内容的社会主义先进文化；要不断完善并发展中国特色社会主义民主法律体系；要不断完善并发展中国特色社会管理体制等。总之，建设中国特色社会主义是建立在广泛的社会认同和共同的社会理想基础之上，正是有了统一的、一致的奋斗目标，我们的事业才能不断取得新的胜利，这不仅是在中国建设社会主义的内在需求，更是人类社会历史发展的大势所趋。

三、民族精神和时代精神是社会主义核心价值体系的精髓

中国人民大学刘建军教授在《我们要构建具有中国特色的社会主义核心价值体系》一文中这样看待民族精神和时代精神的"中国特色"，他认为，"民族精神在这里实际上是中华民族精神，即以爱国主义为核心的，包括团结统一、爱好和平、勤劳勇敢、自强不息的伟大民族精神"，他认为"以改革创新为核心的时代精神尽管带有世界性，不单单是中国，但是中国的改革事业最突出地体现了这一时代精神，

这也是我们基于中国的改革开放来理解时代精神的核心的"①。以爱国主义为核心的民族精神是在我国历史发展的漫漫长河中，中华民族团结奋进、自强不息的爱国情操、强国之志和报国行动，这种强烈的爱国情怀根生于中国几千年的悠久历史，特别是近代以来的峥嵘岁月。以改革创新为核心的时代精神是民族精神在新时期的继承和发展，是时代发展的产物。只有大力弘扬这种民族精神和时代精神，才能进一步激发全体人民共同团结奋斗的精神力量，才能不断增强我们民族的凝聚力、创造力和发展力。

（一）民族精神体现社会主义核心价值体系的民族性

那么，何谓民族精神，民族精神具有哪些特征呢？我们认为，所谓的民族精神就是一个民族在长期共同生活和社会实践基础上形成的被本民族大多数成员认可和接受的精神特征和价值取向。在当代中国，民族精神往往与爱国主义和社会主义紧密联系在一起，并以爱国主义和社会主义的形式表现出来。只有高举爱国主义的伟大旗帜，才能凝聚全体中华儿女投身中国特色社会主义现代化建设事业之中，才能最大限度地发挥人民主创精神和开拓精神，才能将中国特色社会主义不断推向前进。历史与实践充分证明，激发全民族的创造精神和创新能力是推进中国特色社会主义不断向前发展的动力源泉。培育和弘扬民族精神，一方面，要以包容和开放的心态，借鉴和学习世界其他民族和国家的优秀文明成果；另一方面，也要从中华民族源远流长的灿烂文明中汲取养分，继承中国传统伦理思想中的有益成分，不可妄自菲薄，而是以坚定的民族自信心与强烈的民族荣誉感对待国家与民族的优良传统文化。

社会主义核心价值体系中的民族精神集中表现在社会主义核心价值体系具有民族性。不言而喻，社会主义核心价值观是中国社会实践的产物，同时也是人类文明的共同成果，不仅在中国适用，其绝大多

---

① 刘建军：《我们要构建具有中国特色的社会主义核心价值体系》，见《建设社会主义核心价值体系的理论思考》，教育科学出版社 2011 年版，第 62 页。

数主张在其他国家同样适用。因此，社会主义核心价值观是中国的，也是世界的，是中华民族的，也是世界人民的。一方面，社会主义核心价值体系是千百年以来，特别是 1840 年鸦片战争以来，全体中华儿女苦苦奋争、不懈求索的结果，社会主义核心价值体系是中国特色社会主义理论体系的重要内容，中国特色社会主义理论体系是指导当代中国和平发展、重新屹立于世界之林的行动指南，为我们全面建成小康社会，实现中华民族伟大复兴中国梦指明了方向。因此，建设社会主义核心价值体系的根本目的是服务于中国人民和中国社会主义现代化建设，维护和增进百姓福祉，所以说它是中华民族的宝贵财富。另一方面，社会主义核心价值体系着眼于世界发展方向。伴随国际关系格局的大发展、大变革和大调整，各种思想文化交织共融，"社会主义核心价值体系的构建要具备全球视野和世界眼光，对各种价值体系中的积极因素进行本土化改造和时代性扬弃，大胆地学习与借鉴包括西方文化在内的优秀成果。只有牢牢把握世界的大趋势，社会主义核心价值体系才能在世界价值文化的竞争中取得一席之地"①。

（二）时代精神体现社会主义核心价值体系的时代性

社会主义核心价值体系不仅是民族历史和实践的产物，更是时代精神的体现。社会主义核心价值体系释放出鲜明的时代气息，散发出时代的韵味。首先，在理想信念层面上，社会主义核心价值体系紧扣时代任务，坚持人民性与发展性的统一，并自觉贯彻到实现中华民族伟大复兴、推动人的自由而全面发展的历史任务中；其次，在内容结构层面上，社会主义核心价值体系反映了时代的要求和趋势，坚持了系统性与层次性的统一，使其能够有效地对系统化的社会和社会发展的各个层面发挥作用；再次，在价值功能层面上，社会主义核心价值体系坚持核心性与包容性的统一，使其能够更好地引领全国各族人民形成统一的指导思想、共同的社会理想、强大的精神力量和基本的道

---

① 王树萌、温静：《民族精神在社会主义核心价值体系中的地位作用》，《北京教育》2012 年第 5 期，第 18—21 页。

德规范，发挥引领时代发展和人的全面进步的无穷动力①。总之，由于社会主义核心价值体系正确反映了时代的命题和时代的任务，因此时代精神就成为社会主义核心价值体系的重要内核之一。

党的十一届三中全会以来，党中央根据社会主义现代化建设实践，对一系列重要精神作了重要阐释和概括，这些阐释和概括构成了社会主义时代精神的基本内容。例如邓小平提出的："要教育全党同志弘扬大公无私、服从大局、艰苦奋斗、廉洁奉公的精神，坚持共产主义思想和共产主义道德"②；江泽民提出的："在全党大力倡导解放思想、改革创新的精神，尊重科学、真抓实干的精神，顾全大局、团结协作的精神，谦虚谨慎、崇尚先进的精神，艰苦奋斗、无私奉献的精神"③。党的十六大以来，胡锦涛同志对载人航天精神、伟大的抗震救灾精神、奥运精神等作了新的概括和诠释，这都从不同时空维度、从不同问题角度对当代中国的时代精神作了高度凝练和总结。

时代精神的核心是改革创新。改革创新就是要坚持解放思想、与时俱进、开拓进取，牢牢把握社会主义的改革方向，有力推进重点领域和关键环节的改革创新，破除制约经济社会科学发展的体制机制弊端，着力构建充满活力、富有效率、更加开放、有利于科学发展的社会运行机制和保障机制。时代精神是改革开放伟大实践的重要组成部分和重要思想成果，弘扬时代精神就要坚持解放思想、与时俱进，实践证明，具有重大影响而且具有创新意义的理论、路线、方针、政策，都是时代精神的体现，要运用马克思主义的宽广视野观察世界，不唯本本，不守教条，与时俱进，不断推进理论创新、体制创新和科技创新④。与此同时，要把时代精神的丰富内涵与深化改革、扩大开放的伟大实践紧密结合起来，在国家的经济建设、政治建设、文化建设、

---

① 兰峻：《论社会主义核心价值体系的时代性》，《求实》2012年第8期，第33—35页。

② 《邓小平文选》第2卷，人民出版社1994年版，第367页。

③ 《江泽民文选》第1卷，人民出版社2006年版，第250页。

④ 陶文昭：《论时代精神》，《建设社会主义核心价值体系的理论思考》，教育科学出版社2011年版，第55页。

社会建设、生态文明建设和党的建设各项事业中贯彻与时俱进、锐意改革的精神要求，用改革的勇气和魄力去回答时代发展新要求和人民群众新期待对改革开放提出的新课题，花大力气重点解决改革开放和社会转型过程中的深层次矛盾和深层次问题，不断推进中国特色社会主义事业取得新的更大进展。

四、社会主义荣辱观是社会主义核心价值体系的基础

社会主义荣辱观是社会主义核心价值体系的重要内容之一，也是社会主义核心价值体系的基石。所谓的"荣辱观"，即是人们对于荣誉和耻辱两个范畴进行评价的根本观点和根本看法，是世界观、人生观和价值观的集中体现。只有明辨荣辱范畴，掌握褒贬尺度，人们才能形成正确的价值判断和行为准则。社会主义荣辱观就是号召广大人民群众在社会主义思想指导下，分清什么是光荣，什么是耻辱。胡锦涛同志在 2006 年 3 月把社会主义荣辱观的内容概括为"八荣八耻"，将其作为国家公民遵守基本思想道德规范的准则①。即"以热爱祖国为荣，以危害祖国为耻；以服务人民为荣，以背离人民为耻；以崇尚科学为荣、以愚昧无知为耻；以辛勤劳动为荣、以好逸恶劳为耻；以团结互助为荣，以损人利己为耻；以诚实守信为荣，以见利忘义为耻；以遵纪守法为荣，以违法乱纪为耻；以艰苦奋斗为荣，以骄奢淫逸为耻。"

总之，社会主义核心价值体系的四个部分内容是相互联系、密不可分的有机整体。其中马克思主义指导思想是灵魂，是我们认识世界和改造世界的强大思想武器；中国特色社会主义共同理想是主题，反映了全体中华儿女的根本利益和共同愿望；以爱国主义为核心的民族精神和以改革创新为核心的时代精神是精髓，是中华民族绵延发展、振兴繁荣的精神动力；社会主义荣辱观是基础，是全体社会成员必须

①《社会主义核心价值体系教育读本》，中央文献出版社 2007 年版，第157 页。

遵循的行为准则和道德规范。正如中南民族大学张瑞敏所言："从根本上说，社会主义核心价值体系是我们党科学总结我国意识形态建设的经验，适应思想文化领域的新变化而提出的价值原则，它归根于和服务于社会主义建设实践，其左右就是最大限度地维护社会的文化认同，构建走向现代化进程中不可缺少的文化氛围和文化生态"①。

第四节　建设社会主义核心价值体系的重要意义

无论是党的十七大提出的社会主义核心价值体系的"四个内容"，还是党的十八大指出的社会主义核心价值体系的"三个层面"，这都体现了中国共产党人对社会主义核心价值体系认识的不断深化，体现了社会主义核心价值体系与时俱进的理论品格。社会主义核心价值体系的本质属性是社会主义意识形态，社会主义核心价值体系是一个有机整体，内在各要素之间存在密切关联，要从整体性维度推进社会主义核心价值体系建设，这不仅是理论命题，更是一项重大的实践命题。

一、助力中国特色社会主义事业向前发展

中国特色社会主义是全体中华儿女团结奋斗的一面旗帜，也是实现中华民族伟大复兴的方向指针。党的十六大提出了在建党一百周年实现全面建设小康社会，在新中国成立一百周年基本实现现代化的宏伟目标。站在新的历史起点上，中国共产党人以卓越的政治智慧和理论勇气提出了"社会主义核心价值体系"这一马克思主义中国化的最新理论成果，从指导思想、共同理想、民族精神和时代精神以及社会主义荣辱观等四个方面和国家、社会、个人三个层面丰富并发展了社会主义核心价值体系的基本内容与丰富内涵，实现了马克思主义价值

---

①　张瑞敏：《社会主义核心价值体系是一种制度文化》，《思想理论教育》2012 年第 4 期，第 15—19 页。

学说的又一次与时俱进。社会主义核心价值体系是在新的历史条件下，中国共产党人根据当代中国精神文明建设实践基本经验和理论成果提出的，具有鲜明中国特色的意识形态理论体系，是中国特色社会主义理论体系的重要内容，也是指导当前和今后一段时期内中国精神文明建设的根本遵循。社会主义核心价值体系的提出从理论上、思想上和精神上向世人有力展示了中国特色社会主义的伟大旗帜，向世界宣告了中国人民坚定不移走中国特色社会主义道路的坚定信心。

中国共产党是以马克思主义为指导思想的无产阶级先进政党，先进性是马克思主义执政党的最显著特征。所谓的先进性主要是指政党的政治纲领、奋斗目标和主要任务将随着执政环境和执政方式的变化而及时作出调整，以实现无产阶级政党可持续性执政的目标。中国共产党的先进性不仅体现在其阶级的先进性、指导思想的先进性、政治目标的先进性，还体现于弘扬和践行社会主义道德和伦理规范的自觉性上。在行为层面上看，社会主义核心价值体系是规范社会成员个体行为的准则；在理论层面上看，社会主义核心价值体系是指导我们事业和前进方向的指针。它涵盖了我们应该坚持怎样的指导思想，信仰怎样的社会理想，以一种怎样的精神状态实现什么样的奋斗目标等重大问题，可以说，社会主义核心价值体系是以先进思想为主要内容的当代中国主流意识形态。

社会主义核心价值体系的先进性决定了它必然成为推动中国特色社会主义事业不断向前发展的精神力量。首先，社会主义核心价值体系的先进性源于马克思主义指导思想的先进性，马克思主义是人类历史发展进程中的伟大理论学说，首次科学、全面、准确地阐释了人类社会发展规律、社会主义建设规律和共产党执政规律，阐释了资本主义必然灭亡和社会主义必然胜利的基本趋势。马克思主义的先进性和科学性从根本上决定了社会主义核心价值体系的先进性和科学性，马克思主义价值学说是以无产阶级和人民大众为主体，以在全世界建立一种"自由而全面发展"的社会形式为目标的新型社会价值观。这种新型的社会价值观是以辩证唯物主义为理论基础，以人民主体实践为社会基础，代表着人类历史发展的根本趋势，代表着先进生产力的发展要求，代表着人类文明成果的前进方向。其次，社会主义核心价值体系的先进性体现在它是当代中国社会伦理体系的主流思想，它高举马克思主义、社会主义、爱国主义和集体主义的旗帜，鲜明地阐释了在社会主义中国应该坚持什么、反对什么，弘扬什么、抵制什么，倡导什么、批判什么，这不仅是一个理论问题，而且更是一个重大的政治原则问题。总而言之，社会主义核心价值体系以马克思主义理论为指导思想，以中国特色社会主义为共同理想，大力弘扬民族精神和时代精神，积极倡导社会主义荣辱观，充分折射出当代中国社会最基本的价值取向，具有鲜明的主导性、方向性和科学性。

二、维护国家文化安全和文化主权

全球化已经成为当代人类社会最重要的主题和变量，全球化是"一个范式革新和观念转变的不平衡过程"[1]，是人类一切文明成果和文化发展的共同目标。全球化不仅是市场、金融、生产的国际化过程，也是思想、文化、价值观念的同质化过程。当前，中国社会主流价值观念在全球化语境下受到严重挑战，西方国家利用资本、技术、市场优势向中国社会渗透自由主义、拜金主义、享乐主义等资产阶级消极腐朽思想，严重削弱公民对社会主义核心价值体系的社会认同感。

如何在全球化背景下巩固社会主义核心价值体系的群众基础，增强社会主义核心价值体系对现实社会矛盾的解释力，构建民族性与世界性统一的价值观念认同模式俨然成为中国社会文化建设的重要课题，"这就迫切需要我们坚持用社会主义核心价值体系引领社会思潮，既尊重差异、包容多样，又有力抵制各种错误和腐朽思想的影响"[2]。建设社会主义核心价值体系是中国社会主义先进文化建设的基础工程和灵魂工程，党的十八大报告强调"建设面向现代化、面向世界、面向未来的，民族的科学的大众的社会主义文化"。全球化是大势所趋，

---

① 俞正樑等：《全球化时代的国际关系》，复旦大学出版社 2009 年版，第 175—176 页。

② 李长春：《深入学习实践科学发展观，推动社会主义文化大发展大繁荣》，《十七大以来重要文献选编》（上），中央文献出版社 2009 年版，第 744 页。

在全球化背景下建设社会主义核心价值体系，就要以全球的视野、民族的情怀、战略的胆识积极主动与世界各国思想文化展开交流和碰撞，彰显社会主义核心价值体系的理论自信，增强社会主义核心价值体系的世界认知，促进社会主义核心价值体系与全球化趋势相适应，增强社会主义核心价值体系在国际意识形态话语体系中的影响力和辐射力。

国家的核心利益是国家安全，它关乎主权国家的生存与发展，关乎国家主权独立、领土完整和国民生存。其中，国家文化安全是国家安全的重要内容。在当代国际关系活动中，文化因素对国家安全的影响日益突出，甚至成为国家生死存亡的决定性因素。由戈尔巴乔夫领导的"新思维"改革不假思索地照抄照搬西方社会"民主、自由"思想和政治制度，全盘否定包括"十月革命"在内的苏共历史，使苏共在政党选举竞争中丧失了国家领导权，世界上第一个社会主义国家宣告解体，苏联正式写入"思想文化推翻政权"的历史教科书。苏联解体、东欧剧变从根本上改变了国际政治经济格局，全球化大潮席卷而来，世界经济一体化趋势不断增加，以美国为首的西方资本主义国家加紧实行"和平演变"政策，加快对社会主义中国的意识形态渗透和入侵。西方资产阶级的宪政民主思想、绝对精神理念、基督教思想等腐朽思想伴随西方国家的经济活动、文化产品、NGO组织和互联网络等载体传入中国，严重威胁国家意识形态安全和国家文化主权安全，严重曲解"自由、平等、公正、法治"的社会主义核心价值观，引起人民群众思想混乱和精神恐慌。在此背景下，我们更要保持高度警惕，自觉划清与资产阶级腐朽思想的界限，增强社会公众对西方消极腐朽思想和价值观念的辨别能力和判断能力。需要指出的是，社会主义核心价值体系不仅是当代中国的伦理规范，更是思想理论体系，其包容开放性决定了社会主义核心价值体系在变化的社会实践和时代环境下不断更新与发展。因此，我们要积极学习、吸收借鉴人类历史上一切优秀文明成果为我所用，不断向社会主义核心价值体系中注入新的元素和精神价值，积极而主动地与西方各民族思想文化展开对话，在对话中扩大共识，缩小分歧，不断增强社会公众对社会主义核心价值体系的理论自信和文化自信，有力维护国家安全和文化主权。

三、推动中国共产党职能转型

当代中国正处于新的历史发展阶段和新的十字路口之中，在社会转型的新时期新阶段，中国共产党肩负起更为光荣的历史使命，这一使命就是团结带领全国各族人民为实现中华民族伟大复兴的中国梦而奋斗。中国共产党是中国特色社会主义事业的坚强领导核心，党的领导地位和执政地位是历史和人民选择的结果。建设社会主义核心价值体系，从根本上讲就是要拥护中国共产党的领导，拥护社会主义制度。在新的历史条件下，中国共产党已经从以领导人民推翻三座大山，建设社会主义新中国为己任的革命党转型为带领全国人民进行改革开放，建设社会主义现代化强国的无产阶级执政党，党的历史定位和职能的根本转变决定了中国共产党要不断加强和改进党的执政能力建设，不断巩固和扩大党长期执政和可持续性执政的群众基础、思想基础和社会基础。社会主义核心价值体系的提出及时回应了党在新时期新阶段如何巩固和扩大党执政基础的关键问题。当前，我们党正带领人民朝着全面建成小康社会的征程中奋勇前进，作为领导中国特色社会主义事业的执政党，要始终坚持以经济建设为中心，坚持解放思想和改革开放，不断解放和发展社会生产力，不断满足人民日益增长的物质文化生活需要，用社会主义核心价值体系调节个人、集体、社会与国家之间的关系，加强社会各阶层团结合作，凝聚社会各界广泛共识，用社会主义核心价值体系营造良好社会氛围，为改革开放和社会主义现代化建设创造良好社会环境。

中国共产党九十多年的光辉历史和社会主义现代化建设三十多年的辉煌实践有力证明，中国共产党始终代表中国最广大人民的根本利益，中国共产党人始终坚持立党为公、执政为民的政治价值观，始终把人民群众的根本利益作为党一切工作的出发点和落脚点。毫不夸张地说，社会主义核心价值体系不仅反映和代表了中国最广大人民的根本利益，更用行动诠释了"立党为公、执政为民"的政治理念，无时无刻不在体现着"以人为本"的服务宗旨，有力提升了党和政府的公信力，极大改善了中国共产党在人民心目中的形象，对于加强和改善党的领导，增强党的科学执政、民主执政和依法执政水平具有重大而深远的意义。

第 五 章

社会主义核心价值体系
——中国传统伦理思想的创造性转换

社会主义核心价值体系的构建和发展，是时代的使命，是社会发展的必然需求，是中华民族的兴国之魂。当代中国伦理学的开拓者罗国杰先生说："一旦一个民族抛弃或失去了自己的民族传统，或者被别的民族的文化所征服，那么，这个民族的生存也就岌岌可危了。"因此，社会主义核心价值体系的建设与发展，必须也必然是以中华传统文化特别是中国传统伦理思想作为其宝贵养料、"源头活水"与文化底蕴。社会主义核心价值体系的理论与实践，将不仅是对中国特色社会主义理论体系的再造与升华，更是对中国传统伦理思想的再一次创造性转换。

第一节　中国传统伦理思想转换的时代必然性

中国传统伦理思想，经过了近代社会的涤荡以及与马克思主义伦理思想的结合，在实现时代性变革之后，又随着历史前进的滚滚浪潮，发展延续至 21 世纪。现代中国正在历经经济体制的深刻变革、社会结构的大幅变动、利益格局的不断调整、物质生活的持续改善，以及西方文化的广泛引入，这一切现实作为社会存在都共同决定着人们的伦理道德和价值观念必将产生重大变化。

一、经济视阈中的中国传统伦理思想转换必然性

改革开放以来，中国经济发展取得了世人瞩目的成就，我们面临的发展机遇前所未有。经济的快速发展不仅极大地丰富了人们的物质生活，也悄然影响着人们的思想观念。改革开放促进了人们的思想解放，刷新了人们的精神风貌，自主意识、竞争意识、效率意识、创新意识等市场经济意识得到培育，爱国主义、集体主义、社会主义思想以及科学文明、开拓进取、健康向上的思想观念、道德风尚成为人们精神世界的主流。但与此同时，我们也应看到伴随中国经济发展而产生的一些消极社会思潮对中国传统伦理思想也造成了一定程度的消解和影响，拜金主义、利己主义、消费主义、享乐主义、极端个人主义思潮不断抬头。因此，认清当代中国经济发展对伦理思想带来的深刻影响，对中国传统伦理思想进行创造性转换，构建起适应时代价值要求的社会主义核心价值体系是十分重要也是非常必要的。

（一）市场经济的确立对中国传统伦理思想提出了新的价值要求

伦理思想作为社会的产物，不可避免地带有其所处时代的烙印。在封建社会，人们普遍接受的是重义轻利、贵农贱商、崇公黜私的传统经济伦理价值观念，不可否认，在当时的时代背景下，它曾发挥着一定的积极作用。但近代以来，随着自然经济的逐渐瓦解，中国社会已经呈现出一个与传统的封建社会完全不同的社会结构。特别是改革开放以来，中国特色社会主义市场经济的运行与发展，以其效率高、节奏快、不可控、开放性的显著特点，更进一步推动了上层建筑的变革。而这其中，便不仅仅是社会结构的纵深调整，同样作为上层建筑的思想文化，也提出了更多的变革需求。建立在自然经济基础之上的中国传统伦理思想，此时，虽有部分精髓在当代社会仍发挥积极的作用，但是从总体来说，它同现有市场经济体制影响下的主流价值需求已经不完全适应，必须对其进行创造性转换。

　　市场经济体制是指以市场机制作为配置社会资源基本手段的一种经济体制。它是高度发达的、与社会化大生产相联系的大商品经济，其最基本的特征是经济资源商品化、经济关系货币化、市场价格自由化和经济系统开放化。市场经济的最根本、最直接、最本质的目的就是追求商品交换中的利益最大化，所以，在市场经济语境下，我们所说的"利"，首先就是认可与倡导商品生产者、经营者所追求的"利"，并在此基础上构建市场经济体制。这看似与中国传统伦理思想对经济利益的基本观点强调的是崇尚道义、轻视利益的"义利价值观"全然相悖。但事实上，传统的功利主义者并没有整体地、完全地否定利益存在的价值，只不过由于当时封建社会统治的需要，而使社会主流的经济伦理观念把更多的关注点放在了人与人交往的道义关系以及封建家族宗法等级秩序上。而且传统义利观在当前社会主义市场经济中也仍有一定的积极作用，比如儒家"义以为上"的主张有助于培养良好的商业道德氛围，崇尚道义、轻视利益的价值观念有助于人民协调个体利益与他人利益，有助于培育诚信友爱的和谐社会。因此，我们说要对中国传统伦理思想中的义利观随不是要完全抛弃，但必须进行符合时代需求的变革。

　　此外，中国传统伦理思想中一直奉行"兴公灭私"的公私观念，认为使国家真正强大昌盛的途径是将"私"彻底地逐出人们的政治、经济、社会和文化生活，但在现实中，让人们必要的"私欲"没有得到满足的后果就是让人们变得更加的重"私"，而不会"崇公"，国家也会因此而变得更为艰难。市场经济的出现，有效地转变了人们在传统自然经济、计划经济基础上的公私观念，它完全承认个人追求私利的权利，不要求牺牲任何人的利益，提倡让人们在自由、公平的竞争中走向共同富裕。市场经济从"私"的角度出发，合理地运用人们的"私利"，充分调动人们在市场经济体制下的主观能动性。因此，对于传统伦理思想中的"公私观念"，需要加以变革和转换，使人们认识到每个人都应该为自己谋求必要的利益。"公"确实重要，但也不可因此抹杀私人利益。新的时代、新的社会主义市场经济体制下，需要每一个人的私利得到合理的满足，任何抛弃了众人之私利的"公益"，才是真正意义上的一己之私利。

(二) 市场经济带来的消极思潮对中国传统伦理思想中有成分的消解

改革开放以来，中国开始了以市场为导向的经济体制改革进程，社会主义市场经济体制逐步建立，但是，由市场经济自身行为规则所衍生出的一些消极社会思潮也在悄然影响着国人的思想。市场经济"允许一切商品在经济活动中都可以通过等价交换方式取得，认为市场行为主体在经济活动中要追求利润的最大化，同时市场经济还是一种'消费导向型经济'，靠消费引导生产，依靠消费拉动经济。"① 这就导致物质财富和物质利益在推动经济社会发展中的作用日益凸显，容易诱发人们的趋利行为，刺激人们对金钱和物质的过度追求，滋生拜金主义、消费享乐主义等消极社会思潮。

拜金主义是"盲目崇拜金钱，把金钱价值看作最高价值，一切价值都服从于金钱价值的思想观念和行为。"② 它是一种金钱至上的思想观念，奉行金钱万能论，把金钱作为衡量一切行为的标准。在日常生活中，有人割裂经济效益和社会效益，片面追求经济效益，有些地区和部门为了自身利益而牺牲国家和民族的整体利益，更有甚者，为了不择手段追求金钱，他们无视社会道德和法律，不惜以危害他人生命健康为代价，如食品、药品安全等问题。同时，在利益的趋势下，一些文化活动被简单地商品化、娱乐化；一些文化工作者的社会责任感缺失、淡化；一些媒体为了争取所谓的市场占有率，一味迎合低级、庸俗、媚俗的趣味，甚至纵容错误的节目内容误导观众。这一系列问题的出现，无时无刻不在拷问着人们的道德底线，也消解着中国传统伦理思想中重义轻利、仁爱诚信的观念。

由于经济社会的快速发展，物质生活的极大丰富，个人财富与社会财富的不断积累，人们的消费广度、深度与自由度急剧扩大，中国

① 王国敏、曹萍主编：《社会主义核心价值体系多位理路研究》，四川大学出版社 2011 年版，第 103 页。

② 韩庆祥：《反对拜金主义》，《求是》2005 年第 9 期，第 46—47 页。

正经历一场消费革命。伴随市场化进程与消费品的迅速膨胀，消费主义在我国开始盛行。某些中产阶级成员十分关注国内外流行趋势，有选择性地或者盲目地跟从，以期能始终保持时尚与年轻，他们也过度地关注品牌，即使是经济实力并不那么雄厚的人群也会在力所能及的条件下追逐品牌，商品的符号价值在这里具有重要的身份价值和象征意义。同时，文化消费、品味消费、休闲消费、享受型消费以及炫耀性消费都逐渐兴起，这种消费方式也被人们广为接受与认可。消费是生产的终极目的，一定程度上的商品消费、生活享受不仅是必需的，也是合理的，但是，如果奢侈性消费与炫耀性的消费的享乐主义文化不断蔓延，那么整个社会的精神风貌都会受到影响。当前，新的消费文化在不断地消解中国传统伦理思想中勤俭节约、艰苦朴素等对当代社会发展仍大有裨益的思想元素，必须对这种新的消费文化进行调适与规范，以引导中国社会的消费文化走上正常、合理、生态、净化的轨道。

二、政治视阈中的中国传统伦理思想转换必然性

政治思想是伦理思想的重要组成部分，正确的政治伦理思想，对推动社会经济的发展、政治的稳定、社会的进步具有积极的促进作用。新中国成立六十多年来，中国政治思想观念发生了翻天覆地的变化，可以说，新中国成立六十多年来的政治思想观念的变化，在某种意义上，就是中国社会主义现代化建设的思想观念变化最深刻的体现。尤其是改革开放三十多年以来，我国社会经历了更为深刻的变革，人们的思想观念更加呈现多元化态势，这对于破除封建落后思想、革新陈旧观念有着一定的积极意义，但其中也不乏错误的、消极的思想观念乘虚而入。因此，在这种中国政治思想变迁、政治价值呈多元化态势的社会大背景下，中国传统伦理思想要想适应时代的发展，同时对社会核心价值观发挥导向作用，就必须自觉地实现自我的转换。

（一）新中国政治伦理思想的变迁与发展

新中国成立后的政治伦理思想是对中国传统伦理思想中涉及政治部分的传承与创新，既汲取了中国传统文化的优秀内容，又对其中的糟粕进行了深刻的批判与变革。新中国政治伦理思想相较于中国传统伦理思想中的政治思想来说，其变迁与发展主要体现在三个方面：政治制度方面，体现在从封建君主专制到人民民主专政，政治理念方面，体现在从传统德治到依法治国，政治规范方面，体现在从"三纲五常"到男女平等。

新中国成立后，以君主专制为核心的封建主义思想逐渐为人民民主专政的政治思想代替，政权建立的目的从为君主服务变为全心全意为人民服务，开创了无产阶级国家政治思想的新局面。人民民主专政制度的建立，在历史上第一次真正实现了大多数人当家作主，广泛性、普遍性和真实性是这种民主的显著特征。我们可以这样理解我国的人民民主专政，即民主是专政的基础，专政是民主的保障，这是一种新型的民主与专政的统一。所谓新型民主是指"绝大多数人享有的民主"，所谓新型专政是指"在最广大人民内部实行民主的同时，对极少数敌对分子实行专政"。封建君主专制讲的是"君权神授"，"等级制"，它以小农经济为基础，使社会不断走向两极分化，通过在制度层面上维护，在意识观念层面上支撑以确保其君主专制社会的稳定性。人民民主专政，讲的是"全心全意为人民服务"，而这一思想随着时代的发展以及共产党人的实践，不断地得到丰富和发展。因此，我们必须对中国传统伦理思想观念进行新的转换，以适应当代政治伦理的发展趋势。

德治思想是中国儒家学派提出的治国理论，是中国封建社会政治伦理化的产物。德治思想在调整封建社会阶级关系，维护封建统治和社会稳定等方面发挥着一定积极作用。然而随着传统社会向现代社会的转变，由于社会结构、社会关系和社会价值的转变，传统社会奉行的德治思想逐渐为法治思想所代替。中国从近代开始，几经曲折，终于确立了依法治国的方略。1997 年 9 月，在党的十五大上，中国明确将"依法治国，建立社会主义法治国家"确立为治国方略。可以说，从传统德治政治思想转化为依法治国是我国政治文明的一大进步，也是我国政治制度发展理性化的必然选择，而与此相应的中国传统伦理思想体系也必然需要进行新的革新与突破。

"三纲五常"是封建社会调节人与人之间行为规范的核心观念，它作为封建社会的最高道德原则和观念，为封建阶级统治和等级秩序的神圣性和合理性而辩护，虽然在一定时期起到了维护社会秩序、规范人际关系的作用，但是它也极大地禁锢着人们的思想观念。新中国成立以后，在消灭了剥削阶级和封建社会的私有制的基础上，建立起了男女平等的社会新观念。1954 年，在《中华人民共和国宪法》中明确，妇女有同男子平等的选举权和被选举权，在政治、经济、文化、社会和家庭生活各个方面同男子有平等的权利。在改革开放以来，我国进一步贯彻男女平等的思想观念，为实现男女平等营造了良好的政治氛围。这种社会基本行为规范的变迁与发展，也从侧面上对中国传统伦理思想的具体行为准则提出了新的要求。

（二）全球化时代政治价值多元化的扩散

随着改革开放的深入发展，我国进入了改革发展的深水区、关键期。经济体制的深度变革，社会利益格局的深入调整，人们观念思想的深刻变化，这翻天覆地的变化，给我们的国家发展带来了巨大的生命力，但与此同时，也带来了许多的矛盾和问题。伴随着全球化的迅速推进，各种传统的与现代的、民族的与世界的、先进的与落后的价值观念必然会以这样或者那样的形式在更广泛的范围内传播，价值多元化是其必然伴随的现象，"中国政治价值经历了从一元政治价值向一元政治价值与多元政治价值互动的变化。"① 因此，要认真审视全球化时代政治价值多元的扩散带来的消极影响，并着力构建新的应对这种情况的思想体系，以应对这种新局面。

---

① 虞崇胜、李奎：《改革开放以来中国政治价值变迁的基本趋势》，《湖北社会科学》2008 年第 9 期。

当前，西方资本主义的自由、民主等核心理念以及法制、人权等资产阶级社会思潮在全球化发展潮流下，进一步向包括中国在内的广大发展中国家社会渗透，给中国的意识形态领域带来很大的挑战。一方面，是西方新自由主义对我国主导政治价值带来一定的冲击。新自由主义思潮的实质是西方资本主义政治思想在全球化阶段的反应，"它一方面是西方国家诱导社会主义国家和平演变的理论武器，另一方面是西方国家对发展中国家推行新殖民主义的理论武器。"① 20 世纪 80 年代的东欧剧变就是一个例证，这些东欧国家推行新自由主义经济政治模式，结果是造成了国家分裂、社会动乱等严重后果。前车之鉴，后世之师，我们必须对此保持警醒。当前，一些西方国家不断要求他国进行经济私有化、市场化以及金融自由化等改革，例如，西方一些国家不断对中国经济改革走向施加压力，我们要认识到，这些行为的实质就是新自由主义思想在作祟，妄图用新自由主义的意识形态西化我国。另一方面，是意识形态终结论对我国主导政治价值的冲击。关于意识形态终结论，弗朗西斯·福山在《历史的终结》一文中曾谈道，"我们正在见证的并不仅仅是冷战的结束，抑或是第二次世界大战后的某个特别的历史时期终结，而是面临着一种历史的终结，即人类思想进化史的终结。"西方的自由民主政体最终将作为最优形式得到最为广泛的推广与应用。我们可以看出，这种思想的"本质"并非"意识形态"的完结，而是社会主义国家及其他民族国家政治制度和价值体系的终结，所以必须对此保持警惕，在国内创造一个良好的社会氛围，保障意识形态的安全性。

三、社会视阈中的中国传统伦理思想转换必然性

现代社会风险是人类社会进入工业化阶段后出现的一种发展模式，也是未来社会的发展状况。随着以工业化、城市化为代表的现代

---

① 王永贵：《影响我国主流意识形态建设的西方主要意识形态透视》，《社会科学研究》2007 年第 1 期。

化进程快速推进，当前我国社会正面临经济、社会、技术制度等方面的全面转型及重构。在这一历史进程中，各种风险相互交织、循环交替，很容易异化成多种社会风险，并在当前的今后较长时间内以突发或者渐变演进的形式，逐步展现出来，反馈到社会系统本身，形成一定程度的冲击和震荡。这种变化和冲击，既有意识形态层面解构重构的问题，又有社会各具体领域层面的问题，但归根结底，终究是"如何正确认识、如何正确对待"的价值观命题，始终存在产生、影响社会风险及其变化的价值根源。因此，我们要在当今中国特色社会主义的现实背景下，重构中国传统伦理思想，以应对社会风险的挑战，寻求有效的规避社会风险的途径。

（一）当前中国社会风险的表现及影响

当前，中国社会进入了经济发展的高速增长期，在社会创造巨大物质财富的同时，也带来了难以想象的风险。与以往社会风险不同，现代社会的这些风险复杂性和不确定性不断增强，使社会发展变得越来越复杂和难以驾驭。在现代社会风险下，我国面临着贫富差距拉大、就业压力剧增、群体性事件频发等一系列社会风险。

改革开放三十多年来，我国经济持续快速增长，到 2010 年已经超过日本，成为全球第二大经济体。但是，在现行收入分配体制下，我国居民可支配收入占 GDP 的比重却一直呈下降趋势，目前，我国基尼系数已从改革开放初期的 0.28 上升到 2012 年的 0.474，在过去的十年间，基尼系数全部高于 0.4，超过国际公认的 0.4 警戒值。"当前，中国贫富差距的拉大主要体现在四个方面：一是政府收入与居民收入的比重严重失衡；二是行业收入差距扩大，普通劳动者收入偏低；三是城乡收入差距持续扩大；四是灰、黑色收入加剧了两极分化。"[①] 巨大的贫富差距不仅带来内需和消费不振，带来经济风险，同时也会造成普通大众对社会的严重不满，甚至影响社会秩序的稳定。

---

① 王国敏、曹萍主编：《社会主义核心价值体系多位理路研究》，四川大学出版社 2011 年版，第 204 页。

随着我国经济体制改革的不断深入，结构性失业问题逐渐凸显出来。当前，我国就业市场呈现出以下特征：一是存量供需缺口依然庞大；二是全球性金融危机对国内就业市场的冲击正在逐渐显现；三是就业波动性显著增强。这一现象的背后，一方面是在技术进步主导下我国全要素生产率提高，大量劳动力节约了下来，另一方面，是人口红利下新增的劳动力集中进入就业市场，企业转制下大量缺乏再就业能力的四五十岁人员在就业市场沉淀下来，高校扩招下日益壮大的大学毕业生队伍参与竞争有限的非制造业岗位。就业压力的逐渐增大，不仅对当前社会稳定、经济转型、政策调整产生重大影响，而且因这种影响具有积累性，必将以代际的形式长期存在，越积越严重。

目前，由于改革开放的深化和发展，经济体制的变革、社会结构的转型、社会利益格局的调整等现象带来了层出不穷的新矛盾和新问题。我国群体性事件次数和参与人数均呈上升趋势。群体性事件多发呈现出以下特征：一是涉及行业越来越多，主体成分也呈多元化；二是群体性事件发生的频率越来越高；三是群体性事件形成的诱因日益复杂。这些社会群体性事件的引发原因是多种多样的，既有典型性问题，又有非典型性问题，涉及经济、政治、社会的各个领域，同时受国内外多重因素影响。并与矛盾交织在一起，相互作用、相互影响，加大了社会形势的复杂性，增大了社会维稳工作的难度。

（二）中国社会风险的规避需要中国传统伦理思想实现创造性转换

现代社会风险的一个显著特点，就是物质的极大繁荣给人们的生活带来了极大的享受和选择的可能，但由于现代社会存在着官僚腐败、政治商品化和消费主义风潮，使得人的精神世界经常会受到物质的诱惑而发生扭曲，由此造成道德失范及权利泛化和社会价值观冲突。作为一个发展中大国，我国社会风险的产生既有普遍性，又有与国情相适应的特殊性。我国社会风险的价值根源在于，由于当前正处在传统农业社会向现代工业社会、由计划经济到市场经济的双重转型过程中，经济利益在社会生活中凸显，而中国现行核心价值体系又尚未完全确立，使得信仰缺失、信任不足等价值问题凸显，因此实现中国传统伦理思想的创造性转换，构建社会主义核心价值体系，才能从根本上寻求规避社会风险的出路。

"信仰和信念是一个党、一个民族、一个国家的精神支柱和道德选择的坐标，信仰赋予人类的行为超越现实的理想品格，它是引导着价值创造源头的精神机制，是对人格尊严的肯定。"① 信仰是行为选择的价值坐标，它为人生指明了奋斗目标和有价值的生活方式，是人生不可缺少的精神支柱。当前，在我国信仰缺失和动摇主要表现在：一是集体主义和社会主义道德下降，有些人一切向钱看，不讲信用，不讲集体，不讲职责，不讲道义；二是主导意识淡漠，精神状态麻木，有些人不关心党和国家大事，不关心世界局势及发展；三是腐败之风蔓延，一部分共产党人丧失理想信念，沉迷于享受改革开放成果，违背了为人民服务意愿。对此，我们必须通过中国传统伦理思想的价值导向功能进行匡正，进而帮助人们树立正确的理想和信念。

作为一种社会资本，社会信任和物质资本、人力资本共同决定了一个国家的经济增长和社会进步。社会信任不仅使人获得安全感，消除或者减少人与人之间的交往障碍，降低交往成本，避免或减少道德冷漠，提高人们生活的幸福指数，还能提高经济效率，提升政府绩效和治理水平。然而，当前我国所出现的信任危机主要表现为民众对公共权力的失信和人与人之间的不信任。这种社会信任的缺失既会严重削弱经济内需的拉动力，极大地影响社会经济健康有序的发展，也会造成政府公信力下降，严重削弱政府执政的社会基础，容易产生社会危机。想要重塑这个社会公信力，离不开社会核心价值观所提供的价值导向，也离不开社会核心价值为我们所提供的道德行为规范准备与要求，因此，在对中国传统伦理思想进行重构时不仅需要深入挖掘其潜在能量，还要为其注入新的元素，在原有基础上加以创新变革。

---

① 刘丽蓉：《论道德信仰的缺失与重建》，《嘉应学院学报》（哲学社会科学版）2006 年第 8 期，第 50—54 页。

四、文化视阈中的中国传统伦理思想转换必然性①

中国的改革是经济先行，改革开放三十多年来，中国的经济发展取得了举世瞩目的成就，然而，随着社会转型期的中国碎片化和物质化日趋严重，文化认同感和文化凝聚力却在逐渐减弱。诉诸个体利益追求的市场经济那只"看不见的手"一度被认为是推动社会经济发展的根本，但对于一个国家的长远发展而言，沉淀于个体和民族灵魂内部的"无形的心"，才是民族历史前进的真正动力。当代中国文化由改革开放以前的近乎一元的文化存在、发展状态，变迁为现在的多元文化共存的文化状态，从而形成了文化生态的新格局，使中国传统伦理思想的转换和变迁成为必由之路。

（一）当代中国文化生态新格局的形成

"'文化生态'的概念最早是由美国人类学家斯图尔德在其《文化变迁的理论》一书中提出的，意在说明文化的进化就是文化对生态环境的适应过程，具体的文化形式是与具体的生态环境相融合的结果。"② 本书所述的文化生态与之并不尽相同，而是"指在一定历史时期、一定社会文化大系统内部诸文化形态之间的相互联系、相互影响、相互制约的方式和状态"，③ 也就是借用生态学的方法，把文化生态看做了一个类似于生态系统的体系，认为文化生态是在各种文化形态相互作用与影响下而形成的一个动态的系统。良好有序的文化生态系统，是不断推进社会主义先进文化建设的强有力保证。根据不同文化形态所折射出的具体文化表现形式，一个国家的文化生态主要是由主

---

① 姚小玲、张越：《当前中国文化建设中的文化生态维度分析》，《北京航空航天大学》（社会科学版）2012 年第 6 期。

② ［美］史徒华著，张恭启译：《文化变迁的理论》，远流出版事业股份有限公司 1989 年版，第 49—50 页。

③ 孙卫卫：《文化生态与先进文化的发展》，《理论探索》2004 年第 3 期。

流文化、精英文化和大众文化构成的。

主流文化是以社会政治话语为核心，代表着国家意志的一种文化形态。它为一个国家文化生态系统发展和繁荣指引了方向，同时也提供了相应的价值准则和要求，把所有的社会成员当作受众。在当代中国，马克思主义无疑是社会主义文化建设的主流意识形态，而社会主义和谐社会的主流文化正是以马克思主义为指导的中国特色社会主义先进文化。这种主流文化的确立，一方面会促进社会共同价值观念和民族共同心理的形成，同时也对维护社会稳定，协调经济发展产生积极的作用。

精英文化是以社会人文话语为核心，代表着高雅文化的一种文化形态。它是由社会杰出的知识分子创造的文化，具有很强的专业性和高雅性，是以受教育程度较高或文化素养较高的人员为受众。它对现实具有前瞻性与超越性，预示着社会前进发展的价值趋向，正因如此，精英文化很容易会受到统治阶级的青睐，进而被转化为主流文化，从而对整个社会的发展产生指导作用。

大众文化是以社会市井话语为核心，代表着市民文化的一种文化形态。它是由普通的人民群众在日常生活中所创造出来的，具有世俗性、娱乐性、商业性等特点，以普通的百姓为受众。大众文化既体现了人民大众中多数人的一种普遍精神诉求，同时也深刻地影响着人们的社会认知，它的兴起标志着大众自我权利意识的崛起，这既是由以信息技术为核心的大众传播方式所决定的，也是由社会主义文化建设的价值目标所规定的。

（二）中国文化生态的优化需要中国传统伦理思想实现创造性转换

主流文化、精英文化和大众文化是文化生态的构成要素，它们虽各自以不同群体的话语为核心，具备不同的社会功能，但又具有一种既相互制约又相互依存的关系，正是在这种制衡关系中，三者又共同推进了文化生态的发展。但近年来，由于三者的发展呈现出不均衡态势，从而使它们之间的矛盾冲突愈演愈烈，因此我们需要通过对中国传统伦理思想进行创造性转换构建出新的社会核心价值体系以平衡调节这种失衡状态。

当前中国文化生态内部要素冲突主要体现在三个方面。其一是主流文化和大众文化的矛盾。主流文化作为以社会政治话语为核心的文化形态，那么其诉求于意识形态和追求实效的愿望就必然强烈，因而，在实际生活中，主流文化往往表现出一种强势和主导的姿态，而这必然与追求娱乐和彰显个性的大众文化产生冲突，在现代社会，社会成员的权利逐步得到认可与确立，过往只有少数人才能掌握的话语权而今已为人民大众所掌握，所以一元化主导意识形态和多元化的价值取向诉求就产生了矛盾。其二是主流文化和精英文化的矛盾。主流文化的强势和主导姿态同样会引起以追求真理和学理的精英文化的不满。虽然精英文化和主流文化都具有高度的文化自觉，旨趣高雅，但是，精英文化不以功利诉求为目的的特性就说明了它是想要通过一种单纯的文化方式来彰显自己的文化理想，而绝不是想要被任何一种文化所左右。其三是精英文化和大众文化的矛盾。对于精英文化和大众文化这两种文化形态来说，虽然他们都很注重个体的权利，但是，本质上精英文化所追寻的是一种超越，而大众文化所追寻的是一种还原，这样相反的追寻路程也决定了这两者之间的矛盾冲突并不是空穴来风，精英文化追寻的超越性就彰显了它的前瞻性、高雅性特质，而大众文化所追寻的还原性则是彰显了它的自在性、通俗性特质。

在当代中国，作为整体的文化生态早已不再是处于一个封闭孤立的环境之中，而是置身于全球化、市场化、信息化及现代化的一个全新的环境中，因此与不同的文化进行碰撞与冲突已成为不可避免的事实，在这个交融的过程中，当前中国文化生态同时面临着外来文化与传统文化所带来的双重挑战，因此，必须构建起新的社会核心价值体系才能实现当前文化生态的优化。

当前文化生态与外部环境的冲突主要体现在两个方面。其一是外来文化对当前文化生态的挑战。近年来，随着改革开放的推进，各国文化交流日渐频繁，"外来文化在人们毫无防备的情况下蜂拥而至，尤其是在市场经济和全球化热浪的推动下，外来文化已经演变成了文化产品，资本逻辑所要求的以创造尽可能多的剩余价值为目标，效率优先的原则，使被产业化和商品化的文化改造的越发适应大众胃口，同时以惊人的速度传播，如今这种文化产品已经以信息、通信方式、品牌产品、金融服务、媒体产品、交通、休闲服务等形式遍布各处。"① 同时，由于外来文化与中国主流意识形态又存在着的显著差异，这就导致当前中国文化生态格局产生了主流文化弱化、精英文化衰退、大众文化异军突起的新局面。其二是传统文化对当前文化生态的影响。近代以来，中国文化一直都未能很好地完成从传统向现代的转型，当前许多观念并不完全适应全球化、市场化、现代化，一些封建残余思想仍没有完全被清除，它们仍在以不同的方式腐蚀当前中国的文化生态，无论大众文化抑或精英文化，都应对此有所警觉。"如一些'算命'、'看风水'等封建迷信活动在当前社会，尤其是在普通大众中依然非常流行。再如当前在文化保守主义思想影响下，'儒化中国'、'儒家社会主义'等思潮正悄然出现，儒学论者们把儒学说成指导人类现代化的唯一'圣道'"②。这些都是有违科学，也有失偏颇的。

第二节　社会主义核心价值体系的文化诉求

价值观是一个社会的文化内核所在，价值观的指向决定了这个社会文化发展的方向与趋势，同时，社会中延续传播已久的传统文化也为社会成员价值观的形成与发展提供土壤和养料。社会主义核心价值体系既反映了当代中国社会与时代发展的现实需求，同时，也应以其正确而科学的文化诉求，在社会主义文化建设中，起到应有的协调与引领作用。

---

① ［英］拉什、卢瑞：《全球文化工业：物的媒介化》，社会科学文献出版社 2010 年版，第 6—7 页。
② 刘灿：《建设社会主义核心价值体系的文化生态分析》，《精神文明建设》2011 年第 9 期，第 52—54 页。

一、社会主义核心价值体系文化诉求的民族性

民族国家，是构成当代国际社会的核心组成要素。我们知道，意识形态本身是一种价值取向的外在表现，是一种思维方式的体现，是一种主要思想观念的彰显。意识形态以民族国家为基本单位，通过民族国家的主要特征具体体现出来。因此，意识形态具有鲜明的民族性特性，具体来说，可以理解为具有相近或相似的价值取向或意识形态的不同的民族国家之间，民族差异性会体现得淋漓尽致。而对于民族国家范围内来说，大多数的国家本身就是一个多民族的国家，不同的民族之间，无论是宗教信仰、价值取向、文化习俗、生活方式等方方面面都具有巨大的内在差异性。所以，一个国家内部也存在着意识形态和文化的多元化发展趋势。中共中央政治局常委李长春曾在《求是》上发表文章，强调当代中国在关于文化发展这一问题上首先要"正确认识和处理人民群众基本文化需求与多样化、多层次、多方面文化需求的关系"①。"对于一个民族国家而言，尽管文化上呈现为多层次、多样化的特征，但是，一个国家的存在和发展总是需要一个强有力的核心价值体系的支撑。"② 在此基础之上，我们可以这样理解，即社会主义核心价值体系彰显着人民大众最基本的文化诉求，它的建构具有鲜明的民族特色，这是历史和时代的必然选择。

从学理层面来看，社会主义核心价值体系文化诉求的民族性，就是指社会主义核心价值体系本身具有中国特色社会主义国家的民族性。从一定意义上说，只有具有了这样的民族性本质特征，才使得社会主义核心价值体系能够充分反映出各个民族人民的根本利益，从而得到各族人民的一致认同，成为民族大家庭的共同精神财富。这就要求我们必须要全面地、科学地、系统地认识传统文化，批判地继承传

---

① 李长春：《正确认识和处理文化建设发展中的若干重大关系努力探索中国特色社会主义文化发展道路》，《求是》2010 年第 6 期。

② 吴潜涛：《社会主义核心价值体系的科学内涵》，《道德与文明》2007 年第 1 期。

统价值观中的优秀文化遗产和宝藏。基于此，我们首先要肃清长久以来根深蒂固影响我们的"西方文化中心论"，坚决反对民族文化的虚无主义倾向。有些人认为，只有西方的资本主义文化才是最先进的、最科学的，比如说，对西方的价值观，有些人认为应该完全的照搬与模仿，有人曾经明确主张"全盘西化"，很显然，这些错误的认识对于建构社会主义核心价值体系都是极为有害的。

从文化的功能性层面来看，想要充分发挥社会主义核心价值体系的作用，需要借助传统的、民族的方式来发挥。我们每一个人，都是这个社会共同体中的一分子，都有着属于自己的价值规范和认知，这种价值规范和认知恰恰是以意识形态的架构而得以充分彰显。"有学者将文化价值分为三种类型，即处理人与物之间关系的基础价值、处理人与人、人与群体、人与民族和国家之间关系的具有较强伦理色彩的中间价值和表达人与神之间关系的终极价值。"① 从这个角度出发，我们此处所研究和关注的社会主义核心价值，就属于这三种类型中所提到的中间价值，也就是说，我们所关注的文化价值的重点，是人与人、人与群体、人与民族和国家之间的关系。正因为我们的关注点在于人与人之间、人与民族、国家之间关系的价值准则，我们独具特色的民族区域样态才能充分得以表现。通常，文化价值的特殊性首先表现为民族样态，与此同时，也表现为地域样态。因此，现实中即使是具有普适价值功能的文化价值也往往具有十分鲜明的民族标记与特点，而中国特色社会主义核心价值体系文化诉求的民族性，正是充分地彰显了这种文化价值的民族标记与特征。

自 20 世纪初以来，学者们开始普遍地关注文化的功能和作用。美国哈佛大学经济历史学家戴维·兰德斯曾在提到马克斯·韦伯的观点时引证道："如果说我们能从经济发展史学到什么，那就是文化使局面几乎完全不一样。"② 众多的学者们都充分关注着文化对经济社会发

---

① 朱大可：《文化价值及其民族样态》，《文化研究》2010 年第 6 期，第 114—117 页。

② ［美］塞缪尔·亨廷顿、劳伦斯·哈里森著，程克雄译：《文化的重要作用》，新华出版社 2002 年版，第 27 页。

展的作用这一重要问题。哈佛大学工商管理学教授迈克尔·波特在讨论价值观、信念、态度等传统文化观念对经济繁荣的影响时讲到："实际上，同样的文化属性，在不同的社会中，甚至是在同一个社会的不同时期中，对于经济进步而言，可能具有很不相同的意义。"① 基于此，我们应该理智地、清醒地认识到文化所具有的强大功能和发挥的重要作用，认识到价值体系的民族性和独特性，对此，文化研究学者们充分证实了文化对经济社会发展具有举足轻重的作用。德国著名学者哈贝马斯清醒地看到了文化本身对于一个民族国家的重要作用，他谈道："借助于民族观念，国家成员超越了对于村落和家庭、地域和王朝的天生的忠诚，建立起了一种新型的集体认同。一个'民族'可以从他们共同的出生、语言和历史中找到其自身的特征，这就是'民族精神'；而一个民族的文化符号体系建立了一种多少带有想象特点的同一性，并由此而让居住在一定国土范围内的民众意识到他们的共同属性。……正是一个'民族'的符号结构使得现代国家成为了民族国家。"② 据此可知，一个具有民族性特色的文化系统，不仅对经济社会发展有着重大的作用，同时，它还推动着现代国家走向民族国家。中国特色社会主义核心价值体系，不仅是社会主义政治建设的基本导向性规范，也是社会主义市场经济持续、稳定、健康发展的根本保证，它是当今中国文化符号的一个重要子系统，因此，我们必须将社会主义核心价值体系根植于传统中国文化的沃土之中，彰显其鲜明的民族特色。

二、社会主义核心价值体系文化诉求的时代性

中国共产党人在建设中国特色社会主义的道路上不断探索，在不断总结社会主义国家建设过程中的经验和教训基础之上，不断升华对

---

① ［美］塞缪尔·亨廷顿、劳伦斯·哈里森著，程克雄译：《文化的重要作用》，新华出版社 2002 年版，第 27 页。

② ［德］尤尔根·哈贝马斯著，曹卫东译：《后民族结构》，上海人民出版社 2002 年版，第 76—77 页。

社会主义的认识，逐渐形成了社会主义核心价值体系。社会主义核心价值体系具有深厚的时代性特点，是对社会主义理论不断发展的具体成果。我们谈论社会主义核心价值体系，并不是简单的理论探讨，而是主要着眼于当下中国社会主义建设的具体实践，因而，具有很强的实践性。

当今中国社会处于深度发展和转型的关键时期，无论是社会的意识形态、人们的思想和生活方式还是社会本身的结构都处于激烈的变化时期。人们的思想观念，伴随着社会经济体制的变化，也在不断地变化着，与此同时，悄然发生变化的还有影响人们行为的意识和思维。文化价值具有民族样态、地域样态和时代样态三种形式，不同的历史时期，拥有着不同的表达符号系统，但这些系统之间并非毫无关联，而是有着其特殊的时间规则。一方面，是对原有符号加以扩充或加以限定，这样之前的意识形态符号系统中就会注入许多新的内容，如在"核心价值"后边加上了"体系"，在"社会主义"之前加上了"中国特色"等；另一方面，在对原有意识形态的传承和借鉴基础之上，根据时代的变迁和发展，原有的一些核心概念也会被重新定义和解释，从而被赋予新的时代内容和含义。如当代我们对"马克思主义指导思想"的解释，已经不再拘泥于改革开放之前，将马克思主义作为生硬的教条来对待，而是把它作为社会主义的旗帜，坚持其立场、观点和方法。事实上，马克思主义并没有具体的就"如何建设社会主义、如何发展社会主义"进行深入的理论探讨，我们当今所坚持的是同中国具体实践相结合的中国化的马克思主义。一个国家从一种社会结构转向另一种社会结构，从社会经济发展的一个阶段转入另一个阶段，就是我们通常所说的"转型"。学界普遍认为，当代的中国正是处于这样的一个转型时期。一般来说，任何处于转型期的社会，都会面对更多的社会问题，面对更多的社会诱惑，面对更多的社会抉择。阿根廷学者马里亚诺·格龙多纳谈道："如果该国抵制住了这种诱惑，它就会实现发展；否则，它就只会繁荣一时。"① 这个问题，在中国同

---

① ［美］塞缪尔·亨廷顿、劳伦斯·哈里森著，程克雄译：《文化的重要作用》，新华出版社 2002 年版，第 80 页。

样也不可避免，随着改革的深入发展，人们生活水平逐渐提高，面对种种的诱惑和抉择，各种社会问题层出不穷。"如果借用著名经济史学家波兰尼的'双向运动'理论来分析中国的社会经济变迁与国家重建问题，我们会更为直观地认识到这个问题所在。所谓双向运动是指市场经济的发展必然伴随着两种相反的运动：市场化运动和社会自我保护运动。"① 具体到当前中国所面临的一系列社会问题，我们可以这样理解，在国家转型过程中，国家要承担双方面的责任，一方面，要保护市场经济的健康稳定有序发展，另一方面又要杜绝或缩小市场经济发展过程中所带来的各种社会问题。在这种情况下，国家的发展迫切需要一个清晰的、透彻的、有针对性的，兼具时代特点和民族特点的发展思路，社会主义核心价值体系正是在这种情况下应运而生。

价值观通常分为两类，一类是无我的，一类是功利的。无我的价值观是指个体不计个人得失而遵循的价值取向，如爱国主义。而功利的价值观则是在利益驱动下才遵循的价值观，如金钱观、利益观等。"价值观"是引导人们行为的一个标尺和准绳，人们在一定情形下所作出的行为选择正是依赖于价值观，任何一个国家和民族都理应拥有能够帮助自己作出正确决策，帮助自己规避诱惑，帮助自己塑造行为的价值观，只有这样才能保证国家与社会健康、有序、安定、发展。通常，对一个社会能产生深远影响力的、能够推动社会经济持续发展的价值观应该是无我的价值观，而不是功利的价值观。但是，我们说推动国家与社会发展的价值观不能是功利的，不能以经济利益为终极追求，但是也并不是说我们要完全地反对追求经济利益的价值观，而是要准确地把握好与经济的亲进度。价值观的选择和确定归根结底是一个文化问题，文化是造成经济发展差距的重要原因之一。

一个国家的核心价值观是这个国家得以持续发展的根本动力和源泉，究其本质来说，一个国家的长治久安理应同时需要无我的和功利的价值观，二者之间并不矛盾，他们共同构成一个国家的核心价值体系。这两者都具有很强的时代性特征，经济社会的发展，既有赖于人

---

① 马俊：《经济、社会变迁与国家重建：改革以来的中国》，《政治学（中国人民大学图书资料中心）》2010 年第 5 期，第 3—31 页。

们无我的价值追求为基石，也有赖于对于经济利益的渴求为动力。李长春就中国文化发展提出了处理好十大关系，"即正确认识和处理人民群众基本文化需求与多样化、多层次、多方面文化需求的关系；正确认识'两种属性'、'两个效益'的关系；正确认识弘扬主旋律与提倡多样化的关系；正确认识和处理改革创新与加快发展的关系；正确认识和处理文化与经济的关系；正确认识和处理发挥政府作用与调动全社会力量参与文化建设的关系；正确认识和处理民族文化与外来文化的关系；正确认识和处理促进繁荣与加强管理的关系；正确认识文化与科技的关系；正确处理充分调动广大文化工作者积极性与培养造就大批文化领域创新型、复合型、外向型、科技型等新型人才的关系。"① 这"十大关系"的提出，为我们解决好无我的价值观和功利的价值观之间的关系提供了良好的参照标准，也为解决当前困扰中国社会经济发展的一系列问题提供了良好的理论依据，凸显了社会主义核心价值体系的时代性文化诉求。

三、社会主义核心价值体系文化诉求的群众性

马克思在《〈黑格尔法哲学批判〉导言》中说："理论一经掌握群众，就会变成巨大的物质力量。"② 价值观是人们价值观念、思想的总和，人们的观念、思想、理论等共同构成人们的价值体系。想要真正发挥价值观的指导作用，需要真正地将价值观念内化为具体个体社会成员的具体行为准则，使其真正指导个体社会成员的行为。社会主义核心价值体系想要永葆持久生命力，就需要真正地融入人民群众之中，为群众所认可和接受，也就是说社会主义核心价值观必须具有群众性。

第一，国家所主导的意识形态需要具有深厚的群众基础，这是维

---

① 李长春：《正确认识和处理文化建设发展中的若干重大关系努力探索中国特色社会主义文化发展道路》，《求是》2010 年第 6 期。

② 《马克思恩格斯选集》第 1 卷，人民出版社 1995 年版，第 9 页。

持国家长期繁荣和发展的关键。社会主义核心价值体系需要具备一种社会引领功能，即能够引领社会个体自觉约束自我行为，提升道德能力。通过社会成员自发的，主动的共同认可和遵循的一种内在的价值观，从而实现其在日常行为中，特别是在从事相应的社会经济活动时，能够遵循良好的经济秩序，使经济生活和经济发展成为一种有道德的现象。之所以强调在社会经济生活中的道德性，是因为在经济活动中，人们更容易为各种诱惑所驱使，进而作出不利于社会发展的行为举动。人们个体利益的满足不能以牺牲国家和群体利益为条件，因此我们需要凝聚一种社会共识，只有当人们的道德水平普遍提高，内在认知得以改变，个体行为才能有根本改观。社会主义核心价值体系是凝聚当代国人的价值共识的价值体系，就必须拥有国人的认同与认可，因此，我们说社会主义核心价值体系的文化诉求应当具有群众性，这是它健康发展的前提和基础。

第二，社会主义核心价值体系本质上代表着广大人民群众的价值诉求，其本身具有坚实的群众性。道格拉斯·诺斯谈到："意识形态具备以下特征：第一，意识形态是个人与其环境达成协议的一种节约费用的工具，它以世界观的形式简化了决策过程；第二，意识形态是与个人所领悟的道德伦理标准缠绕在一起的；第三，个人的经验和意识形态的差异由一个积累的过程，个人总是在寻找一种与自己的经验相一致的解释。"[1] 通过诺斯关于意识形态特征的分析，我们可知，意识形态是具有个体性的，在相似的环境和情形之下，个体的意识形态具有相似性，在这个层面上，意识形态的群众性显而易见。在他看来，世界是错综复杂的，而人的理性又非常有限，如此，人们需要借助意识形态来辨析周围世界的公平性，这就需要给大众建立一种能够达成共识的价值体系，以维持世界的有序运转。社会主义核心价值体系，是中国广大人民群众在具体实践中自发形成的社会共同心理与共识，人们通过共同认可的价值观来辨析这个社会，因此，我们说社会主义核心价值体系具有群众性特点。

---

① ［美］道格拉斯·诺斯著，陈郁、罗华平等译：《经济史中的结构与变迁》，上海三联书店 1994 年版，第 53—54 页。

　　第三，社会主义核心价值体系的建立可以有效帮助个体作出相应的道德评价，因而群众性是其文化诉求。个体意识形态具有相对稳定性，它已经形成便很难改变，通常来说，个体意识形态的变迁要比社会结构的变迁晚一些，同时，个体意识形态信念也能在一定程度上减少个体的机会主义行为。社会主义核心价值体系的构建是当代中国社会主义意识形态建设的核心，同改革开放前的社会意识形态相比，当今中国的核心价值观念更加关心作为社会个体成员的理念、价值取向、经验和认知成分；更加关心社会成员之间的关联和民族国家的意识形态；更加关心社会成员的根本文化诉求，这些特征都鲜明地体现了社会主义核心价值体系的群众性特征。针对满足当前人民群众的多层次、多元化、多门类的要求，文化建设相较于经济效益，更侧重于社会效益，更侧重于对个体道德行为和价值判断的引导，并特别强调弘扬社会主旋律，主张社会主义文化要贴近实际、贴近生活、贴近群众。

　　社会主义核心价值体系是一个完整的、有机的统一体，随着社会主义改革开放的不断深化，人们对社会主义的认识不断深入。社会主义核心价值体系作为社会主义意识形态主体的核心体系，将不断地推进与发展，而民族性、时代性和群众性特征则是其生命力的根本动力与保证。

第三节　中国传统伦理思想与社会主义核心价值体系的共生互构

　　全面推进社会主义核心价值体系建设，使其成为全党全国各族人民团结奋斗的共同思想道德基础，是党和国家的重大战略决策，深刻体现了社会主义核心价值体系在中国特色社会主义建设特别是文化建设中的首要地位，而此过程中，中国传统伦理思想所凝结的终极信仰、理想信念、价值资源和底线伦理，是社会主义核心价值体系构建不可或缺的文化资源，更是中国传统伦理思想得以转换重生、社会主义核心价值体系赖以普及完善的要义所在。

一、终极信仰层面的共生互构

中国传统伦理思想与社会主义核心价值体系的一个重要的共同之处，就是它们都对人性充满着信心，因而对抽象的"人"充满了尊重，中国传统伦理思想重视人的价值所在，强调人的内在超越性，社会主义核心价值体系把马克思主义作为指导思想，同马克思主义的"人学"立场保持一致，强调人的全面协调发展，两者在本质上有一种精神的相通性。正是通过这种内在的终极信仰层面的关联性，中国传统伦理思想和社会主义核心价值体系形成了一个共生互构的机制，中国传统伦理思想所蕴含的人道主义观念，为社会主义核心价值体系蕴含的以人为本精神实质提供了坚实的价值基础，而社会主义核心价值体系的精神内涵本身也是对中国传统伦理思想的传承与发展。

（一）中国传统伦理思想的人道观念

儒家文化是中国传统伦理思想的核心组成部分。儒家学说对人的生命充满敬重，对人性充满信心，对人的命运充满关注，可谓包含着深厚的人道主义价值观念。我们可以通过儒家"人为贵"这样的理念，通过孔子提出的"仁"的概念、孟子提出的人性本善的观念，以及通过儒家在"致用"层面的一些主张，看到中国传统伦理思想中的人道观念。可以说，"人为贵"是儒家最为基本的人道主义原则。这一原则认为：在世界万物中，人的生命与生活具有最高的价值，必须加以充分尊重和保障。肯定"人为贵"，实际上就是肯定人的价值，为把人作为最终的目的、最高的意义的人道主义体系建立了基础。

先秦时期，是儒家人道观念的初步形成时期。早在儒家学说形成之初，就已经确立了"人为贵"的原则。《尚书·泰誓》中有"惟天地，万物父母；惟人，万物之灵"之句，《孔子家语·六本》中有"天生万物，惟人为贵"之说，《大戴礼记·曾子大孝》中有"天之所生，地之所养，人为大矣"的说法。"仁"是孔子学说的核心范畴，他曾在多种语境之下谈到"仁"，并把"爱人"作为仁的根本含义，

《论语·颜渊》中记载"樊迟问仁。子曰：爱人。"这里所谈到的仁是指发自内心地对他人的怜悯与关注，蕴含着浓厚的人道观念，孔子借用仁的范畴来建立自己的学说，使仁与人密切联系起来。孟子提出了人性本善的命题，继而对孔子仁的学说发扬光大，认为仁之初是每个人先天都具有的一种内在情感——恻隐之心，也就是"不忍人之心"，这是人性的源泉所在，如能将这一善端扩大就可形成仁德，而这也正是社会政治秩序——仁政的基础。荀子关于人性的理论并没有止于个体的人性，而是认为人的存在方式是群，荀子说："力不若牛，走不若马，而牛马为用，何也？曰人能群，彼不能群也。"① 荀子认为个人的本性是欲，人类的本质是群，因此，应当以礼为人道的最高原则，并且摄法入礼，让礼成为法律与伦理的总纲。荀子希望以礼为人道之极，通过外在的社会规范对本恶的人性加以约束，他认为也正因为人可以用外在的礼制约内在的恶，才凸显了人为贵的价值所在。

东汉时期，佛教开始传入中国，此后儒家人道观念开始同佛道不断地冲突与调和。董仲舒提出天人感应论，指出"天道之大者在阴阳，阳为德，阴为刑，刑主杀而德主生"，"君臣、父子、夫妇之义，皆取诸阴阳之道"②，他将儒学神化，以此论证封建统治是出自天意的。正是为了解救儒学神化的危机，人们开始把目光转向道家。王充指出"夫天道自然也，无为；如谴告人，是有为，非自然也"③，即天道无为而人道有为，两者并不是同类，所以根本不能互相感应。援道入儒虽然传承着儒家的人道观念，但也使道家作为儒家的对手而崛起，从而结束了独尊儒术的地位，加之佛学发展迅速，便产生了儒道释三足鼎立的新局面。

宋、元至明，理学家虽然借鉴了佛、道的一些思维方法，但基本立场开始回归纯正的儒学，以仁者情怀实现着对先秦儒家人道观念的超越。理学先驱周敦颐说："二气交感，化生万物，万物生生而无穷

---

① 《荀子·王制》。
② 董仲舒：《春秋繁露·基义》。
③ 王充：《论衡·谴告》。

焉。唯人也得其秀而最灵。"① 理学泰斗朱熹说："以其理言之，则万物一原，固无人物贵贱之殊；以其气而言之，则得其正通者为人，得其偏且塞者为物，是以或贵或贱不能齐也。彼贱而为物者，既格于形气之偏塞而无以充其本体之全者，正在于此。"② 表现出了儒家对于"人为贵"的新认识。相比之下，孔孟之仁较多地关注人际关系和谐方面，而理学之仁则关注到了人与天（自然）的和谐。正因如此，儒家人道观念具有更普遍的意义，由于"天人合一"作为超越物我的境界，需要通过人们的日常生活来实现。于是，儒家的人道观念在关怀现实人生的同时，还赋予了现实人生以精神超越的意义。

明清之际，随着经世致用实学的兴起，一些儒家代表人物在捍卫儒家"人为贵"人道观念的基本立场的过程中，强调"人欲"是实现个体活力的动力，反对"存天理，灭人欲"，认为要有欲而后有为。同时，他们认为命是自然的存在，人的价值并非完全来自仁义道德，也来自人的自然生命本身，因为"终不离人而别有天，终不离欲而别有理也"③，"非气质无以为性，非气质无以见性。"④ 但我们需要认识到，正如整个明清儒学未能完全脱离宋代理学一样，明清时期的人为贵观念主要还是沿袭宋元时期先哲的理解。

（二）以人为本的精神内涵是对传统人道观念的传承和发展

社会主义核心价值体系以马克思主义为指导，其以人为本的精神内涵既与中国传统人道观念在一定范围内承认人民的力量，提出的利民、裕民、养民、惠民、尊民、敬民口号有异曲同工之妙，同时也是依据马克思主义关于"人"的论述来说的。马克思曾经指出，共产主义是真正意义上顺应人性发展规律的社会制度，在共产主义社会中，人的本性得到彰显，在共产主义社会的人才能真正成为"完整的人"。社会主义核心价值体系以人为本的精神内涵可以说在总体上超越了传

---

① 周敦颐：《太极图说》。
② 《大学·或问》。
③ 王夫之：《读四书大全说》卷八。
④ 颜元：《存性编》卷一。

统人道观念的局限性、单调性和低层次性。在社会主义核心价值体系的视域中，以人为本中的人，所指代的不单是人民，还包括那类存在意义上的人、涵盖那些具有独立人格与个性的人，可以说，所有参与到建设中国特色社会主义事业中的人都包括在内。需要注意的是，我们在此所说的人是并没有等级区分的，是摆脱了奴役压迫的人，任何人都有权享有为人的权利。以人为本中的本，在这里是根本的意思，在此强调的是实现最广大人民的根本利益。强调以人为本说明我们对人在社会历史发展过程中的主体地位和发挥的重要作用给予了充分的肯定，这既是一种思维方式，也是一种价值取向，充分彰显着一种人文关怀。在社会主义核心价值体系的视阈中，我们需要明确，当代中华文化传统伦理的重构需要注入以人为本的精神内涵，需要强调的是人的可贵与重要性，必须充分肯定人在整个社会发展中的主体性地位和作用。传统的人道观念是统治者的一种治国安邦之道，它的着力点在于民力。传统人道观念中虽也强调民本思想，但是它所说的以人为本的重心是君主。在传统人道观念的视阈中，君主之所以重视民，究其原因是为了巩固自身的统治地位，而在当代，我们为中华文化传统伦理注入以人为本的精神内涵，强调尊重人、塑造人，强调权为民所用，情为民所系，利为民所谋，正是在马克思"人学理论"指导下，为实现所有人的全面的、自由的发展而作出的不懈努力。

将以人为本的精神内涵汲取到社会主义核心价值体系中来，具有极其重大的理论和现实意义。传统伦理价值体系最大的缺陷就在于没有充分肯定人的中心地位，当前我们为中国传统伦理思想在价值信仰层面注入以人为本的精神内涵，在根本上复原了人应有的居于价值核心地位的位置，而这个问题，也正是我们重构中国传统伦理思想与传统伦理价值体系的一个关键所在。为中国传统伦理思想注入以人为本的精神内涵，是当今中国伦理文化发展的一条主线，这条主线要求我们在日常理论和实践中都要坚定不移地坚持以人为本的价值取向，在不断推动社会发展的基础上，最大限度地实现人的价值诉求。

社会主义是真正意义上实现绝大多数人利益的社会制度，可以说，社会主义从根本上代表着人民的利益和立场，它是一种真正优于资本主义的社会制度。我们所说的坚持以人为本，就是坚持以"人民的利益"为本，以"绝大多数人的根本利益"为本。我们都知道，社会主义的本质就是要实现共同富裕，实现人的自由全面发展。所以说，社会主义核心价值体系的本质就是从人民群众的根本利益出发，以不断满足人民群众日益增长的物质文化需要为目标，让全体人民群众都能享受到发展的成果，让人民群众的政治、经济和文化权益都能得到切实有效的保障。在这个层面上，以人为本就充分体现着社会主义核心价值体系的本质和精髓。

价值基点，是客观反映一个社会基本价值准则的标尺。任何一个稳固的核心价值体系都需要有一个稳定的价值基点做支撑，通过这个价值基点，人们有效获取了一个可以普遍遵守的价值规则，据此，也就形成了一种规范社会发展和人自身的基本价值尺度。我们都知道，人在社会主义社会能够真正实现目的和手段的有机统一，在此，由于人已经不再是单纯的手段，所以，也就具备了成为价值标尺的可能性。中国特色社会主义是全面进步的社会主义，它以促进人的全面自由发展为终极追求目标，现实亦是如此，现阶段，无论是在理论层面，抑或实践层面上，实现人的自由全面发展都已是我国社会主义社会发展的目标。我们把以人为本的价值内核作为社会主义核心价值体系的基点，就是把人作为了我们价值的出发点、立足点和归宿点，将"作为手段的人"转向"作为价值标尺的人"。社会主义核心价值体系以人为本的精神内涵，充分体现着人民群众的价值主体地位，充分体现着共产党人为人民群众谋利益的价值追求，充分体现着人民群众共同富裕的价值理想。

二、理想信念层面的共生互构

无论是以儒家学说为主体的中国传统伦理思想还是社会主义核心价值体系，都是一种基于世俗主义的思想体系，而非宗教神学等神秘主义的思想体系，这就是说，以儒家学说为主体的中华文化传统伦理与社会主义核心价值体系，本质上都对于超越现实世界的神秘世界不感兴趣。然而，这两种属于不同哲学派别的学说又都有着强烈地追求一种超越性的社会价值，尽管两者在追求时各自的逻辑路径有所不同。具体来说，以儒家学说为主体的中国传统伦理思想体系有着对社会和谐的强烈渴望，追求"和合"的社会理想，社会主义核心价值体系的价值理念本质追求的是可持续发展的和谐社会。

（一）中国传统伦理思想丰富了社会主义共同理想价值追求
　　　　体系

和合思想贯穿于中国传统伦理思想的始终，融汇于社会生活的方方面面。天人合一思想作为当今构建社会主义核心价值体系的思想源泉，蕴含着丰富的人与自然和谐统一的思想内容和价值追求。中国传统伦理思想中的天人合一思想，一方面强调人与自然的和谐相处，另一方面还提出了关于保护自然环境的生态伦理思想。这些优秀的中华文化传统伦理思想极大地丰富了当代社会主义共同理想的价值追求体系。

在处理人与人和谐相处的关系方面，中国传统伦理思想主张人与人应该在礼的节制下平等而和谐地相处，强调"爱物"与"物吾与也"的生命平等意识。《论语·学而》记载："礼之用，和为贵。先王之道，斯为美。小大由之，有所不行，知和而和。不以礼节之，亦不可行也。"《论语·颜渊》记载："一日克己复礼，天下归仁焉。"由此可见，孔子主张要想实现"和为贵"需要借助"礼之用"，如若不通过"礼"加以节制，那么很难真正的实现"和"。他还说，"君子和而不同，小人同而不和。"①，可见在孔子眼中，所谓的"和"并非毫无原则的"和"，而是在"和"的基础上依然保持自己的立场与观点。荀子说："和则一，一则多力，多力则强，强则胜物。"② 他认为人与人和谐相处了便能万众一心，众志成城，汇聚多方力量就能够强大从而战胜万物。而道家学派则是教导人们通过不争、不奢、知足来平静自己的内心，从而实现人与人之间的相对和谐。

---

① 《论语·子路》。
② 《荀子·王制》。

　　在处理人与社会和谐相处的关系方面，中国传统伦理思想追求的是"天下大同"的社会和谐状态。道家学派的代表人物老子提出了要构建一个"甘其食，美其服，安其居，乐其俗。"① 的理想社会，也就是一个人民丰衣足食、安居乐业的和谐社会。以孔子、孟子为代表的儒家学派也相应地提出了构建和谐社会的各种设想。其中最著名的就是《礼记·礼运》中关于大同社会的描述："大道之行也，天下为公，选贤与能，讲信修睦。故人不独亲其亲。不独子其子。使老有所终，壮有所用，幼有所长，鳏寡孤独废疾者皆有所养，男有分，女有归。货恶其弃于地也，不必藏己；力恶其不出于身也，不必为己。是故谋闭而不兴，盗窃乱贼而不作，故外户而不闭，是谓大同。"由此，我们可以对儒家所追求的大同社会窥见一斑。

　　在处理人与自然和谐相处的关系上，中国传统伦理思想追求的是"与天地合其德"的宇宙整体观念和"取物以顺时"的环境保护主张。孔子说："智者乐水，仁者乐山。智者动，仁者静。"② 他认为智者从水的流动不息、仁者从山的坚忍不拔中可以获得巨大的启示及无限的乐趣，而这种情感正是来自于人内心的仁爱，充分体现了智者与仁者的宇宙情怀。孟子认为只有认识自然的发展规律，有节制地索取，才会丰衣足食。他说："不违农时，谷不可胜食品也；数罟不入洿池，鱼鳖不可胜食也；斧斤以时入山林，材木不可胜用也。"③

　　在处理人与自我和谐相处的关系上，儒家主张通过人自身身心和谐以保证平和的状态，通过正心、正意、正身来规范自我的行为，通过正确处理欲与理的关系端正自我的欲念。孔子认为："天下有道则见，无道则隐。邦有道，贫且贱焉，耻也；邦无道，富且贵焉，耻也。"④ 也就是说，人们在天下顺应大道时就应表现自己的才能，而天下无大道时就要隐匿自己的才能，在天下顺应大道时贫穷，抑或在天下违大道时富裕都是可耻的。可见，儒家虽然认为个人的发展同天道

---

　　① 《老子·道德经》。
　　② 《论语·雍也》。
　　③ 《孟子·梁惠王上》。
　　④ 《论语·泰伯》。

有密切的联系，但同时也对个人的选择作用给予了充分的肯定，只有实现自我内在和谐才能在生命的选择中作出正确的判断。

（二）社会主义共同理想是对中国传统社会理想的创造和超越

社会理想是一种政治信念和民族精神，是社会全体成员的共同理想，是在整个社会中占主导地位的共同奋斗目标。共同的社会理想，有利于团结整个社会的力量，有利于整合整个社会的资源和创造力，可以为一个民族和社会向前发展提供持续推动力。历史上，各民族的民族理想是不断变动的，随着时代的变迁，所处历史条件、政治、经济环境的不同，民族理想的内容也会发生相应的变化。西方的社会理想著名的有：柏拉图两千多年前提出的理想国、托马斯·莫尔提出的乌托邦、托马斯·康帕内拉提出的太阳城、圣·奥古斯丁提出的上帝之城等，都在当时产生了广泛的社会影响并持续影响至今；而在东方的中国，自古以来就有《礼记·礼运》描述的"大同世界"、老子《道德经》主张的"小国寡民"、陶渊明《桃花源记》构想的"世外桃源"以及众所周知的"小康社会"等。

中国特色社会主义共同理想，坚持走中国特色社会主义道路，坚持中国共产党的领导，以实现中华民族的伟大复兴为目标。它是中华民族对社会主义和谐社会的伟大构想与愿景，是全体中华儿女为之不断奋斗的坚定信念，是整个国家和社会为之不懈努力的政治方向，相较于中华文化传统伦理社会，具有更为深广的内涵。中国特色社会主义共同理想，之所以能够赢得广大人民群众的认可、赞同和拥护，之所以能够沉淀为中华儿女共同的民族心理特征，是因为代表和反映了中国社会最广大人民群众的根本利益。作为一种理念和思想，中国特色社会主义共同理想是随着社会主义实践的发展而不断进行理论创新、与时俱进的。它是我们总结长期历史经验得出的基本结论，既符合中国传统文化对社会理想的追求，又是对中国传统社会理想的超越和创新。

首先，中国特色社会主义共同理想并不是一个单一的个体理想，它是一个包含着多个社会理想要素的综合体。个体构成了社会，社会中大大小小的理想，既有单个人的"理想"，也有关乎全部社会的"理想"。个人理想，体现着个体对自身价值的追求，是单个人对自身理想生活状态的假设与构想。个体生活在社会中，是社会有机的一份子，个人理想就不可能脱离社会理想而孤立存在。实际上，个人对自身学习、工作、生活等方方面面的期待和构想，在某种程度上，都是以一定的社会政治、经济、文化环境为背景的，并且受制于其。所以，个体理想的定位以及最终的实现，都无法脱离对社会理想的理解和把握。一个社会的理想，归根结底，是对这个社会发展的终极理想状态的展望和构想，我们说中国特色社会主义理想是一种社会理想的存在，是因为它是一种关乎未来中国社会主义和谐社会的发展状态的"理想"。在某种意义上，它对个人理想具有整合的作用，因为它本身就是众多的个体理想寄托和来源。个体理想也只有升华为社会理想，才会有深厚的社会基础和持久的生命力，才会更深刻、更富有意义。

中国特色社会主义共同理想的内容是极为丰富的。其一，它把社会各个方面的理想状态都包含在内，涉及政治、经济、文化、日常生活等，把社会生活发展状态的各个方面都综合地体现出来。其二，它把理想和信念统一在了一起，从而构成了共同的"理想信念"。我们都知道，理想和信念是密不可分、相辅相成的。信念是对理想的支持，脱离了信念的理想不过是无本之木、无源之水，是不可能实现的空中楼阁。信念支持理想，理想引领信念，二者相辅相成，缺一不可。其三，它明确了追求和实现理想目标的道路和方式方法，而非仅仅提出理想目标本身。中国特色社会主义理想，坚持中国共产党的领导，坚持中国特色社会主义道路。它为中国社会主义建设指明了方向，鲜明地阐释了实现中国特色社会主义共同理想的具体过程。

其次，中国特色社会主义共同理想并不是一个一蹴而就的理想，它是一个具体的阶段性理想。共产主义理想的实现，需要一个漫长而艰辛的过程，这个过程由一系列阶段性理想构成。与共产主义相比，阶段性理想更加具体，是一定时期内可以实现的，是比较切近的理想目标，因此可以作为一定历史时期内的社会理想来更好地团结和激励民众。中国特色社会主义共同理想提出：在21世纪头20年，全面建成小康社会，再经过几十年奋斗，到21世纪中叶基本实现现代化，把我国建设成为富强、民主、文明、和谐的社会主义国家。这是一个务实可行的目标，极大地激发着全国各族人民的奋斗热情。但是，我们要清醒地认识到，这一"阶段性"理想的实现，只是目标的阶段性完成，是"中场休息"。中国特色社会主义事业仍将也必将继续向下一个目标推进，中国特色社会主义共同理想将不断地丰富和完善新的目标和内容，中华民族探索中国特色社会主义的道路还将继续不断延伸。

最后，中国特色社会主义共同理想是广大人民群众所认同和追求的共同理想。在一个多元化的社会里，有各种各样的单位、机关、团体，可能会出现各种各样不同的理想。中国特色社会主义理想之所以能成为共同理想，之所以可以为广大人民群众所认同、接受和拥护，就是因为它不是个别人、少数人或个别单位、机关、团体的利益和愿景，它深切地反映和代表着中国社会最广大人民群众的根本利益。

在此，我们需要强调的是，中国特色社会主义共同理想并不会因为它所具有的整体性、普遍性、广泛性和包容性，而丧失它的本质规定性，与此相反，它的本质规定性是极为明确的。中国特色社会主义共同理想，是在当代特定的历史条件下提出的具有中国特色的社会主义理想信念。它立足于中国人民渴望民族复兴的强烈愿望，是符合当代中国社会发展的客观现实需要的。我们清醒地自知，只有社会主义才能救中国，只有中国特色社会主义才能发展中国。中华民族要实现伟大复兴，只能选择社会主义制度。因此，任何的抛开社会主义前景而孤立地谈论中华民族伟大复兴都是苍白无力的。

三、价值资源层面的共生互构

建设中国特色的社会主义，实现中华民族的伟大复兴，是历史和时代赋予中国共产党和全体中国人民最伟大而光荣的使命。想要完成这个神圣的使命，必须有伟大的精神作为支撑和动力。社会主义核心价值体系是在中国传统伦理思想的基础上吸收、凝练、创新而成，其建构紧密依托中国传统伦理思想这一重要的思想宝库，尤其是社会主义核心价值体系中的以爱国主义为核心的民族精神和以改革创新为核心的时代精神，更是直接凝练，借鉴了中国传统伦理思想。可以说，中国传统伦理思想为社会主义核心价值体系提供了丰富的价值观念资源，而民族精神和时代精神则是对中华文化传统伦理的一种全方位的整合和提炼。

（一）中国传统伦理思想为社会主义核心价值体系提供价值资源

文化作为人重要的生存方式，可以说，是人之所以为人的本质性特征。在传统的中华文化之中，有一些思想观念或固有传统，长期受到人们的尊崇，成为人们生活行动的最高指导原则，在历史上起了推动社会发展的作用，成为历史发展的内在思想源泉，这就是中国传统伦理思想。它是民族延续的精神根基，对于当今社会具有理论和实践双重指导和借鉴意义，是中国社会主义核心价值体系建构的资源宝库。

首先，中国传统伦理思想蕴含着丰富的道德资源。中国传统的道德观常常直接地与哲学、政治生活相关联，多采用经验归纳、直接论证等来代替抽象概念的思辨与推理。通常，人们总是把社会的伦理道德标准作为评价个人行为的重要尺度及培养良好道德情操的重要工具，这深刻体现了道德对人的教化功能。《周易》中记载了大量维系当时社会秩序的道德观念和规范，如"人道恶盈而好谦"，"君子以制数度，议德行"，"谦，亨，君子有终"等都被视为是君子的善德。孟子指出："人之有道也，饱食暖衣，逸居而无教，则近于禽兽。圣人有忧之，使契为司徒，教以人伦：父子有亲，群臣有义，夫妇有别，长幼有序，朋友有信。"这就是儒家思想中最有名的"五伦"，在此基础上，董仲舒又进一步发展出了维系整个中国古代社会统治和伦理秩序根基的"三纲五常"。可以说，三纲五常作为古代社会最主要的伦理关系，充分体现了儒家注重道德修养与实践的特征，也反映了道德对人与社会的规范作用，对中华民族具有深远的影响。

其次，中国传统伦理思想蕴含着丰富的思维资源。我国传统的伦理思维方式十分注重"整体性思维"，这与我国传统的伦理思想所体现的是家庭本位、社会本位的宗法体制思想是具有一脉相承的关系的。孔子提出的"三年无改于父之道"、"父母在，不远游，游必有方"①，就充分地体现了中华文化传统伦理中以"孝"为核心的家本位思想。在我国的传统伦理发展进程中，我们可以清晰地看到，"忠"作为社会的一个重要品质始终与"孝"联系在一起的。如果说"孝"反映的是亲子间的道德关系，那么"忠"所反映的就是君臣间的道德关系。在某种程度上，"忠"这一道德品质可以看作是"孝"的道德品质的延伸，而这也恰恰彰显了个体服从整体的传统道德意识，体现了中华文化传统伦理价值观念中重整体的伦理特质。同时，中华文化传统伦理思维方式还十分注重"内化思维"。也就是说，传统的伦理思维方式善于将社会价值体系由抽象原则内化为个人的信念，再转化为个人的行为特征，在这点上传统的"三纲五常"等具体行为规范就是最充分的证明与体现。

最后，中国传统伦理思想蕴含着丰富的道德修养方法。我国传统文化在道德修养方法方面有着悠久的历史和丰富的经验。从《尚书》的"五教"、"九德"到《周礼》的"六德"、"六行"，再到孔孟所作的阐释和发挥，都是对其的深入探讨。孔子说："德之不修，学之不讲，闻义不能徒，不善不能改"②。在具体的道德修养方法方面，孔子主张向内用功，通过向内反思自省从而提高自我的道德修养。他说："吾日三省吾身，为人谋而不忠乎？与朋友交而不信乎？传不习乎？"③。孟子同样提倡通过反省内求的方法培养提高自身的道德涵养，他提出了"存心"、"寡欲"、"养气"等具体可行的行为方法，直接指导人们的具体道德实践活动。宋元至明时期，古人把提升道德修养又称为"涵养"，并把"养心、存心、正心、诚意、养气、持敬、主静"等道德修养方法，称作涵养功夫。可以说，古人对道德自省及修养方法的探索非常重视，通过将道德理念具体化为道德规范，再由具体的道德规范内化为个体的行为自觉，通过这样的方式加强自我道德培养，提升自我道德素质，从而达到内圣外王的境界。

---

① 《论语·里仁》。

② 《论语·述而》。

③ 《论语·学而》。

（二）民族精神和时代精神是对中国传统伦理思想资源的整合

党的十八大报告指出："文化是民族的血脉，是人民的精神家园。全面建成小康社会，实现中华民族伟大复兴，必须推动社会主义文化大发展大繁荣，兴起社会主义文化建设新高潮，提高国家文化软实力，发挥文化引领风尚、教育人民、服务社会、推动发展的作用。"① 社会主义核心价值体系对民族精神和时代精神的熔炼，正是以此为基础，是在全面认识中华文化传统的基础上，对中国传统伦理思想资源进行全面梳理、整合及提炼。

民族精神是一个民族在历史长期发展中，在共同的生活和社会实践中，所孕育而成的精神样态，包括民族习俗、民族性格、民族宗教等共同特质，是一个民族赖以生存和发展的核心和灵魂。在新的历史条件下，实现中华民族的伟大复兴，需要不断加强社会主义精神文明建设，不断发展社会主义先进文化，不断弘扬中华民族的民族精神。民族精神是为大多数民族成员所认同、接受、具有的思想品质、道德准则和价值取向，是一个民族在长久以来的共同社会生活和实践的基础上所形成的民族共同特质，是该民族的思想、心理、价值观等的集中体现。在中华民族五千年的历史发展中，中华大地饱经自然灾害的破坏和纷飞战火的侵袭，中华民族形成了以爱国主义为核心的团结协作、勤劳勇敢、自强不息、热爱和平的伟大民族精神，这一精神已经深深融入中华民族的血脉之中，成为中华民族的传统美德。从《易经》的"天行健，君子以自强不息"到孟子的"富贵不能淫，贫贱不能移，威武不能屈"，从顾亭林的"天下兴亡，匹夫有责"到"为中华之崛起而读书"，从文天祥的"人生自古谁无死"到林则徐的"岂因祸福避趋之"，无不体现了中华儿女自强不息、勤劳勇敢和热爱国家的道德品质和精神。

党中央提出的"构建社会主义和谐社会"，明确提出要将"和谐"

---

① 《中国共产党第十八次全国代表大会上的报告》，人民出版社 2012 年版，第 30 页。

理念作为建设中国特色社会主义过程中的价值取向，它所体现的和谐思想主要有：其一，个人自身的和谐，养成良好生活习惯、追求强健体魄和健全人格、加强道德修养、真诚勤奋等；其二，人与人之间的和谐，推崇平等友爱、相互帮助、理解宽容、尊重谅解等人际关系中的和谐；其三，社会各系统、各阶层之间的和谐，发扬相互理解、相互合作、相互尊重、互利共赢等能动作用中所体现的社会关系的和谐；其四，倡导节能减排、爱护自然、敬畏自然等精神状态中体现的个人、社会与自然之间的和谐。

时代精神是每一个时代特有的普遍精神实质，是一个时代的人们在社会实践中体现出来的优秀品格和精神面貌，是一种超越个人的、凝聚社会共识的社会意识，它汇聚着一个民族的强大精神动力，激励人们奋发图强。它反映了社会进步的方向、引领时代发展的潮流。一个国家、一个民族时代精神，成为衡量其文明进步的重要标准。时代精神的能动作用从根本上说，取决于它同这个时代潮流的适应程度。随着社会时代的不断变化发展，时代精神也必须发生相应的变化，不断与时俱进。

改革创新是时代精神的核心，是当代中国建设社会主义创新型国家的迫切需要，是落实科学发展观、构建社会主义和谐社会、实现中华民族伟大复兴的重要条件。改革创新的时代精神并非凭空而来，而是根植于数千年中华文化的深厚土壤，是在传统文化的基础上总结提炼出来的。变革精神一直是中华民族宝贵的精神财富。《周易》的"易"有三层含义：变易、不易、简易，其中，变易的思想和方法论贯穿始终。开篇《周易·乾·象》"天行健，君子以自强不息"，古人强调天人合一，从天地周行而不殆的自然节律的周期循环中总结出君子上合于天的行为准则，天地无时无刻不在变动，晨昏寒暑来往不辍，君子在现实生活中也要时刻自强、因时而变。变易的思想贯穿周易，俯拾皆是，比如"时止则止，时行则行，动静不失其时"、"革，去故也；鼎，取薪也"、"穷则变，变则通，通则久"等。易经的卦相也体现了变易的原则，比如错卦、综卦、复卦、杂卦等。由此可见，变易是《周易》的核心观念之一，正如《周易·系辞传》所说"不可为典要，唯变所适"。《周易》作为五经之首，是所有中华文化的根源之一，由此形成了中华文化中特有的对变易的深刻理解和情有独钟，历朝历代英雄豪杰、仁人志士以此作为修齐治平的指导思想和方法论，创造了精彩纷呈、蔚为大观的灿烂文明。正是因为具有变革精神，中华民族才得以一次又一次地革故鼎新、才得以一次又一次地实现跨越式发展。不可否认，这种变革精神是推动中华民族不断发展的根本动力所在。

民族精神和时代精神是置身于历史发展范畴的概念。民族精神是时代精神的根基，时代精神需要从民族精神中汲取养料；时代精神是民族精神在当代的集中体现，时代精神为民族精神的进一步弘扬和发展提供了沃土。时代精神是对民族精神的创造性传承，也是对民族精神的进一步丰富和发展。可以说，以改革创新为核心的时代精神和以爱国主义为核心的民族精神，充分体现了当代中国的"时代要求"和"民族特色"，它们共同构成了社会主义核心价值体系的精髓。

四、底线伦理层面的共生互构

人们的荣辱观属于价值结构的底线伦理层面，是社会的最基本、最底线的道德，它能直接地反映出一个社会的道德准则、规范和价值取向，是人们世界观、人生观、价值观构成的重要组成部分。社会主义荣辱观，可以说是属于共产主义的道德范畴，集中体现着社会主义核心价值观，它为我们提供了基本的道德原则与实质性的道德规范。中国传统伦理思想中包含着深刻的"知荣辱"思想，为社会主义荣辱观的成长提供了深厚的基础与土壤。可以说，中国传统伦理思想中的知耻伦理为社会主义荣辱观的构建提供了内化的条件与支撑，而社会主义荣辱观则是对中国传统伦理思想中知耻伦理的承接和转换。

（一）中国传统知耻伦理为社会主义荣辱观提供了行为规范标准

在中国传统伦理思想中，道德观一直是处于社会核心地位的，而其中很重要的一个内容就是关于是非荣辱的观点。中国传统伦理思想向来就有重视荣辱的价值取向，可以说，这种扬荣抑辱的耻感文化精神，早已深深地融入中国人的血脉之中，提倡"以当荣之事为荣，以当耻之事为耻"的这种文化已成为中国社会，无论精英还是大众都共同认同的基础性伦理价值标准，并千百年来为人们所沿袭。

在中华民族悠久的历史过程中，无数思想家都积极地赋予"荣辱观"深刻的内涵。春秋战国时期，在法家思想深入人心之际，管仲认为"礼、义、廉、耻"是法家思想重要的内容。他指出："国有四，一维绝则倾，二维绝则危，三维绝则覆，四维绝则灭……何谓四维。一曰礼，二曰义，三曰廉，四曰耻，礼不逾节，义不自进，廉不蔽恶，耻不从枉。故不逾节则上位安，不自进则民无巧诈，不蔽恶则行自全，不从枉则邪事不生。"① 管仲认为，礼义廉耻是一个国家不可或缺的四个维度，共同维护着国家的安全。如果缺失了其中一维，国家就会倾斜；若是缺失两维，国家就会有危险；若是缺失三维，国家就会被颠覆；若是四维都不复存在，那么国家自然就要走向灭亡。在管仲看来，"四维"之所以重要，就在于礼能使人守规矩，义能使人公正无私，廉能使人刚正不阿，耻能使人有羞耻之心。这样，在礼义廉耻的约束之下，就能使得统治者的地位得以维护，营造和谐的社会氛围。

先秦儒家的代表孔子，最先提出了以"仁"、"义"为标准的荣辱观。孔子首先强调的是"知荣"，子曰："君子疾没世而名不称焉。"② 这就说明一个人如果要被世人认可、称颂就应该去追求荣誉。同时，孔子对"知耻"也充分重视，认为人应该怀有羞耻之心。儒家的另一位代表人物，"亚圣"孟子同样也以"仁、义、礼、知"为标准表达了自己对"荣辱"的看法。他说："无羞恶之心，非人也；无辞让之心，非人也；无是非之心，非人也。恻隐之心，仁之端也；羞恶之心，义之端也；辞让之心，礼之端也；是非之心，知之端也。"③ 由此可见，在他看来，怜悯伤痛的心，是仁的发端；羞耻憎恶的心，是义的发端；谦辞礼让的心，是礼的发端，辨别是非善恶的心，是智的发端；

---

① 《管子·牧民》。
② 《论语·卫灵公》。
③ 《孟子·公孙丑上》。

一个人有仁义礼智这四端，就如同身上有手足四肢一样。

至后世宋明时期，这种耻感文化更为思想家们所重视。宋明理学的创始人陆九渊说："夫人之患莫大乎无耻，人而无耻，果何以为人哉？"宋代大儒朱熹说："耻者，吾所固有羞恶之心。有之则进于圣贤，失之则入禽兽，故所系甚大。"明代的王守仁在《传习录》中也说道："种书者必培其根，种德者必养其心。"这些大儒先贤的名言无不说明一个道理：知耻是做人的根本，只有知耻才能有所为荣，如果一个人失掉了廉耻之心，那么就如同朱熹所说一样"失之则入禽兽"，同动物一样没有什么区别了。

清朝思想家顾炎武曾援引《五代史·冯道传论》中的论述，曰："礼义廉耻，国之四维；四维不张，国乃灭亡……礼义，治人之大法；廉耻，立人之大节。盖不廉则无所不取，不耻则无所不为。人而如此，则祸败乱亡亦无所不至……然而四者之中，耻尤为要。"龚自珍说："士皆有耻，则国家永远无耻矣；士不知耻，为国之大耻。"这些论述均反映出中华民族自古以来就有着强烈的耻感意识传统，而也正是因为这种意识的存在，激励着中华民族不断地奋勇前进。

中国传统伦理思想中的荣辱观涉及很多种关系，无论义利、公私，抑或美丑、善恶等思想，对我们来说，都是构建社会主义荣辱观的宝贵思想财富，而中国传统伦理思想中知耻伦理的价值取向，则是我们今天构建社会主义荣辱观的最坚实的文化底蕴。

（二）社会主义荣辱观是对传统荣辱观的承接与转换

将传统的道德文化简单地移植到当代社会中是行不通的。这是因为当代社会与传统社会之间是有巨大差异的，当代人和当代生活的诸多方面都是传统道德所从未面临过的，也远远超出了传统道德的解释范围。传统荣辱观形成于特定的历史时期，符合当时的历史条件，但是随着时代的发展、社会条件的变化，不可避免地会与现实社会发生矛盾，因此，需要我们根据现实社会对道德的要求对传统荣辱观进行改造和转换，需要对传统荣辱观进行新的诠释、选择、发展与更新，使其符合时代发展的客观需要。

传统荣辱观的现代承接是一个复杂的文化问题。对传统荣辱观的重新诠释、选择、发展与更新，不仅要考虑到新型的社会生活变化，而且必须面对外来文化的伦理价值观念的挑战。明朝末年以来，中国经历了广泛而密集的西学东渐，西方的科学、艺术、哲学、宗教大量的传播到中国，东西方文化产生激烈碰撞。在现代历史条件下，任何一种文化都不可能孤立存在，不得不面临其他外来文化的冲击和挑战。因此，传统荣辱观的转换，不仅需要进行现代诠释和合理性论证，而且必须在多元对话的语境中进行实现。这要求我们在传统荣辱观的转换中必须具有开放性的对话与自我更新的机制。一方面，我们必须以开放的心态面对世界、面对异域文化，认同并接受具有普适价值的现代道德价值观念和伦理原则，不断解放思想，与时俱进，切不可故步自封；另一方面，又不能无条件、无限制、无原则地进行认同和接受。相反，必须对各种道德知识进行严格地筛选，才能健全而有效地实现传统荣辱观的现代转换。中国传统伦理思想的转换常常具有内部条件和外部条件。对于近代中国而言，外部条件尤其突出。伴随着西方的坚船利炮而来的是西方科学技术、政治学、经济学、哲学、宗教等，使古老的中华文化遭遇前所未有的巨大危机，迫使中国在迎接全新的生活方式挑战的同时，更在深层次上遭受了西方现代伦理道德的强力冲击。我们必须以开放的心态迎接这种冲击与挑战，同时又不能丧失自我、全盘西化，唯一恰当的方式是在对比中寻求差异和互补，在交流与对话中不断反思，在批判的扬弃中吸收有益的外来元素，在坚持自我立场的基础上不断充实自己，积极改进，最终实现传统道德文化的现代转换。

当前，对传统荣辱观的现代转换的最好诠释就是胡锦涛同志提出的"八荣八耻"。社会主义荣辱观的八个方面，概括精辟，寓意深刻，既突出体现了中华民族的传统美德，又具有鲜明的时代特点，对推动形成良好的社会风尚和氛围具有着十分重要的理论和实践意义。社会主义荣辱观突出了中国传统道德中的知耻伦理。中国传统道德是以儒家的伦理观为主导的，而儒家的伦理观是以性善论为基础的。法家以性恶论为基础，强调通过外在的刑罚对个人的行为进行约束，而儒家以性善论为基础，希望通过内在的主动的抑恶扬善对个人的行为进行约束。儒家的伦理观认为，善是人与动物的区别所在，动物只是本能地趋乐避苦，而人通过"仁、义、礼、智"为善去恶，有所为有所不为。其中一个典型特征就是注重耻感，所谓"人而无耻非人也""知耻而后勇""道之以德，齐之以礼，有耻且格"，可以看到知耻伦理是传统伦理道德的重要部分。另一方面，仁是儒家的核心观念之一，儒家认为心之仁是上天赋予的，也是成人所在，由此将仁提高到人性无条件追求的道德高度，从而将知耻伦理置于一个绝对的高度，既是人性的根本诉求，也是不可违背的天命，由此形成了中国传统伦理道德中鲜明的知耻伦理。社会主义荣辱观正是在八荣八耻的强烈对照中，通过激发道德耻辱感来推进公民道德建设。它是人性的道德良心的警钟，将道德回归到人的内在诉求，是承继中国传统道德善之养成的重要机制。

在悠久的历史长河中，中华民族经过长期的、坚持不懈的道德实践，形成了行之有效的、相对完整的伦理道德体系，成为中华文明延续和发展的重要精神力量和源泉，可谓是中华民族的宝贵精神财富。胡锦涛同志提出的社会主义荣辱观是对中华民族悠久的民族精神和传统美德的提炼和升华，是对传统荣辱观的改造、发展和超越。社会主义的荣辱观树立了新的历史时期下中华民族的道德标杆，通过赋予传统荣辱观在政治、经济、社会、人生、人际等方面新的内涵，实现了传统荣辱观向现代伦理价值的转换，为培养和塑造具有崇高道德修养的社会主义公民和推动良好社会风尚的形成指明了前进道路和方向。

第 六 章

社会主义核心价值体系构建中的机遇与挑战

进入 21 世纪后，我国的社会主义改革和发展进入了关键时期。社会主义市场经济全面繁荣，我国作为 WTO 成员正式融入世界经济浪潮之中，中国社会再次进入转型期。全球化、工业化、城市化、信息化给中国的经济、政治、文化的繁荣发展创造了前进动力和无数机遇，但近年来，随着开放的进一步扩大、全球化的日益深入以及信息技术和网络化的全面扩展，在带来巨大的机遇的同时，西方资本主义国家对我国意识形态领域的渗透也更为加剧，加之市场经济和工业化、城市化本身也会带来人际关系物化、资源分配不公、贫富差距扩大、道德失范加重等诸多问题，中国传统伦理道德观和社会主义核心价值观均面临着极大挑战。

第一节 全球化对构建社会主义核心价值体系的机遇与挑战

全球化是一种人类社会发展的现象过程。全球化目前有诸多定义，通常意义上的全球化是指人类社会从以往各个地方、民族和国家之间彼此分割的原始封闭状态走向更紧密联系和全方位交往的全球性社会变迁的过程。① 具体表现为全球联系不断增强；人类生活在全球规模的基础上发展及全球意识的崛起；国与国之间在政治、经济贸易

---

① 林滨：《全球化时代的价值教育》，人民出版社 2011 年版，第 1 页。

上互相依存。英国学者戴维·赫尔德等学者在《全球大变革》一书中指出："全球化反映了一种广泛的认识：在经济力量和技术力量的推动下，世界正在被塑造成一个共同分享的社会空间；在全球一个地区的发展能够对另一个地方的个人或社群的生活机会产生深远影响①。"

一、全球化的兴起

"全球化"一词是20世纪60年代开始在英语世界中进入人们视野的，其概念在冷战结束以后才传入中国，但是其发端却可以追溯到15到17世纪欧洲大航海时代的地理大发现和殖民扩张与世界市场的开拓，以及随之而来的工业革命和资本主义市场在全球范围的扩张，最终造就了全球化在全球范围内的确立。"第一次开创世界历史的是资本主义，因为它让所有文明国家，还有这些国家的所有人的需求都依靠于这个世界，所以它使各国自然形成的那些闭关自守的现象消失了"②，因此"历史就在越来越大的程度上变成了整个世界的历史"③。尤其是20世纪五六十年代之后，随着工业革命从蒸汽机到电气化再到微电子技术的飞跃式发展和通讯、交通等科学技术的进步，加上冷战后国际间交往的日益紧密，世界开始步入全球化时代。

全球化以经济全球化为主流，同时涵盖政治、军事、文化、意识形态等方面的相互影响、相互合作和相互渗透。在全球化背景下，国家的界限较以往模糊，"地球""世界"的概念日渐深入人心；国与国之间的利益不再孤立，而是牵一发动全身，因此国与国之间的合作、结盟、竞争也在不断地加强和调整；资本、人才、物质等生产要素在世界范围内流通的速度和领域不断递增。整个世界已经融合为一个不可分割的有机统一体。

---

① ［英］戴维·赫尔德等：《全球大变革——全球化时代的政治、经济与文化》，社会科学文献出版社2001年版，第1页。

② 《马克思恩格斯选集》第1卷，人民出版社1995年版，第114页。

③ 《马克思恩格斯全集》第1卷，人民出版社1972年版，第88页。

全球化凸显的历史条件和现实性主要有如下几点①：

首先，以交通和通讯技术为代表的科学技术的进步是全球化的物质依托。第二次世界大战结束后，以原子能和信息技术的广泛运用为特征的第三次科技革命的到来，进一步推动了通讯技术和运输手段的发展。其突出表现就是网络技术和交通技术使世界各地的现实时空距离不断缩小，世界各地之间的联系和交往不断加深，不同地域所带来的差异和束缚不断弱化，如今的地球已经被"村落"化。

其次，市场经济制度在全球范围内的确立，成为经济全球化的根源所在。可以说，经济全球化的酝酿过程与资本主义生产方式在整个世界领域内的伸张是相伴相生的。随着市场经济在世界绝大多数国家的确立和兴起，生产要素和物质资源在全球范围内进行流动和分配，商品的生产、流通和消费也打破了国别和地区的限制，使得世界市场成为一个彼此紧密联系的大型集团。尤其是 20 世纪 50 年代之后，跨国公司凭借雄厚的经济实力、先进的管理水平和科学的管理方式实行全球投资战略，使全球资源得到最优化的配置，使世界经济联结成为一个不可分割的有机整体。

再次，政治多极化不仅使意识形态等障碍得到了消除，还使各自的依存度与包容度得到增强。具体表现为"国际层面上的政治不断地国内化，国内层面上的政治不断国际化，某些超国家的权力不断得到强化。传统意义上属于国家内政的事务在今天不得不被国际组织瞩目或者是干预，而国际上出现的政治事件还会导致一系列的国内反应。一些超国家机构如国际组织等使用多种国际机制对各国进行介入，调解纷繁复杂、扑朔迷离的国际关系，使国际社会的总体利益和秩序看上去得以维持，以至于形成一种使人感到不安与困惑，同时还得承认有其合法性和科学性的新的权力体制。"②

从历史的视角出发看全球化，可以把全球化的过程理解为人类持续地超越民族、国家的地缘限制，跨越意识形态、文化与制度的隔阂

---

① 丰国如：《全球化与社会主义核心价值体系》，硕士学位论文，华东师范大学 2010 年，第 5 页。

② 蔡拓：《全球主义与国家主义》，《中国社会科学》2000 年第 3 期。

而形成的"世界历史"的逻辑性沿革，是一种基于历史发展的沿袭和趋势。①

二、全球化背景下构建社会主义核心价值体系的机遇

全球化是获得当今世界普遍认可的客观历史走向，也是当今世界发展的基本特征和趋势。于中国而言，在改革开放三十余年的历史进程中，中国在经济、政治、军事、文化等方面与世界的联系越来越紧密，尤其是加入世贸组织以来，中国经济与世界各国的经济关系更是提升到了新的阶段。可以说，全球化趋势给中国社会带来了新的发展平台，同样，也为社会主义核心价值体系的实现和复兴提供了前所未有的机遇。

（一）全球化为社会主义核心价值体系提供了走向世界、融入世界的契机

全球化波及的范围和领域越来越广，其浪潮正以空前的力量冲击、打破着不同国界、不同地区、不同种族间相互隔绝的高墙，使国际成员由封闭走向开放，由对立走向合作，由对抗走向对话。在这样的国际背景下，东西方文化间的相互交流、相互了解和相互融合的机会也大大增加。

在与世界各国的文化交流中，社会主义核心价值体系获得了更广阔的传播途径和传播舞台，让世界上更多的国家和民族有更多的机会认识和了解社会主义核心价值体系的内涵和精神，并在与其他国家的价值体系相互碰撞、求同存异、多元并存、共同发展的过程中被其他国际成员和国家公民认可并接受，取得更加广泛的共识，从而实现社会主义核心价值体系的"国际化"。

---

① 刘华才、黄红发、黄颂、左建桥：《全球化及其对中国特色社会主义价值观形成的影响》，《湖北社会科学》2006 年第 10 期。

（二）全球化为社会主义核心价值体系注入新的内涵与活力

正如在《中西文明比较》一文中，英国的大哲学家罗素所说："不同文化之间的交流过去已经多次证明是人类文明发展的里程碑。希腊学习埃及，罗马借鉴希腊，阿拉伯参照罗马帝国，中世纪欧洲又模仿了阿拉伯，而文艺复兴时期的欧洲仿效拜占庭帝国……"① 正是因为在不一样的文化中相遇、交流以及融合，使得这部分文化能够连续地获取外面的营养，展现较新的生命力，一代一代地往下传递。社会主义核心价值体系在与世界其他国家价值体系相互碰撞和融合的过程中，也会激发新的活力，擦出新的火花，产生新的内涵。其中较为典型的就是全球化浪潮下形成的、带来的"个性化的彰显"②：

例如在建国初期，我国倡导和奉行的主导价值观是集体主义价值观，其核心思想为：集体的利益应该高于个人的利益，但同时集体还需维护与尊重个人的利益；在两者发生比较大的冲突的时候，个人利益需绝对遵从集体的利益；在确保集体利益的条件下，需要将集体利益与个人利益有机地结合起来。这种集体主义的价值观念是为了满足对发展、建立以及巩固公有制作为主体的经济关系的需要而形成的。把维护与追求社会整体的利益作为基础去整合社会与个人之间的利益关系，是仅有的合理地处理社会与个人利益关系的价值观念，同时也是个人与社会道德不断完善的方向与方法。随着改革开放的推进，这种长期忽视和无条件牺牲个人利益的集体主义日益受到质疑，西方世界"个人权利"的思想悄然进入国人的视野，重视和提倡个人利益的呼吁日渐高涨，在很大程度上对忽视个人利益和个性发展的偏向进行了必要的纠正，完善了社会主义集体价值观，并且极大地增强了人民群众的创造性、民主观和自由观，从而给予社会主义核心价值体系更加科学、公正与客观的界定和定位，充实其内容，激发其活力。

---

① 段伟：《经济全球化与文化的冲突和融合》，《湖北教育学院学报》2007 年第 12 期。

② 刘华才、黄红发、黄颂、左建桥：《全球化及其对中国特色社会主义价值观形成的影响》，《湖北社会科学》2006 年第 10 期。

（三）新的支持力量的诞生与成长

资本主义体系作为全球化的核心力量，必然以资本主义的权利和利益为基础。为了巩固和扩大自己的利益，资本主义体系势必通过霸权主义和强权政治从发展中国家掠夺更多的资源和财富。在全球化背景下，经济、政治、军事、文化等国家事务间的壁垒逐渐被打破，恰恰为某些发达国家控制、威胁甚至侵略发展中国家扫除了很多障碍。在这些强权与霸权国家的操控下，发展中国家的主权被损害，承受了发达国家的危机转嫁；南北两极分化和贫富悬殊也日益扩大化，造成了严重的不平等。在亚非拉乃至苏东地区，资本主义体系带来的是贫穷和冲突，即使在富裕的工业化国家，贫穷和剥削仍然存在。许多弱小国家为增强自己的生存能力和竞争能力，不得不以地理、文化等共同因素进行区域国家的联系。因此，全球化的资本主义体系最终将产生反对它的全球力量[①]。

而社会主义核心价值体系是建立在作为发展中国家的中国国情的基础上的，其价值观念符合大多数发展中国家和人民的利益，也是他们的利益诉求。因此，在与资本主义体系及其价值观念的博弈中，很容易赢得其他发展中国家人民的支持和拥护，从而壮大自己的声势，扩大自己的影响力，在世界主流价值观中获得自己应有的地位。

三、全球化背景下社会主义核心价值体系面临的挑战与冲击

在马克思、恩格斯看来，全球化对人类社会的影响是双重的。同样，对于社会主义核心价值体系而言，全球化也是一把双刃剑，在带来机遇的同时，也给中国社会各领域带来了空前的挑战。这些挑战除了反映在经济、政治、军事等"硬实力"方面，更集中反映在文化、思想观念、意识形态等"软实力"方面。

---

① 田海舰、邹卫：《社会主义核心价值观论纲》，人民出版社 2010 年版，第 240 页。

（一）意识形态斗争带来的挑战和冲击

作为思想上层建筑，意识形态主要是指一定的社会、阶级以及各种集团围绕自身的根本利益对当前的社会关系自觉反映所构成的重要理论体系，这种体系不仅包含特定的道德和法律，还包含政治、哲学、艺术以及宗教等多方面的社会观点与学说。作为意识形态，它是某个阶级价值取向、社会政治纲领以及行为准则及思想理论的重要理论依据。冷战期，以苏美两国为首的两大阵营进行了异常激烈的意识形态的斗争；冷战结束之后，资本主义和社会主义两大社会形态之间的斗争依然暗潮涌动。西方资本主义世界尤其是以美国为首的资本主义国家在苏联东欧剧变后不断抛出诸多"新理论"，并以此为理论依据，对社会主义意识形态进行瓦解与攻击：

其一，"全球民主论"。自 20 世纪 90 年代之后，以美国为首的发达资本主义社会，凭借全球化浪潮席卷世界之机，全力打出"资本主义民主观"的大旗，意在用"西方版本"，尤其是"美国版本"的所谓"民主轨制"去催化发展中国家尤其是社会主义国家的民主制度向资本主义集团靠拢，企图在全球范围内建立起"国际政治新秩序"和"人权""民主"制度，其最终目的就是试图把一个意识形态多元化的世界用美国的价值标准统一起来，最终实现美国治下的世界①。为了实现这一目标，以美国为首的资本主义体系甚至不惜对他国使用战争和侵略的手段，破坏世界和平，使生灵涂炭。从关塔那摩和阿布格里卜的监狱，到美国在巴以冲突解决中的倾向性，我们可以发现，所谓的"美国式民主"不过是带着伪善面具的"侵略者"，既不像其自身宣扬的那般神圣，也不符合国际社会的利益。

其二，"文明冲突论"。美国著名政治学家、哈佛大学教授塞缪尔·亨廷顿在其著作《文明的冲突与世界秩序的重建》中曾提出：冷战结束以来，世界未来政治格局中将被不断的不同文化或文明间的冲

---

① 夏禹、夏百玲：《战后美国全球民主输出战略透视》，《理论探讨》2009 年第 3 期。

突所主宰，由于不同的文明间存在天然的矛盾与彼此间的抵触，西方世界的文明势力强大，处于权力顶峰阶段，非西方世界的文明又打算依据自己的想法去构建世界，因此文明间的矛盾，也就是西方与非西方国家间的矛盾是不可避免的；对于西方文明而言，它的威胁大部分源于儒教与伊斯兰文明，同时儒教与伊斯兰文明很可能会结成联盟，这会对西方国家文明的开拓构成巨大的挑战。所以，美国需要增加和西欧国家的联盟，用西方人的团结一起去应对非西方的挑战①。"文明冲突"理论为西方文明提供了"假想敌"，成为西方的文化侵略甚至是武力扩张的理论依据。不仅反映了西方学者本身对文化帝国主义的推崇，也暴露了美国在冷战之后意于独霸世界、在全球范围内施行霸权主义的战略构想，其目的就在于以西方资本主义的意识形态和文明来取代东方及社会主义的意识形态与文明②。

其三，"意识形态终结论"。20世纪90年代初期，以苏东剧变、社会主义阵营解体，资本主义席卷全球，美国学者弗朗西斯·福山在其"历史终结论"中称，西方自由与民主的思想是无与伦比的，并将作为治理和规范人类社会的最完满的方式成为第三世界国家无法抵御的发展方向。所以，其余任何形式的意识形态都会被湮没并终结在这种自由民主的意识形态中③；美国学者丹尼尔·贝尔在其《意识形态的终结》一书中也称，原始意义上的资产阶级和无产阶级的概念已经完全被颠覆，同时，"法西斯主义"和"斯大林主义"也宣告退出历史舞台，所以，社会主义意识形态已经"寿终正寝"了④。以福山和贝尔为代表的"意识形态终结理论"都以反对马克思主义、反对社会

---

① ［美］塞缪尔·亨廷顿：《文明的冲突与世界秩序的重建》，周琪等译，新华出版社2010年版。

② 王坤：《全球化背景下我国主导意识形态面临的挑战及对策研究》，硕士学位论文，西南财经大学2007年，第20页。

③ ［美］弗朗西斯·福山：《历史的终结及最后的人》，黄胜强、许铭原译，中国社会科学出版社2003年版。

④ ［美］丹尼尔·贝尔：《意识形态的终结》，张国清译，江苏人民出版社2001年版。

主义和反对共产主义为理论基调。

其四，"中国威胁论"。"中国威胁论"是指中国随着经济的发展、综合实力的增强，将对其他国家的利益和国际秩序产生要挟，从而危害世界的和平、发展与稳定的论调。"文明冲突论"、"粮食危机论"、"生态破坏论"和"能源短缺论"等是号称"中国威胁论"者所持有的最强硬的"理论依据"。某些别有用心的国家用这些理论挑拨中国与周边国家的关系，以阻挠中国在国际舞台上发挥重要影响力；同时，遏制崛起中的中国社会主义及其意识形态的壮大，对以中国为代表的社会主义盟友国家实行"和平演变"，以此达到"西化"和"分化"中国的目的。

西方资本主义国家利用全球化的契机，大力鼓吹和推行他们的意识形态。中国作为全球化进程中被卷入程度较高的社会主义国家，其意识形态受到的冲击也相当猛烈。因此，意识形态的斗争为社会主义核心价值体系的树立带来了不可小觑的挑战和冲击。

1. 削弱了国家主流意识形态

1954 年 9 月 15 日，毛泽东在中华人民共和国第一届全国人民代表大会第一次会议上，提出了"领导我们事业的核心力量是中国共产党，指导我们思想的理论基础是马克思列宁主义"的著名论断。中华人民共和国成立以后，我党把马克思主义与中国的实际相结合，不断地在实践中创造性地发展创新马克思主义，实现了马克思主义中国化。在数十年的国家建设中，马克思主义都作为指导思想指引着我们前进的方向。然而西方意识形态进入我国国门之后迷惑国人，轻信和推崇西方自由民主的政治价值体系，严重削弱甚至动摇了我国公民对于马克思主义的认同和忠诚，忽视社会主义意识形态在建设中国特色社会主义过程中的重要性，降低了国人的政治觉悟和政治自觉，造成信仰虚无和信仰缺失。

2. 淡化了共同理想信念

作为社会主义核心价值体系，其基本内容的重要部分就是中国特色社会主义的共同理想，也就是坚持我国特色的社会主义道路，坚持对我党的信任，坚持实现中华民族的伟大复兴。这种共同愿景集中地表达了我们国家知识分子、工人、农民等劳动者与爱国者的共同利益与愿望，是确保全体人民在精神、政治以及道义上紧密团结，攻坚克难，获得胜利的强有力的精神武器，是社会主义核心价值体系的主题。西方资产阶级意识形态往往强调"人权大于主权"，将个人利益置于国家和民族利益之上，误导我国公民为了实现自身利益而牺牲国家和民族的利益；并在中国政治民主化进程中歪曲、攻击中国的政治制度，夸大西方民主较之中国民主的先进之处，挑起我国公民对现行民主程度的不满，动摇我国人民对中国特色社会主义的共同理想信念。江泽民同志曾经说过："动摇了建设有中国特色社会主义共同理想，就会导致思想混乱、社会动乱。那将是党、国家和民族的灾难。"①

3. 弱化了国家民族意识

全球化是世界范围内的一种整体性发展趋势，打破了地区、民族和国家界限的限制，西方世界也因此强调这样一个论调：即全球化的时代就是世界大同的时代，民族国家的主权和利益已经可以忽略不计，民族观念、国家意识的存在已成为推进全球化的障碍。"民族国家的时代已经过去"，"民族国家的主权观念已经过时"……无论这些说法有多么冠冕堂皇的论证和论据，其目的都是诱使我国公民淡化民族观念，削弱国家认同，蔑视国家利益，摈弃爱国主义的伦理价值取向；使广大人民群众认为在全球化浪潮的冲击下，作为社会主义国家的中国也会毫无例外地随着经济全球化的推进而逐渐消亡，国家的主权和利益已没有维护的必要和意义，从而泯灭民族精神和爱国主义情感。

（二）西方思潮带来的挑战和冲击

与意识形态斗争相伴随的，是西方许多社会思潮与学术流派的蜂拥而至，而这些思潮与流派除大多数都打着思想、学术交流的幌子，

---

① 江泽民：《论三个代表》，中央文献出版社 2001 年版，第 125 页。

不断地向我国传播西方国家的价值理念和观点主张。所谓社会思潮，指的是在特定的社会历史背景下，建立在一定的社会心理基础之上，具备某种相应的理论形态并在一定范围内具有相当影响力的带有某种倾向性的思想趋势。目前较为常见的西方思潮有如下几种：

第一，民主社会主义思潮。民主社会主义是一种改良主义的社会主义流派，从"社会民主主义"一词演化而来的，是当代资本主义国家尤其是西欧各国的社会民主党、社会党和工党，统称社会党的思想体系与意识形态的总称；民主社会主义不主张推翻资本主义制度，反而以多元化为其倡导的指导思想，以走改良主义路线为其理想的革命道路和革命目标，推许"自由、平等、互助"等基本价值并悉力于这些价值的实现①；提倡私有制。这些似是而非的观点，具有相当的迷惑力，因此很值得我们警惕。

第二，新自由主义思潮。该思潮是从自由主义上演化而来，作为资本主义主流意识形态与核心价值体系，出现于17—18世纪英法两国反封建反专制的资产阶级革命时期，堪称自由主义的发展与复活。新自由主义的理论主张主要表现在经济理论方面，继承了资产阶级古典自由主义经济理论自由经营、自由贸易的思想，并走向极端，大力宣扬其核心理念，即"三化"——自由化、私有化、市场化。在政治理论方面，特别强调和坚持三个否定：一是否定公有制，主张应把国有企业出售给私人投资者，把资源尽可能多地从公部门转移到私部门；二是否定社会主义，他们把社会主义理解为对自由的否定与限制，认为必将造成集权主义，所以认定其只会是一条"通往奴役的道路"；三是否定国家干预，声称具有竞争特点的私人经济拥有能够自我调节的功能，具备内在的稳定特性，如果对之进行人为的干预，就会给腐败可乘之机。因此，所有形式的国家干预，到最后都会得到相反的效果。对于政策与战略这两个方面，该思潮极力推崇将超级大国作为核

① 张娓娓：《民主社会主义本质评析》，硕士学位论文，上海师范大学2010年，第1页。

心的全世界文化、经济以及政治一体化，也就是所谓的资本主义全球化①。新自由主义的观念在我国市场经济潮流中颇为流行，对我国经济、政治体制改革的方向造成了负面的影响，甚至造成局部的扭曲。

第三，历史虚无主义思潮。历史虚无主义思潮在本质上是历史唯心主义，其只承认支流而否定主流，透过个别现象而否认本质，孤立地分析历史中的阶段错误而否定整体过程的社会思潮。它通过历史事件选择性、单一性、相对性，以及不可预测性等特点去否定历史客观规律性，否定马克思主义的历史决定论。其只是比较片面单调地强调人的自由意志、主体性以及理性是社会不断发展原动力；社会主义已经失败，马克思主义已经过时②，共产主义是空想；否定革命，鼓吹改良。在对待中国历史问题上，认为选择马克思主义作为指导思想导致中国革命走上歧途，近代革命阻碍了而不是推进了社会的发展，中国应当放弃中国共产党的领导等。其目的在于歪曲中国革命的历史、党的历史、社会主义的历史，达到否定党的领导和社会主义制度的目的。

第四，极端个人主义思潮。极端个人主义思潮是在全球化背景下，伴随着改革开放和市场经济的兴起在中国蔓延开来的。其核心观点简单来说，就是割裂个人与集体的关系，而片面地突出个人；凡事以个人利益、个人自由为中心的一种价值观和伦理原则。③ 极端个人主义思潮在中国封建社会有其根源，如"人不为己，天诛地灭"等；加之建国初期"天下为公"的"偏左"集体主义思想对个性的束缚在改革开放之后一并解放，使得"偏左"集体主义思想很快走向另一个极端——极端个人主义。极端个人主义不仅会损害集体、国家和社会的利益，还会发展成为拜金主义和享乐主义，因此与社会主义核心价值体

---

① 刘长龙：《试论对社会主义核心价值体系产生较大危害的几种社会思潮》，《社会科学论坛（学术研究卷）》2007 年第 10 期（下）。

② 彭红赟：《西方社会思潮对构建社会主义核心价值体系的影响及对策研究》，硕士学位论文，华中师范大学，2009 年，第 21 页。

③ 陈瑛、于树贵：《略析极端个人主义的根源与危害》，《思想政治工作研究》2010 年第 3 期。

系是相悖的。

　　第五，文化殖民主义思潮。文化殖民主义即一些西方强势文化依赖其实力雄厚以至于足以影响世界的经济、政治和军事，以及互联网、电影、报刊、书籍等优势传媒的特点，理所当然地推广自己的文化意识形态、经济与政治理念以及生活方式等，用以在思想与文化上同化并影响别国的一种重此抑彼的全球文化交流的现象。第二次世界大战结束之后，和平与发展成为世界的主流，以军事战争为手法的显性侵略已不多见，以文化输入为手法的隐性侵略却逐渐兴起。除了意识形态的影响外，在大众文化方面，文化殖民主义仍见缝插针、无孔不入。其最典型的表现就是美国大众文化的扩张在当代国际关系中与日俱增，从流行歌曲到美式快餐，从好莱坞大片到 24 小时不间断播放的 CNN 电视新闻……在全世界的每个角落，美国文化都在悄悄地影响和改变着其他国家公民的生活方式和思维方式。① 在全球化的背景下，文化交流固然是必要的，但是西方国家的文化输入并不是建立在平等友好和共同发展的基础之上的，而是以全球化为工具，施行文化霸权和文化殖民主义，把文化作为入侵的武器，发动"没有硝烟的战争"，向他国强行推行他们的价值观和文化，企图同化他国的民族文化和民族思想，使他国在心理上臣服于自己的统治之下。

　　对于上述西方社会思潮步入中国并迷惑和麻痹了相当一部分国人的事实，我们切不可大意，一定要认清其对社会主义核心价值体系构成的危害：

1. 混淆大众是非观念，导致国人价值观的模糊

　　前总书记胡锦涛曾经说过："在我们的社会主义社会里，是非、善恶、美丑的界限绝对不能混淆。坚持什么、反对什么、倡导什么、抵制什么、都必须旗帜鲜明。但在全球化背景下，人们的荣辱观模糊了，有些人不知道什么是荣什么是耻了。"我国正处于社会主义初级阶段，又恰逢社会转型，体制不健全，市场不完善导致各种社会问题丛生，因而给人们的价值判断带来很大的困惑；加之西方思潮的乘虚

---

　　① 曾苗苗：《论当代美国的文化殖民主义》，《法制与社会》2009 年第 11 期。

而入，制造一些歪曲我国国情的假象和学说，令我国社会传统的价值理念和道德标准受到质疑甚至否定，致使人们在价值判断和价值选择上莫衷一是，甚至无所适从。例如利用我国市场经济带来的"利己主义"现象大肆鼓吹极端个人主义的正当性及其可能带来的现实好处，来否定中国传统伦理中"天下为公""恭敬谦让"等美德。因此，西方思潮令中国传统伦理观的吸引力和凝聚力面临不可抗拒的冲击和挑战。

2. 鼓吹西方生活方式，造成国人民族和传统认同感的丧失

在西方思潮的影响下，很多追求新潮、追求时尚的年轻人开始纷纷效仿西方的生活方式，从西方节日到西式餐饮，从西方电影到西式礼仪，亦步亦趋，唯恐落后半分。最典型的表现就是圣诞节、愚人节、万圣节、情人节，节节必过，节节红火；平安果、巧克力、玫瑰花，成了年轻人追捧的节日礼物；假面舞会、圣诞派对成为年轻人热衷的社会活动。社会上甚至兴起"西方礼仪学习班"，虽然学费贵得令人咂舌，学员却趋之若鹜，理由是"为步入上流社会做准备"。与此相反的是，中秋节、端午节、重阳节等中国传统佳节却频受冷遇，与之相对应的粽子、月饼、菊花糕等节日象征成了某些年轻人眼中的"老土"，其节日的伦理含义已被淡化，取而代之的是借节日之名行娱乐之实。在国家把中国传统佳节列为法定假日之后，这些节日又成为了休闲、旅游的好机会……一个国家的生活方式是其民族文化的历史积淀和重要组成部分，是该国家民族历史、宗教信仰等因素的沿袭，因此抹杀一个国家传统的生活方式，就是割裂其历史传承，使其忘却民族之根与民族精神，沦为没有灵魂的"僵土"。

第二节　信息化与网络化对构建社会主义核心价值体系的机遇与挑战

信息化是一种新兴的生产力，其生产工具以计算机为主，具有智能化的特征。在信息化的过程中，通过对智能化工具的研发与升级，

使其在社会各个领域被广泛运用，从而提升社会的信息化水平，造福社会。根据《2006—2020 国家信息化发展战略》，信息化是"充分利用信息技术，开发利用信息资源，促进信息交流和知识共享，提高经济增长质量，推动经济社会发展转型的历史进程"①。始于 20 世纪中期的信息化革命将人类带入了一个崭新的阶段，人们可以很方便地获取来自世界各地的信息。

信息化与网络化的发展是相得益彰的，网络化是指通过通信技术和计算机技术的应用，把散布在咫尺或天涯的计算机和各类不同的电子终端设备互相连接，以相应的网络协议为根据进行相互沟通，让所有的用户都能够共享计算机的软件、硬件及其数据资源。最近几十年来，计算机联网的浪潮势不可挡，也极大地提高了计算机的实际使用效能。

因此，我们可以说，信息化是网络化的基础，网络化则成为信息化继续向前发展的动力。在信息化与网络化社会，以互联网的大发展为最鲜明的标志，人类开始进入以信息网络技术为核心资源的时代。作为一种全新的认知工具和交流工具，互联网的发展已经渗透到当今世界的经济、政治、文化、军事、科技、教育等诸多方面，对人们的工作、生活、学习方式，甚至是价值理念都产生了前所未有的影响。

一、互联网社会的兴起

互联网是冷战时代军备竞赛的产物。20 世纪 50 年代末，为争夺世界霸权，同时为寻求高科技含量的军备优势，实现战争尤其是核战争环境下，确保军队间信息沟通的顺畅与快捷、方便对作战进行远程指挥与遥控等各种目标，美国国防部建设了"高级研究计划署"，并于 1962 年开始了对计算机联网进行组织化与规模化的研究；1969 年，"阿帕网"问世，其实质是四台计算机根据分组交换的原理连接而成

---

① 《受权发布：2006—2020 国家信息化发展战略》，新华网，2006 年 5 月 8 日，http：//news. xinhuanet. com/politics/2006 - 05/08/content_ 4523521. htm。

的一个网络。①"阿帕网"被世人公认为是互联网的最初形式，因此该年也被当作互联网诞生的新纪年载入史册；距离"阿帕网"诞生不到十年，其节点上的计算机数量呈几何数倍地增长，可同时连接一百多台不同的计算机，超过初建时数十倍之多，网络用户已超过两千人。

"互联网"一词正式诞生，是在 1979 年，其网络协议被定名为 TCP/IP。20 世纪 80 年代中期，美国国家科学基金会建立了高速信息网络 NSFnet，该网络凭借卓越的性能和前所未有的覆盖面，取代"阿帕网"成为因特网的主干网。此后，因特网以迅雷不及掩耳之势疾速发展，并开始遍布整个世界。②

中国进入"触网"时代可追溯到 20 世纪末的 80 年代中期，1986 年，"中国学术网"作为第一个国际联网项目在和德国卡尔斯鲁厄大学的合作下开始启动；同年下半年，钱天白教授通过第一个因特网电子邮件节点发出第一封电子邮件，成为中国人运用互联网的前奏。

中国互联网信息中心（CNNIC）是负责监管互联网的法定机构，承担中国互联网基础资源的开发与研究，保障国家网络安全。该机构每半年公布一次《中国互联网络发展状况统计报告》，对中国互联网发展状况进行最权威的分析，具有极高的公信力。2012 年 7 月 19 日，第 30 次《中国互联网络发展状况统计报告》称：截至 2012 年 6 月底，我国域名总数为 873 万个，其中".cn"域名数为 398 万个，网站总数升至 250 万个；我国的网民总数量达到大约 1.38 亿，而互联网普及率大约达到 39.9%。仅在 2012 年的上半年，网民增量达到了 2450 万左右，同时普及率增加了 1.6%。其中手机网民规模达到 3.88 亿，较 2011 年底增加了约 3270 万人；中国网民人均每周上网时长由 2011 年下半年的 18.7 小时增至 19.9 小时。③

----

①　郭良：《网络创世纪——从阿帕网到互联网前言》，中国人民大学出版社 1998 年版。

②　郭明飞：《网络发展与我国意识形态安全》，中国社会科学出版社 2009 年版，第 46 页。

③　《第 30 次互联网报告：报告摘要》，网易科技，2012 年 7 月 19 日，http://tech.163.com/12/0719/13/86PGAKIH00094MS8.html。

20 世纪 90 年代以后，互联网成了公众传播信息的主要平台之一，其发布的信息往往带着意识形态的烙印。随着世界信息网络的迅速发展，各种意识形态、思想文化、宗教信仰的隔空传播也更加广泛和快捷，因此信息网络社会对我国社会主义核心价值体系构成了不同层面的影响。既有值得期待的一面，亦有令人担忧的部分。

二、信息化与网络化为构建社会主义核心价值体系提供的机遇

（一）为政治民主化进程提供了有力的路径依托

政治民主指在特定经济关系和利益关系的基础上，保障公民权利得到平等实现的政治形式。随着我国人民对于民主的理解日益深化，民主已经不再停留于激昂的语言和恢宏的构想，而是更加注重于具体的运作程序和路径选择。有学者提出，我国的政治民主化首先要以基层民主建设为抓手，推进"自下而上"的改革思路，即拓宽政治参与和扩大政治监督的渠道，让更多的社会成员加入到政策制定和实施监督中来，保证政策过程的公平、公正、科学、透明。而互联网的兴起和普及则为政治民主化进程提供了有力的路径依托。

1. 为公民的政治参与提供更加直接和便捷的渠道

所谓政治参与，是指具有政治权利的普通公民通过法定途径参加政治生活；通过政治参与，可以对政治体系的组织结构、运转方式、操作规则和政策过程产生影响[1]，因而是现代社会民主制度赖以存在的基础。而如果公民以网络为媒介向相关机构和组织表达利益诉求和公共选择的意愿，并因此影响公共部门的决策和行为，则称为"网络政治参与"[2]。互联网在全国范围内的普及与覆盖，为我国公民政治

---

[1]　王浦劬：《政治学原理》，中央广播电视大学出版社 2004 年版，第 170 页。
[2]　白淑杰：《网络政治参与对我国民主政治的影响及发展趋势探析》，《法制与社会》2008 年第 9 期（中）。

参与创造了新的渠道与空间。

首先，互联网尤其是各级政府的门户网站成为政府有效公开其政务的开放式技术平台，可将公众关心的政府政策过程和实施结果、各项公共事务的相关信息、政府部门的日常运作机制和管理状况等都放在这个公开的平台上供社会大众参阅和监督。政务公开信息化的优势在于其便捷性，即只要持有一台可以联网的计算机，便能随时浏览政府网站，了解政府活动和政策的最新动向，并可以用多种方式在网上提出建议、表达看法，参与政府决策过程。同时，政府也可利用互联网传播的广泛性和快捷性的特点，及时高效地将各类信息尤其是紧急通知发布给社会；其次，传统的政治参与往往采用公众间接参与的方式，即由参与主体选举的"代表"来参政议政，很容易忽略部分人的利益诉求。而网络政治参与则是每个公民在互联网上直接表达意见，使利益诉求反映得更加全面，顾及更多社会成员的权利；再者，网络政治参与改变了传统的"管理者说，老百姓听"的参与模式，转变为"管理者边说边听，老百姓边听边说"。因此，网络参政为更大范围内的公民提供了政治参与的新途径，也提升了公民政治参与的效能和热情。党的十六大提出，在公民中要扩大有序的政治参与，并将其作为坚持和完善社会主义民主制度的重要内容和举措。互联网的出现和普及，将大大提高公民有序政治参与的效能和机会。

2. 扩大公民的政治监督渠道

政府依托互联网的平台公开政务的同时，也与普通群众构建了一个迅速、有效的沟通渠道和反馈机制，便于人民群众、媒体机构对政府部门施行政策措施的过程和结果行使监督权。在我国，网络监督政府及其工作人员已初成气候。2008 年，原江苏省徐州市泉山区区委书记董锋被其原配睢传侠在网上发帖曝光其"一夫多妻"（与多名女子保持不正当关系）等不检点私生活，致董锋本人被判处 13 年有期徒刑；原南京市江宁区房产局局长周久耕因在开会时抽天价烟、戴名牌表而被眼尖的网友在会议照片中识别，不但落得"天价烟局长"的绰号，也因此成为了纪检监察部门调查的对象，最终因被查出违法违纪行为被判处 11 年有期徒刑；2010 年，原广西烟草专卖局卷烟销售管理处处长韩峰因其"日记门"事件再次成为被网络力量拉下马的官员①；此外，还有"表哥""房叔""龚爱爱""雷政富"等诸多违法违纪现象都是曝光于网络监督之下。

和传统媒体监督相比，网络监督具有其独特优势和强烈的时代特征。首先是各种网络形态的并存与互动，无论是新闻网站、门户网站、BBS 等官方网站，还是博客、微博等个人网站，都可以成为舆论监督的阵地，为纪检监察及司法部门提供直接、丰富且不易灭失的反复线索，有利于事件的曝光、澄清、追查和问责。因此，网络监督成为群众监督和舆论监督的重要组成部分和有力的组合手段；其次，公民能够通过网络政治参与，更加充分地发挥自身在国家政治建设中的主体地位。最突出的表现就是公民通过在线传达监督意愿和监督证据的过程中，可以绕过很多不必要的中间步骤，从而有效杜绝监督举报环节中的层层推诿和暗箱操作，直接将监督的内容传达给相关部门。这种"面对面"的监督方式，能够在监督主体和监督对象之间建立起直接沟通的桥梁，并能尽快得到回应。倘若被监督者无法按时对公众的质疑和询问作出有足够说服力的正面回应，就有可能将事态发酵，引发更大规模社会舆论的声讨和谴责，这种声讨和谴责的力量在很多时候还会迫使司法机关和检查机关以国家权力的方式介入以调查真相。因此我们可以说，网络监督不仅为社会监督开创了新的形式和新的环境，而且有力地保证了监督的效果②；再者，互联网有其隐匿性的特征，所有的网民联结成一个无形的"网络共同体"，使得大众的网络监督不受时间和空间的限制，做到无时不在，无处不在。

（二）促进和扩大了国际间的交流与合作，实现交往平等

季羡林先生曾说，人类是互相依存的，是相辅相成的；人类各民族各国家的文化是你中有我，我中有你的，是浑然一体的。作为一种

---

① 《网络监督成反腐重要力量》，新华网 2012 年 9 月 3 日，http：//news. xinhuanet. com/lianzheng/2012－09/03/c_ 112934861. htm。

② 白淑杰：《网络政治参与对我国民主政治的影响及发展趋势探析》，《法制与社会》2008 年第 9 期（中）。

新兴的人类社会文化，网络文化带来文化交往成本的下降，交往时间和空间障碍及人自身生理障碍的消除，尤其是它由此引发的交往的深入性、普遍性以及平等性，使文化交流的体系得到了很大的扩展①。相比起其他交流媒介，互联网能够提供相对平等、互动的交流空间，有利于形成自由的、积极的、活跃的讨论氛围。在电脑网络的虚拟空间之中，不论位于什么地方，所有的计算机都能跟别的计算机进行通信。"所有的人都没有更多特权，不管你是美国总统还是 IBM 公司，处在网络虚拟空间的时候，并不比一个几岁或十几岁的小孩有优势；阶层、阶级、权力以及所处的地理位置，在网络空间中全都变得没有价值。这里，所有人都可以成为中心，所以人们之间变得平等，不用受等级制度等的控制。"② 因此，与之相伴随的必然是世界上不同文明交流与合作的扩大与增强，是世界文化的碰撞与交融。在这样的交流与交融中，社会主义意识形态一方面获得了"走出去"的展示机会，向全世界的人民宣传马克思主义，另一方面也获得了吐故纳新、博采众长的平台，吸收世界上最优秀的人类文明成果，"古为今用，洋为中用，批判继承，综合创新"，而这必将为社会主义意识形态注入新的内容。

（三）增强了社会主义意识形态的吸引力和辐射力

一个国家文化的影响力不仅取决于其思想内容，而且取决于其传播能力。在网络盛行的时代，互联网的信息传输基本上包含了录音录像、报刊杂志、电影电视以及一些户外宣传等当前大众媒体普遍具有的特点。一方面，多媒体技术将教育的形态从一维转向多维，由静止转为动态，从现实时空趋向超时空；另一方面由于互联网拥有海量的信息容纳能力和开放的特性，通过其传播的内容因具有了较高的文化与科技因素而变得丰富而全面。互联网技术的发展，为我们提供了丰

---

① 张骥、方晓强：《论网络文化对我国社会主义意识形态建设的影响》，《求实》2009 年第 2 期。

② 转引自綦玉帅：《中国马克思主义大众化历史发展规律研究》，博士学位论文，苏州大学 2011 年，第 102 页。

富多彩和喜闻乐见的意识形态宣传方式，使意识形态传播不再是干巴巴的理论说教，而是图文并茂、形象生动、寓教于乐，使受众愿意靠近、乐意接受。

与此同时，网络文化具有传播速度快、时效性强等特点，一个网站一天可以更换上千条信息，能将重大事件即时报道出来。通过网上新闻的"即时播发"和滚动播出，党和国家的政治主张、思想路线、政策法规、价值观念、伦理规范等均可及时地宣传、解释给群众，各级干部和群众也均可在网上查询到详情……因此提高了社会主义意识形态传播的时效性与辐射力，巩固了社会主义意识形态在思想文化领域的主导地位。

三、信息化与网络化对构建社会主义核心价值体系构成的挑战

毋庸讳言，互联网的存在和发展，也带来许多负面问题。随着信息网络获得进一步的发展，网络文化呈现出种类多样化，传播途径广博化，传播信息海量化以及一些不良倾向和不良信息等都在很大程度上挑战和影响着社会主义核心价值体系的建构。

（一）信息爆炸带来信息选择和价值取向的多样性

如前文所述，互联网的开放性、交互性、多中心性和超容量为各种思想文化、意识形态、宗教信仰提供了碰撞与交融的平台，也提供了一种开放的超越民族和国家界限的信息传播渠道，因此，各种社会思潮在互联网社会中犹如支流汇合般在相互竞争和撞击中影响和融合着彼此，形成了多样化的刺激源。任何一个网民都可以通过简单的上网设备触到政治、经济、文化、社会等领域多样化的不同观点，而西方发达国家在互联网世界占据着十分明显的优势，它们在网上广为传播本国本民族的价值观念，如极端个人主义、功利主义、实用主义、拜金主义、享乐主义等不良思想，宣传种族主义、宗教仇恨、民族歧视、侮辱性言论等不良信息；与此同时，国内以各大网站尤其是娱乐

性网站为代表的大众传媒为提高点击率、抓人眼球，不断地散布庸俗、令人作呕和阴暗、负面的新闻，鱼龙混杂，泥沙俱下，真伪难辨……互联网上的此类信息采用"润物细无声"的方式渗透到网民的感官与意识中，冲击他们原有的价值取向，使网民在不自觉中收到这些信息的影响，调整甚至改变自己的价值取向，因此让一些人生观、价值观、道德观不那么坚定的网民，尤其是"三观"尚未成熟的青少年，在蜂拥而至的信息流面前手足无措、束手无策，在思想上出现举棋不定、左右摇摆等茫然的混乱状态。稍稍疏于防备就有可能造成价值观的错位和迷失，甚至做出损害公共利益和公共安全的行为。

（二）网络"无政府主义"的蔓延造成社会道德的失范

无政府主义（anarchism）又称"安那其主义"，原意是指没有统治者。无政府主义的宗旨在于提升个人自由及废除政府当局与所有的政府管理机构，提倡个体之间的自助关系，关注个体的自由和平等。"网络无政府主义"则是指主张在互联网上取消政府、不要法制、不要道德、不要底线，建立所谓真正的、彻底的"民主"和"自由"王国的一种观念。其产生的根源在于网络的开放性和平等性使个人和非政府组织的影响力不断扩大，个人价值得到极度的张扬，极端个人主义、道德虚无主义、自由主义等现实生活中无法得到认可的道德观念在互联网这个"极度开放"的空间内都能够得到释放，并且无人监管，不会受到惩罚。

网络无政府主义最典型的一个现象就是"网络暴力"的猖獗。由于网络匿名、言论表达自由，加之个人文化水准、道德观念、价值取向等良莠不齐，不可避免地会产生以键盘为武器的网络暴力。网络暴力通常表现为造谣诽谤、胡言乱语或带有攻击性、煽动性、污蔑性等造成他人名誉损害的行为，以及侵犯他人隐私权和人身安全的"人肉搜索"等违法行为。而与此同时，相应的法律法规并未出台和完善，政府对信息的控制力也呈下降趋势，因此，"网络暴力"的施行者"网络暴民"的违法成本微乎其微，使网络成为一片无法无天、为所欲为的"真空地带"。在网络暴力横行的社会，每个人都可能成为网络暴力受害者。网络暴力的肆无忌惮，正在以其独有的方式破坏着公共规则、触犯着道德底线。

（三）不良信息干扰大众的审美观和判断能力

互联网上的海量信息来源广泛，出自多门，内容丰富复杂，鱼龙混杂，泥沙俱下，但是信息产生和传播的把关却缺乏保障，有用的和无用的、真实的和虚假的、高雅的和低俗的信息，同时被生产、被传播。这些无用的、虚假的和低俗的信息被统称为"不良信息"。目前网络不良信息已呈现逐渐上升的态势，如大小网站、各种网络通讯工具中不仅充斥着各种情色类的视频、图片、文学等低俗内容，还存在着赌博、造假、诈骗等各类违反法律和违反道德的内容。

这些不良信息一是来源于某些商家和专业写手为了赚取点击率，为自己或某一集团谋利益。这类信息可分为以下几类：第一类是利用人们猎奇的心理，"披露"公众人物或有争议的社会人物私生活的信息，侵犯他人隐私权或凭空臆想、捏造他人的情感、生活状况；第二类是带有色情内容的影像、文字等信息；第三类是引导人们迎合社会上的一些不良风气的信息，颠倒荣辱、是非和美丑，哗众取宠，激发社会矛盾。二是来源于一些反动力量之手，借助散播反人类、反社会主义、反共产党的信息来损害国家利益、扰乱社会安定，以达到自己不可告人的目的。此类信息可以分为如下几类：第一，对党及党的理论成果、指导思想以及路线方针政策等进行进攻；第二，对前任及现任的党和国家领导人进行攻击。其中有的以诋毁领导人及其家庭成员的言辞出现，有的以政治谣言的方式出现，破坏甚至是败坏他们在国内及国际上的形象；第三，对改革过程中发生的一些比较现实的社会问题进行无限的夸大，无中生有，言过其实，甚至会将一些不相关的事情强行牵扯在一起，中伤社会主义建设和改革的成果①。

网民在登录互联网时，很容易被淹没在杂乱无章的信息海洋中，也很难分清和判断信息的对错、是非、真假、美丑与善恶。需要我们

---

① 李英田：《手机短信：拇指间的意识形态》，《网络传播》2006 年第 6 期。

加强警惕的是，大部分人对这些明显违背主流意识形态的信息表现出极大的热情与兴趣，不仅自己阅读取乐，而且利用便利的信息传播技术进一步地推动这些信息的散播，原因是他们并未意识到这些信息对我国社会主义和谐社会的侵蚀作用。如果任由这些不良信息在互联网上长期泛滥，误导网络舆情，而得不到主流意识形态的纠正和回应，不仅会严重歪曲大众的审美观和道德判断，与主流意识形态渐行渐远，还会危害人们的身心健康，带来严重的社会问题。

（四）寄情网络造成人际情感的淡漠，弱化集体主义思想

随着以电子邮件、在线聊天等为代表的通讯工具的出现，传统的人际交往方式也在悄然发生变化：传统的书信逐渐被电子邮件所取代，传统的面对面的交流方式为网络聊天或视频电话所取代。可以说，网络的发展极大地改变了人们的行为方式和生活习惯，人们无须走出家门，就能够利用鼠标和键盘自由地进行人际交流与互动。互联网的出现使得人们之间的交往变得更加便捷。比如，它使人们交流的范围扩大了。大家能够依照各自的交际观、价值观等个人因素和社会与个人需要的关系去选择朋友、职业以及机会；网络实现了人与人之间双向与多向的互动，将人际间交流变得更加直接；同时网络让人际交往变得更加的快捷，不论彼此相隔多远，即使远隔重洋，都可以在互联网的作用下实现"零距离"化①。但我们不得不承认的是，互联网在为我们提供多样、便捷的交流方式时，也让我们的人际交往和人际情感变得更加脆弱。

在时间和精力有限的情况下，寄情网络的时间越长，花在面对面交流和相处的时间就会越短。有心理学家采用历时法在两年之内一共调查与追踪了大约 73 个家庭共 196 名使用过互联网的人，调查显示，伴随使用互联网时间的上升，家庭成员之间的相互交流不断地下降，使用者的社交规模也在"缩水"；与此相对应的是，抑郁与孤独的指数却不断地提高。对美国的一个调查表明，在家上网时间和与朋友、

---

① 郭庆光：《传播学教程》，中国人民大学出版社 1999 年版，第 155 页。

家人面对面直接交流的时间往往成反比，即那些在家花费更多时间上网的人，常常会缩短与家人、朋友共处的时间，参加社会活动的几率也相应减少①。当虚拟的网络环境取代了具有可视性和亲和感的正常交往，带来的后果往往就是以网络孤独症和人际信任危机为代表的心理障碍。我国的相关调查也显示，在沉溺于网络的青少年网民中，产生消极情绪和封闭感的人数占到总数的五分之一，超过十分之一的青少年网民与家人和朋友产生"感情生疏"②。此外，在网络交往中，网友间也往往因为"隔空相望"，少了真实感，而产生"情绪疏离"。这样的心理状态造成了人们对现实生活中的他人及社会的幸福漠不关心，甚至沉迷于虚拟的人际网络不可自拔，不愿回到现实中来；不把周围的他人看做是与自己休戚相关的共同体成员，将自己与周围的人和环境剥离开来。造成人际情感冷漠、道德冷漠，归属感和责任感降低，逐渐丧失集体意识。

（五）西方文化霸权的渗透销蚀爱国主义精神与民族认同

文化帝国主义的有关论断始于 20 世纪 60 年代，基本思想来源于意大利共产党创始人葛兰西在其《狱中札记》中提出的"文化霸权"（culture hegemony）理论，主要是指拥有强大文化产业的西方发达国家尤其是以美国为首的资本主义强国，采用西方新闻、影视、娱乐节目等文化产品及相应的文化技术，以大众文化为切入口对非资本主义阵营尤其是第三世界和社会主义国家进行意识形态的渗入和文化心理的操纵——网络的发明与运用不仅没有破除以西方发达国家为主导的国际信息旧秩序，反而给他们输出意识形态、道德标准、文化模式提供了网络优势——西方发达国家拥有世界上 90% 的网络，扶植这些国家实现全球政治霸权。亦可称为"文化帝国主义"的渗透③。

---

① 何志坚：《新媒体技术下的"人际冷漠"》，《安徽文学》2009 年第 7 期。

② 曾向阳、谭红专、张劲强：《青少年网络成瘾与其应付方式的关系》，《中国临床心理学杂志》2006 年第 3 期。

③ 郭明飞：《网络发展与我国意识形态安全》，中国社会科学出版社2009 年版，第 106—107 页。

　　"文化帝国主义"的文化霸权首先体现在语言的霸权上。互联网是英语的网络，截至 20 世纪末期，英文信息在互联网上的占有量达98%，非英文信息微乎其微；在互联网的使用者中，有接近九成的用户是英语为母语者；与此同时，英语成为国际默认和法定的计算机编程语言，无其他语言可替代之①。因此，任何非英语国家的网民一登入互联网，就等于脱离了自己国家和民族的语言系统，被迫处在英语的包围中。"只要你一进入交互网络（即国际互联网），英语将充斥你的电脑屏幕，人气旺盛的讨论组也大多是由英语国家的人们创办和组织的，探讨和议论的热点问题是这些人发起的，各种显性和隐性的广告也几乎是为他们的产品做宣传与推广。总的来说，进入了国际互联网，就等于在不知不觉中迈入了西方文化的万花筒。"② 在语言上的统摄地位使得使美国等西方国家的话语领导权拥有了第三世界国家无法企及的"覆盖性"优势，对第三世界尤其是社会主义世界构成"文化驱逐"，使后者的文化及主流意识形态濒于边缘化。

　　西方国家的文化霸权还体现在互联网技术上的垄断上。众所周知，互联网技术发端于美国并兴盛于美国，因此美国理所应当地占据了互联网发展与运行的枢纽地位。具体表现为不仅网络信息的传播系统及传播的内容、方向、数量在很大程度上仍掌控在美国的手中，网络信息的关键技术和核心领导力也由美国把持。美国麻省理工学院媒体实验室创办人、传媒界大师尼葛洛庞帝教授在其 1995 年出版的著作《数字化生存》（*Being Digital*）中指出："就网络系统而言，不论其硬件还是软件，各项标准的制定和控制都掌握在发达国家尤其是欧美国家的手中；这些国家同时也是全球网络上绝大多数信息的供应商。这就意味着，那些不发达国家尤其是落后国家在无形之中就受到前者的

---

　　①　郭明飞：《网络发展与我国意识形态安全》，中国社会科学出版社 2009年版，第 111 页。

　　②　吴琦：《全球化背景下我国软实力问题的思考》，《山东社会科学》2009 年第 9 期。

种种制约与限制。"① 以美国为首的西方发达国家利用网络技术上的优势，轻而易举地把触角深入到社会主义国家。例如以"美国有线电视新闻网（CNN）""美国在线时代华纳（AOL Time Warner）""英国广播公司（BBC）""美国之音广播公司（VOA）"等为典型的意识形态"软力量"，利用发展中国家文化资源的匮乏和非英语国家学习英语的热情，"恰逢其时"地提供免费的相关资源，让这些国家自行打开国门欢迎这些"软力量"的进口，不费吹灰之力便能在世界各国畅通无阻。带来的结果就是这些国家尤其是不发达国家的国人将这些"西方盛宴"甚至"免费午餐"当作发达国家的"友好赠与"，"奉若神明"，从而有意识或无意识地模仿与追求夹杂在其中的西方价值判断和文化模式，在浑然不知中完成了对西方国家对本国实现"和平演变"的协助。

阿尔温·托夫勒——美国著名的未来学家，曾经预言："当前的世界虽然已脱离了金钱与暴力的控制，但是未来世界政治的魔方依然是由那些具有信息强权的人掌控着，其可以运用手中所掌握的信息发布与网络控制权以及强大的优势语言文化英语，拔山超海，所向披靡，其征服的效力远在金钱与暴力之上。"② 西方发达国家凭借其网络技术和网络语言的强大优势，使用网络信息这种"软力量"手段，向我国输入各种带有西方意识形态色彩的社会理想、文化经济模式以及社会政治制度，其中不乏一些颓废有害的思想和观念，甚至还夹杂着有损我国国家形象的政治造谣和攻击性言论等信息。这些负面的信息将在不同程度上消解我国民众的民族自尊心、自豪感和认同感，动摇我国民众的爱国主义精神和爱国热情。

———————————

① 刘忠厚：《浅谈信息网络时代社会主义意识形态建设的挑战与对策》，《湖湘论坛》2008 年第 6 期。

② 匡文波：《网络传播学概论》，高等教育出版社 2001 年版，第 110 页。

第三节　社会转型对构建社会主义核心价值体系的机遇与挑战

社会转型时期是社会现代化总过程中的一个过渡阶段。广义的转型期是指从传统社会向现代社会、从农业社会向工业社会的转型；狭义的转型时期是指从 1978 年改革开放以来，中国社会的加速转变时期①。本书将我国的"社会转型"界定为"计划经济向市场经济的转变"和"传统社会（农业社会）向现代社会（工业化社会和城市化社会）的转变"两个维度。这一时期是一个加速变迁的时期，亦是一个充满矛盾和冲突的时期。

一、计划经济向市场经济的转变

（一）市场经济的确立

市场经济体制是一种高度发达的商品经济，它与社会化大生产有着密切的联系。在实现社会资源的配置上，市场经济以市场机制为基本手段，其基本特征也显而易见，即经济资源趋于商品化、经济体系更加开放，经济关系实现货币化，市场价格也更加自由。新中国成立以后，实行的是以公私兼顾、劳资两利、城乡互助、内外交流为方针的市场经济政策；而 1952 年的"五反"，1953 年批判"四大自由"，以及社会主义"三大改造"运动，将市场经济体制改造为"绝对纯粹和完美的社会主义公有制"，使农业耕地、城镇房地产、基本生产资料等先后退出市场②。1953—1957 年是我国第一个五年计划时期，第一个五年计划的超额完成，标志着我国计划经济的确立。由于社会主

---

① 朱力：《当代中国社会问题》，社会科学文献出版社 2008 年版，第 57 页。

② 赵德馨：《中国市场经济的由来——市场关系发展的三个阶段》，《中南财经政法大学学报》2010 年第 2 期。

义制度刚刚确立，因此需要相匹配的经济制度来支撑。建国初期，我国生产力水平低下，资源短缺，需要政府发挥强大的调控能力来整合生产力，恢复经济、谋求发展，同时避免经济发展和社会生产陷入无序的状态。在这种社会背景下，高度集中的计划经济体制的形成成了时代发展的必然，并在党和国家有力地调控下扮演了举足轻重的历史角色。

但与此同时，高度集中的计划经济体制也逐渐暴露出其不可避免的弊端，最典型的表现就是生产资料所有权的归属即生产资料所有制形过于单一，过分强调生产资料公有化，对非公有制经济谈之色变，对其持打压、摒弃、除之而后快的态度；将商品货币关系妖魔化，视其为"资本主义的尾巴"，否认价值规律和市场的作用；企业对自身的生产和经营等活动没有自主决定的权利，中央政府是唯一合法拥有经济决策权和管理权的单位；政企不分，主要依靠行政手段管理经济；分配上搞平均主义、吃大锅饭，因而不能合理地调节经济主体之间的经济利益关系，造成动力不足、效率低下、缺乏活力等现象。随着社会生产的进步，计划经济的生产关系已逐渐成为生产力发展的桎梏。这一现象引起了中央领导集体的高度重视。

1978 年党的十一届三中全会确立了解放思想、实事求是的思想路线，明确作出了全党工作的着重点转移到"社会主义现代化建设"上来的战略决策，拉开了中国经济体制改革的序幕；同年十二月，邓小平在《解放思想，实事求是，团结一致向前看》的讲话中指出："现在我国的经济管理体制权力过于集中，应该有计划地大胆下放，否则不利于充分发挥国家、地方、企业和劳动者个人四个方面的积极性，也不利于实现现代化的经济管理和提高劳动生产率。"[1] 1979 年邓小平又专门提出对市场经济的看法："我们是计划经济为主，也结合市场经济，但这是社会主义的市场经济。"[2] 这是自新中国成立以来，我党的领导人首次将"市场经济"与"社会主义"放在比量齐观的地位。

---

[1] 《邓小平文选》第 2 卷，人民出版社 1983 年版，第 145 页。
[2] 《邓小平文选》第 2 卷，人民出版社 1983 年版，第 236 页。

　　1981 年，中国共产党在十一届六中全会上提出这一方针，并在会议形成的《关于建国以来党的若干历史问题的决议》中，提出"计划经济必须以公有制为基础并充分发挥市场调节在经济发展中的辅助作用"①。1982 年九月，中国共产党在党的十二大的报告中作出重要指示，强调在原则上必须正确坚持贯彻计划经济的主要地位，市场调节为辅助地位的基本思路。在整个经济体制的发展改革过程中，这是一个基本问题。② 至此，我国的经济体制依然以计划经济为主，市场经济为辅，市场经济建设不可避免地带有时代的局限性。

　　1987 年 10 月中国共产党在党的十三大上作出报告。指出计划经济与市场经济保持内涵上的统一才是社会主义建设过程中计划商品经济应该建立的体制。③ 1981 年 11 月，在《中共中央关于进一步治理整顿和深化改革的决定》一文强调说："计划经济要做好与市场调节密切结合，逐步建立这种全新的运行机制，这才是整个经济改革中最关键的问题，是核心部分。二者如何结合、哪些部分能够结合以及结合的程度需要经常根据实际情况进行调整和改进"。④ 可以看出，"计划与市场相结合"的经济运行模式已得到党中央领导集体较为充分的认可，不仅如此，在国家的经济活动中，该运行模式也开始得到有意识的运用。

　　随着社会主义改革实践的发展，邓小平于 1992 年南方谈话中明确指出"计划和市场都是经济手段"这一精辟论述，为形成社会主义市场经济理论奠定了坚实的基础。1992 年 10 月党的十四大报告作了明确表述："我国经济体制改革的目标是建立社会主义市场经济体制"

---

　　① 《十一届三中全会以来党的历次全国代表大会中央全会重要文件选编》（上），中央文献出版社 1997 年版，第 211 页。

　　② 《十一届三中全会以来党的历次全国代表大会中央全会重要文件选编》（上），中央文献出版社 1997 年版，第 244 页。

　　③ 《十一届三中全会以来党的历次全国代表大会中央全会重要文件选编》（上），中央文献出版社 1997 年版，第 461 页。

　　④ 《十一届三中全会以来党的历次全国代表大会中央全会重要文件选编》（下），中央文献出版社 1997 年版，第 32 页。

"我们要建立的社会主义市场经济体制，就是要使市场在社会主义国家宏观调控下对资源配置起基础性作用①"。

1993 年 11 月党的十四届三中全会通过的《中共中央关于建立社会主义市场经济体制若干问题的决定》则通过三个"制度"——即现代企业制度（以公有制为主体）、收入分配制度（主体是按劳分配，同时做到效率优先，兼顾公平）和社会保障制度（要求有多层次性）和三个"体系"——即建立全国统一开放的市场体系、以间接手段为主的、完善的宏观调控体系、健全和完善法律体系，确定了我国社会主义市场经济体制的基本框架。党的十六大的召开，标志着我国社会主义市场经济体制初步建立：一是以公有制为主体，多种经济成分共同发展的多元化所有制结构体系已经初步形成；二是形成了新的收入分配体系，新体系的主要原则是按劳分配为主体，同时存在多种其他分配方式。整个体系更加多元化。在 21 世纪初除了按劳分配之外，我国还发展了其他分配制度，如按资本、技术、土地、劳动力等生产要素进行分配来获得收益。此外，国家在法制上也建立健全了相应的规定来保护合法收益的取得，逐渐形成了一种多种形式并存的新分配格局和新体系；三是以新的宏观调控体系，来确保市场机制在经济体系中充分发挥其基础性和根本性的作用，形成了以间接调控为主，直接调控为辅的综合调控体系。市场机制也从经济体制改革初始阶段的辅助作用，渐渐成长为在资源配置中起主导性作用；四是通过塑造拥有公平、有序、开放、法制等一般特征的完全竞争市场环境，建立健全社会主义市场经济体系；五是建立了多层次的社会保障体系②。

2003 年一份学术研究报告表明，按照国际公认的标准测算，2001年底中国市场经济发展程度已达到 69%，这意味着我国已经成功建立了市场经济体系，政府很少直接干预影响经济活动，国有经济也不再是促进国民经济增长的主线，非国有经济的作用越来越大；资金配置

---

① 《十一届三中全会以来党的历次全国代表大会中央全会重要文件选编》（下），中央文献出版社 1997 年版，第 170 页。

② 陈炎兵：《论社会主义市场经济体制形成和发展的四个阶段》，《党的文献》2009 年第 1 期。

的市场化程度显著上升，劳动者劳动和工资决定的市场化程度也在不断提高；贸易在市场化建设上也取得了卓越的效果，贸易主体也不再单一；不断建立健全相应的法律制度来保障市场的良好有序进行；企业获得了更大的自主权，市场则是决定商品价格的关键所在；各行各业的组织更加有序，行业协会等中介组织力量日益壮大，运行更加规范，并为政企良好关系的建立起了重要作用，这些都是市场经济体系的显著特征①。至此，我国社会主义市场经济体制最终得以确立。总体而言，中国市场经济进程的基本内容就是将资源配置方式由政府主导改为市场主导，强调资源配置过程中市场的基础性作用。

(二) 市场经济建设为社会主义核心价值体系提供的机遇

1. 打破"平均主义"的误区，激发国民开拓创新、勇于争先的主动性

计划经济时代的分配方式主张"均无贫，安不倾"、"不患寡而患不均"的"大锅饭"，即遵照平均主义的分配原则，"干好干坏一个样"。其结果就是看似公平，实际上则蕴含了极大的不公平。它否定了劳动技巧、劳动效率和质量的差别，打击先进，鼓励落后，因而滋生了社会成员"少劳多得""不劳而食"的惰性心理。其后果必然是劳动生产率低下，共同落后，共同贫穷。

社会主义市场经济奉行"多劳多得，少劳少得，不劳不得"的分配原则，先施行单纯的"按劳分配"，再逐渐向"按劳分配与按要素分配相结合"推进；邓小平同志也提出过"让一部分人先富起来"。以上这些理念与实践都是对"平均主义"的颠覆。在社会主义市场经济社会中，收入方式由"吃大锅饭"转向"分灶吃饭"，收入数量由"靠国家统包"转为"靠自己努力"。社会成员的劳动积极性被调动起来，大家纷纷开始主动出击，开拓创新，找出路、谋发展，不再单纯依赖国家的"死工资"；加之"计件工资制""奖优罚劣"等激励性收入制度的推行，人们自然会为了得到更多的奖励使出浑身解数，各

---

① 《中国已建立市场经济体制》，《瞭望新闻周刊》2004 年第 18 期。

尽所能，力争上游。

2. 对"效益"的追求催发"节约"、"竞争"等积极、先进的社会意识

效益是指劳动（包括物化劳动与活劳动）占用、劳动消耗与获得的劳动成果之间的比较。用同样多的劳动占用与劳动消耗获得的劳动成果多，效益就高；反之，效益就低。在计划经济时期，成本与收益都是国家统包统揽，与劳动者没有直接联系，因此劳动者缺少"成本—收益"分析意识，劳动力、劳动工具、原材料与资金等资源被低效甚至无效配置与使用，导致社会生产的高消耗、高投入、高浪费与低收益、低效益的不合理局面。社会主义市场经济时代，市场经济主体不论是国有还是私营，大多拥有独立的经济利益，自主经营、自负盈亏、自我约束、自我发展。各经济体生产经营的成本与收益都与自身经济利益紧密相关，因此降低成本、提高收益、增加盈利成了这些经济体的共同目标。加之市场经济条件下市场的开放性和平等性，各行各业间都存在着激烈的竞争。倘若不能降低生产成本、提升生产效益、保证产品质量，就有可能面临被市场淘汰的危险。为了在激烈的市场竞争中取胜，除了提高效益外，人们还会致力于经营理念的转变和管理水平的提高，"强强联合""大鱼吃小鱼"等竞争的方式逐渐被社会所接受和认可，也因此促进了社会成员和经济体的开放意识、信誉意识和协作意识的形成。

3. 政府职能转变推动民主化进程

在我国建立和完善社会主义市场经济的过程中，政府职能的转变是其中最重要的任务之一。经过二十多年的探索，我国政府职能在四个方面的转变效果明显，即政府变为有限政府而不再是全能政府，人治政府逐渐变成了依赖于法制治理的法治政府，政府更加透明不再是传统的封闭状态，政务的定位转为人民服务而不仅仅是管制人民①。

---

① 温宪元：《政府职能转变是完善社会主义市场经济的核心》，《南方日报》2012 年 1 月 30 日。

有限政府即权力受到限制的政府，它要求把政府的权力限定在提供公共产品、维护市场秩序和社会安全稳定、实施宏观调控以弥补市场失灵等几个少数领域之内，①"把市场的还给市场，把社会的还给社会"，有所为，有所不为，为所该为。有限政府是有效政府的前提，职能的"有限"既可以防止行政机关滥用公权力，过多介入本应由公民个人、市场主体、社会组织自己管理的事情，又可以为政府减负，有质量地管好自己管辖范围内的事务；法治政府是指政府时刻受到法律约束和支配的法制建设状态，② 是相对于"人治政府"而言。法治政府要求政府建立健全政府行政的法律依据，依法行政，把政府的一切行为都纳入法制的轨道，做到有法可依，有法必依，执法必严，违法必究。法律监督、行政监督和群众监督、社会舆论监督的有机结合，是严格约束政府行为的有力保障。法治政府的主要标志主要表现在四个方面：一是行政权力法定化，二是行政程序公开化，三是行政执法规范化，四是法律监督体制化，③ 透明政府是指公民有权利获得并使用与自己利益相关的政府政策的信息，包括立法活动、政策制定、法律条款、政策实施、行政预算、公共开支以及其他有关的公共行政信息（涉及个人隐私、商业秘密及国家安全法规定的不能公开的除外）。政府有义务依法公开重大决策及其制订过程与程序，并引入公众参与机制，以便公众能够有效地参与公共决策过程，并对政府行政过程实施有效的监督。各国行政法治实践证明，政府透明、行政公开是约束行政权力、防止权力腐败、建设法治政府的良方；④ 服务政府是基于人民本位和社会本位的理念提出的，为公民、为社会服务的政府，其

① 张振东：《市场经济与政府职能定位》，《北京交通大学学报（社会科学版）》2009 年第 1 期。

② 杨鸿台：《论法治政府、责任政府、服务政府及政府职能转变》，《毛泽东邓小平理论研究》2004 年第 7 期。

③ 杨鸿台：《论法治政府、责任政府、服务政府及政府职能转变》，《毛泽东邓小平理论研究》2004 年第 7 期。

④ 莫于川：《有限政府·有效政府·亲民政府·透明政府——从行政法治视角看我国行政管理体制改革的基本目标》，《政治与法律》2006 年第 3 期。

职能方面突出"服务"的概念，主要表现在为社会提供公共产品和服务，为其他市场主体提供一个公平、公正的竞争环境，调控经济与社会的健康发展，调节社会群体之间的收入差距，促进社会公平正义，从而保障社会健康、安定、有序地运行和发展。改革开放以来，我国政府职能的转变经历了多次规模较大的改革，这既是对经济体制改革的呼应，更是政治体制改革进程中重要的步伐，对完善社会主义民主制度，推动政治民主化都有着举足轻重的意义。

（三）市场经济对社会主义核心价值体系建设提出的挑战

不可否认，正是因为有了建设市场经济的"破冰"之举，当今的中国有逐渐完善市场体系，从而激发强盛的社会生产力的机会，才能顺利形成建成健康、灵活的人才激励机制，我们的国家才如此地富有朝气和活力。但同样让我们不能小觑的是，社会主义核心价值观在市场经济的浪潮中，也同样面临着价值理念的冲击。

1. 利益分化带来价值取向的多元化和社会不平等的加剧

利益是人与社会发展的内在动因。在社会发展的过程中，人们由于利益的需要而组成相应的利益关系和利益群体。利益分化是指由于社会结构性变革而使一种既定的利益关系发生重组，并进而引起社会成员的既得利益关系发生急剧变化，利益差距迅速扩大的过程。[①] 我国的利益分化源于市场经济引发的社会结构的分化与变迁。改革开放前的中国，是一个社会结构单一、均等化程度很高的社会，也被称作总体性社会，即社会成员的组织方式和关系格局整合程度很高，而分化程度则低得多的社会。社会成员之间的利益组织形态表现出高度的整体性，个体的利益只有符合整体利益的大局才具有合法性的证明，也就是说，整体利益是个体利益的代言，个体必须无条件服从整体。在这种情况下，个体在寻求利益的内容、角度和层次上较为平均化和

① 朱树彬、涂小雨：《社会转型时期利益分化问题探析》，《学习论坛》2012 年第 7 期。

一致化，获取利益的渠道也较为稳定和均衡。在同一社会阶层中，利益鲜有明显的分歧和差别。随着改革开放的推进，社会结构出现了调整与分化，原有的利益共同体被瓦解，孕育出不同的利益群体，利益的主体、内容、层次和诉求渠道也出现了分散化、多样化的趋势。利益分化和利益差异打破了原有的利益认同和利益均衡，人们在利益诉求中摆脱了对某一特定利益提供者（传统社会中主要表现为国家）的依赖，呈现出利益独立化、竞争化的态势。在这样的情境下，个人利益和群体利益日益凸显并被强调，由此引发的利益冲突也屡见不鲜。

（1）利益分化带来价值取向的多元化与新旧观念的冲突

市场经济的变革使人们的人生观变化具有多重表现与多样选择的新特点。不同的利益群体萌生了不同标准的价值取向和价值标准，对宏大的传统价值观念的依附也日渐式微。这些价值取向与价值标准逐渐进入人们的视野，并逐渐得到人们的接受和尊重。在新生的价值观念中，不可避免地会出现与传统价值观念相悖之处，二者之间形成张力。

其一，"多元"与"一元"的冲突。"一元"价值观念是指传统社会中，从社会全体成员普遍服从于某一既定的价值观念，作为评判个体思想言行"道德与否"的唯一标准；"多元"价值观念是指在当今社会背景下形成的价值取向多样化、独立化甚至斗争化的观念形态。在多元价值观念盛行的社会里，人们往往会对原有的"一元"观念产生质疑、批判甚至扬弃，从而威胁到后者在价值体系中的主导地位。

其二，"个人"与"集体"的冲突。计划经济时代，我国一直信奉"国家至上""集体至上"的整体本位的价值伦理，"重整体、轻个人"的思想赢得了毋庸置疑的权威性。"个人"是"集体"的附庸，不能作为一个单独的个体而存在。个人利益只有在集体利益被满足时才允许被提出，个人价值的实现必须建立在集体价值实现的基础上。个人必须融入集体，得到集体的认同，才能获得肯定。随着市场经济的推进，利益主体多元化，利益的获得渠道多样化，人们追求利益不再单纯地依赖以国家为代表的集体，个人利益的实现与集体利益的获得渐渐脱钩，个人价值的彰显也不再强制地体现在"服从集体"上，而更多地表现在个人作为"个体"所取得的成就和成功中。例如中国网球选手李娜在告别国家队"单飞"成为一名职业网球选手后，三年未到便成为法网历史上第一名捧起网球大满贯赛单打冠军的亚洲选手，就引发了大众对中国体育"举国体制"的质疑和对"单飞"模式的推崇。在国家法律制度的层面上，也开始倡导"个人有权谋取自己的正当利益"，对个人利益的追求已经进入了合理化的台面。

其三，"功利"与"道义"的冲突。传统上，"重义轻利"的观念在中国传统伦理观中占有极为重要的地位。综观新中国成立以来的历史，道德榜样都与"清贫"和"言义不言利"，"尚义拒利"相联系[1]，刻板地认为具有崇高道德境界的人必定都是穷苦的。倘若他们追求物质利益，就会让崇尚他们的人感到困惑和无法接受。在市场经济的冲击下，这样的道德价值观渐渐失去了钳制力。国人在谋求幸福生活和追求理想的过程中，对重义轻利的观念进行了强有力的、自上而下的反驳。这样的反驳首先体现在"把党的工作重心转移到经济建设上来"、"不管黑猫白猫，抓住老鼠就是好猫"，以及把 GDP 增长作为考量政府绩效和国家发展水平的重要指标等；在世俗社会，这样的反驳主要体现为整个社会开始将金钱作为追求的主要目标，"向钱看"成为大多数人价值观的一部分。所有的经济体都无需为财富进行道德辩护。在人们送去的祝福里，"恭喜发财"成为主流，时代的气质发生改变，发家致富成为至理名言，"能挣会花"的口号变得时髦流行起来。[2] 这是国人价值观念的一次革命，是历史的一大进步，但在现实中也往往因为缺少约束而造成社会秩序的混乱和社会风气的浮躁。

其四，"效率"与"公平"的冲突。在马克思提出的关于公平效率的理论中，传统的公平效率观是与计划经济体系相辅相成的。马克思重视的是最终分配结果的公平，也就是在收入上要保证公平。马克思认为付出了相同的劳动就应该获得同样的报酬，他坚持人们对生产资料的占有上也要保持公平。在马克思的公平效率观中，公平置于效

---

① 邹秀春：《新时期大学生道德榜样观念的冲突与超越》，《北京教育（德育）》2009 年第 2 期。

② 刘吉春：《改革开放三十年巨变——社会道德的变迁》，中国期刊网 2009 年 4 月 1 日，http：//www.chinaqking.com/原创作品/2009/31059.html。

率之上，有公平就有效率①。在市场经济环境下，为了改善旧体制经济效率低下的状况，对效率给予了特殊的强调，把效率作为考量行为的最高价值，甚至为了效率可以牺牲公平。由此造成的不平等竞争、垄断，以及国有企业改制中国有资产被侵吞等市场乱象严重破坏了建构在公平基础上的社会团结机制，极易激发社会矛盾。

多元价值取向的冲突，使社会大众接触到、感受到各种不同甚至相互矛盾的信仰选择，部分民众在激烈的价值理念碰撞中无所适从，失去了自我，在精神世界中迷失了方向，不仅价值观被扭曲，甚至会产生行为失范。

（2）利益分化导致社会不公的加剧

自20世纪90年代以来，随着利益多元化与分散化的出现，社会中原先存在的"无差异"阶层和群体开始分化，产生了不同层面的利益相关者，这些利益相关者表现出来的成长速度和成长能力也参差不齐②，既形成了利益集团化的格局，也因此形成了社会强势群体与弱势群体的分化。社会强势群体，亦可称为精英群体，也被称为社会优势群体，是指经济收入较高、有一定的社会地位、在生活时尚和消费潮流方面居于主导地位的阶层，主要包括企业家、国有企事业单位员工、高级知识分子、明星、政府官员以及其他具有社会影响力的名流等；社会弱势群体，亦称为脆弱群体，是指社会中一些生活困难、能力不足或被边缘化、受到社会排斥的散落的人的统称，主要包括下岗失业人员、农民工，以及生活贫困的农民等群体。

第一，强势群体与弱势群体的分化首先体现在资源的占有量上。20世纪80年代资源配置的扩散和90年代的再次"洗牌"，使不计其数的社会资源以极高的效率汇集到"上层"，形成了一个人数有限却掌管着大量社会资源的"上层"的出现。③收入和财富越来越集中在

① 向尊荣：《公平效率与市场经济》，《乐山师范学院学报》2004年第6期。

② 孙立平：《博弈：断裂社会的利益冲突与和谐》，社会科学文献出版社2006年版，第274页。

③ 孙立平：《博弈：断裂社会的利益冲突与和谐》，社会科学文献出版社2006年版，第60页。

少数人的手里，医疗、教育、就业等稀缺社会资源也往往掌握在这样一些"上层"的强势群体的手中，其他的群体尤其是弱势群体受到了相对或绝对的剥夺。造成了社会差距的扩大和社会结构的过度分化。①

第二，体现在强势和弱势两个群体对社会影响力的悬殊上。对于强势群体来说，彼此间相对牢固的联盟关系已趋于稳定，并由此形成了坚不可摧的社会效应，在社会生活中拥有显著的作用。这些影响的表现如下：首先，在制定和实施公共政策时产生影响。在 20 世纪 90 年代中前期，我国的经济实行紧缩的策略。当时由部分房地产公司赞助，举办了一系列以社会经济发展及相关领域为主题的论坛与研讨会，有一部分经济学领域的学者和专家带头号召，要求政府放开对财政的紧缩管理并呼吁建立宽松的金融环境。其次，获得话语权并影响公众舆论走向。较为典型的表现是新闻传媒在 90 年代中期深受强势群体介入。一些知识分子在舆论中制造的主导式发言更加直言不讳地道出强势阶层的策略和价值。再次，由于弱势阶层的各种机遇多要依靠强势阶层供给，使得弱势阶层对强势阶层的依附有增无减，对强势群体的非正当行为无力可施，只能采取默认或听之任之的态度。资本与地方政府结成同盟关系，这在拆迁和征地等问题上表现得尤为突出②。《南风窗》杂志主笔章敬平曾行文指出："一个特殊利益阶层能够针对一份可能不利于其阶层利益的文件，公开发表反对言论；一部分市场化色彩相对浓厚的媒体不仅为持反对意见的阶层代表提供舆论阵地，还能为他们提供讨论批评红头文件的平台；反对派的意见和舆论干预的合力竟然最终影响了一份红头文件的走向。且不论反对者的理由是否充分，也不论红头文件本身是否有缺陷，这样的现象本身已足够我们激动。"③

---

① 孙立平：《资源重新积聚——90 年代中国社会分层基本背景》，《科学决策》2002 年第 3 期。

② 孙立平：《博弈：断裂社会的利益冲突与和谐》，社会科学文献出版社 2006 年版，第 274—275 页。

③ 章敬平：《"121 新政" 78 天风云录》，南方网财经频道 2003 年 9 月 22 日，http：//www. southcn. com/finance/financenews/guoneicaijing/200309220870. htm。

第三，不同群体间的冲突体现出群体间的紧张关系。在利益分化的基础上，强势群体和社会大众、弱势群体间的裂痕进一步加深。2003—2004 年分别发生在哈尔滨、长沙、深圳和北京的中国人民大学校园里的宝马撞人案，也许只是普通的交通事故，大多带有偶然性，但在普通民众心理，"宝马车"不仅仅是简单的汽车品牌，而是代表了金钱、权力以及建立在此基础上形成的社会身份的象征，也就是说，"宝马车"等贵族车牌本身的品牌效应赋予了撞人事故别样的象征性；而这些车的驾驶者也给公众留下了以霸道、蛮横、以强凌弱、仗势欺人，和故意挑战社会规则、破坏社会道德底线等方式来彰显他们特殊的身份地位的印象定势。而他们在事发后表现出的粗暴和蛮不讲理的态度，不仅巩固了而且更加强化了人们的这一印象。于是位于相对弱势地位的老百姓依据自己有限的想象力，将宝马撞人事件，演绎为权势者与老百姓之间的冲突①。较为典型的事例还有，2010 年李启铭在河北大学校园内酒驾致一名女生死亡另一名受伤之后，"我爸是李刚"便成了民众用以调侃泄愤的口号；同年药家鑫开私家车肇事并犯故意杀人罪，被民众当作"权势二代"而掀起了人人得而诛之的舆论氛围，最终以一种"全民欢呼"的方式让他偿了命。上述典型事例发生之后，在各大官方网站、报纸、及其他主流与非主流媒体上无不一石激起千层浪，愤怒的谴责、热烈的讨论、真伪难辨的"最新爆料"和"人肉搜索"填充着一张又一张的主要版面……这些群体间的冲突无一例外地证明着强势群体与普通百姓，乃至弱势群体间一触即发的紧张关系。

2. 社会生活"市场化"带来"交易"意识的泛化

所谓社会生活"市场化"是指在市场经济带来了经济的持续高增长的背景下，市场机制的快速扩张和市场逻辑的"普遍化"（比如效率不仅成为生产领域的重要指标，同时还成为社会生活领域的指标）对社会生活产生了深远的影响。社会上开始弥漫着市场万能的认识，

---

①　孙立平：《博弈：断裂社会的利益冲突与和谐》，社会科学文献出版社2006 年版，第 271—272 页。

以为只要有了市场经济，中国的一切问题都可以迎刃而解。这种市场
神话极为强烈地推动着市场规则突破经济的范围，向一切社会领域，
包括道德领域进军①。市场意识也因此逐渐渗入大众的生存意识，市
场关系成为维系大众日常生活关系的纽带。社会生活市场化的突出表
现就是市场交易机制越来越在日常社会关系中占据决定性位置，几乎
各种日常社会关系，包括社群关系、公共关系、职业关系、人情往来、
友情关系、甚至家庭关系等，都隐含着某种交易的意味和交易的性质。

社会生活的"市场化"对几千年来的中国社会伦理与道德底线构
成了严重的挑战。新华社记者杨继绳把这股潮流称作"物欲的浊浪"，
也曾忧心忡忡地指出，"就如突然冲开闸门的洪水急速奔腾，一泻千
里，四野横流，将精神的堤坝冲毁。卖官鬻爵比比皆是，权钱交易屡
禁不止。公务变得浑浊不堪，成为私人交易，温情脉脉的友情成了冰
若寒霜的交易，金钱成为打量一切的标尺，利益成了驱动一切的力
量。"②"交易"意识的泛化一方面带来功利主义与实用主义的盛行，
即人们把追求实际利益的最大满足作为价值选择的指向和航标，把获
得功名利禄作为人生的目的和意义之所在，一切都以能否获得个人利
益来作为价值判断的准则；另一方面也造成权力寻租的蔓延。所谓权
力寻租，实质上是一种非生产性的活动，主要是掌控公权的群体以权
力为交易筹码谋取个人不正当得利的行为，把权力当作商品或者说把
权力作为一种交易资本，在商品的交换过程中以及在参与市场竞争的
时候谋取经济利益。权力寻租给掌权者带来的"好处"成为孳生这一
现象的最大驱动力。从2003年的"沃尔玛礼品"，2004年的"朗讯风
波"，2005年的"张恩照事件""德普案""香港谢瑞麟父子案"，以
及2009年的"力拓门"等商业贿赂事件；到"官煤勾结"的沉疴痼
疾，即一些地方党政干部利用手中的权力，以多种形式介入私人煤矿
的参股分红，并以此作为交换条件，为这些私人煤矿的违法乱纪行为

---

① 李友梅等：《中国社会生活的变迁》，中国大百科全书出版社2008年
版，第297页。

② 转引自刘文林、李庆朋：《试论社会主义法治理念的国情背景》，《法
制与社会》2011年第7期（中），第27—28页。

充当保护伞；再到国有企事业单位甚至政府部门公职人员录用中的"萝卜招聘"、"花钱买编制"，乃至招考过程中的徇私舞弊案等，无不折射出权力寻租的涉及面之广、默认度之高、手段之多样。有学者估计，中国近几年的寻租"租金"总额已达 GDP 的 20% 以上，这确实是一个十分令人震惊的数据。在权力疯狂寻租的过程中，制度被破坏，规则被抛弃。巨额的"租金"也推高了经济社会的交易成本①。

3. 社会机制的不完善带来道德滑坡与道德失范

市场的"趋利性"极易诱发个人主义、享乐主义、拜金主义的思想，从而削弱共产主义的理想和信念，动摇对马克思主义的信仰，否定社会主义价值观和道德观，造成社会道德水平的滑坡。

首先，市场经济体制客观上本该是对成熟、独立以及自觉的现代化主体进行塑造与呼唤，在竞争机制与利益机制的促进下，让人们脱离各种权力依附与人身依附，实现人的全面自由发展，转向富有创造性与个性的独立个人；但转型中，其制度文化建设的相对落后以及理论积淀的不足导致了在市场经济重视自由放任与效率至上面前，人们很容易从一个极端走向另一个极端，从以往个性和需求被严重压抑，转到对个性追求异常地热衷与鼓吹。② 对个性的过分追求和对个体利益的过度强调，会让人形成"人不为己天诛地灭"和"唯我独尊"等错觉，从而出现将个人利益凌驾于他人和社会利益之上，甚至为达到个人利益最大化而不择手段的现象。此时，市场经济所要求的个体的主动性变成了随意性，积极性变成了破坏性。③

其次，从改革开放初期"下海捞金""先富起来"的人群看，多数不是教师、医生、国有企事业单位的正式员工等受道德约束相对较

---

① 李长安：《中国进入了权力寻租的疯狂时代》，21 世纪网西部频道 2011 年 11 月 29 日，http://xb.21cbh.com/HTML/2011‑11‑29/1MMDAwMDI1NjM1MQ.html。

② 杨春玲：《浅议我国社会转型时期的道德失范及建设》，《昆明理工大学学报》（社会科学版）2003 年第 12 期。

③ 杨春玲：《浅议我国社会转型时期的道德失范及建设》，《昆明理工大学学报》（社会科学版）2003 年第 12 期。

高的群体，而是"胆大心细""敢钻空子"的"先行者"。当时流行"撑死胆大的，饿死胆小的""要想富，偷铁路"等口头语就是对某些现象的侧面反映。事实上，这些"先富起来"的人自身的道德素质并不是十分理想，他们的成功主要是由于机制的不成熟给他们提供了空间，加之他们在大胆的摸索与尝试中进行投机，获得了"原始的积累"。在他们富起来之后凭借经济地位和经济力量在部分社会生活中占据了主流，形成了一定的影响力。与之形成鲜明对比的是，接受过良好教育或者通过诚实劳动与诚信经营的人却并未在财富的积累上拥有与上述群体平等的良好机遇。这些人数量庞大却发展受阻，在道德领域中无法占据主导地位[1]。加之财富的增加带来的切实好处，人们往往把前者视为成功的典范，争相效仿和推崇，把后者当作"无能"和"失败"的角色，对他们的道德呼吁和道德示范视而不见，甚至对他们的道德理念持不屑、嘲讽和怀疑的态度。因此出现了"劣币驱逐良币"的效应。

再次，遵从道德付出的成本过高。从心理学的角度而言，绝大多数人在选择自己行为的时候，是要对这种行为所要付出的代价和可能获得的收益进行计算的，只有收益大于代价，才可能选择这种行为——当然，也不否认由于对于社会中的某些占支配地位的价值观念，或者传统价值观念的认同和内化，很多人是愿意以自己的利益去换取他人利益的，比如见义勇为、乐善好施等行为。清华大学社会学学者孙立平教授曾指出，造成当前道德滑坡的一个重要原因是社会中的种种制度安排使得遵从道德的行为成本过高，而违反道德的行为需要付出的代价太小，这样就加大了人们不遵从道德的可能性[2]。例如近些年时而出现的救助摔跤老人却反被诬告的事件，导致多个地方的老人摔倒后无人问津，即使有人愿意搀扶，也是要在"有据可证"（如有路人作证，或者留有图像证据等）的前提下；在"小悦悦事件"中，

---

① 张鹏程、王雅文：《市场经济体制下道德滑坡现象与本质探析》，《思想政治教育研究》2006年第6期。

② 孙立平：《断裂——20世纪90年代以来的中国社会》，社会科学文献出版社2003年版，第268页。

冷漠的路人除了内心的谴责外，可能几乎没有付出任何实质性的代价，而勇于将遭遇车祸的儿童从车轮下救出的拾荒阿姨陈贤妹却被某些媒体记者质疑为"想出名"，明明救了人却因此"背了黑锅"，承受着始料不及的舆论压力，乃至被迫回老家"避风"……这种遵守道德却要付出高昂代价的社会现实足以让人们对"做好人"望而却步。

二、传统型社会向现代型社会转变

我国传统型社会向现代型社会的转变主要表现在由农业社会转向工业社会、由农村为重心的社会转向以城市为重心的社会，工业化与城市化是其变迁的过程，亦是其变迁的驱动力。

（一）工业化

工业化一般是指传统的农业社会向现代工业社会转变的过程，主要表现为工业（或称第二产业）产值在国民生产总值中比重不断上升，以及工业就业人数在社会总就业人数中比重不断上升的过程。工业化是现代化的基础和前提，高度发达的工业社会是现代化的重要标志。20世纪以来，尤其是第二次世界大战之后，工业化成为各国经济发展的目标和支柱。工业化程度也成为衡量一国科学技术发展水平的重要标尺。我国的工业化发展为社会主义意识形态建设提供了技术支持，但其发展过程中与之相伴相生的诸多弊端也在客观上不可避免地对社会主义核心价值体系进行着严峻的考验。

1. 我国工业化的兴起

中国的工业化征程起始于建国初期，目标是于"一五"期间提出。经过半个世纪的奋斗，我国已经建立了独立的较为完整的工业体系。从洋货遍地，到世界工厂；从一穷二白，到工业大国，中国用六十余年的时间走过了西方发达国家近300年工业化的历程①。

---

① 《新中国60年工业发展之路》，《黄埔》2009年第6期，第64页。

我国的工业化总体上经历了以下几个阶段：①

第一阶段：工业化起步时期（1953—1978 年）。这一阶段是新中国工业化的第一阶段，其主导者是以毛泽东同志为核心的第一代领导集体。1953 年之后，中国超越常规做法，选择重型工业为起步点，在战略上对其采取优先发展的方式。在经济体制的建设上，国家创立了许多国有型企业，这种集中程度极高的管理机制保证了建设过程中的资金问题，通过高积累的办法确保资金不会出现短缺，以顺利进行规模较大的重型工业建设。这种新的管理机制在整个经济体系里快速延展。集中程度高是当时体制的特点，亦是中国三十多年计划经济的雏形。与此同时，在 1952 年到 1965 年期间，轻工业的年均增长率仅为10%，低于重工业年均增长率 10 个百分点。重型工业在整个社会工业生产中的比重达到 48.4%，提高了约 13 个百分点。冶金、电力、煤炭、化学、机械等行业得到重点发展。在这一阶段中，我国的工业化路线是借鉴苏联"要大炮不要黄油"的模式，造成了重工业与轻工业的发展比例失调，两种工业无法形成协调有序、相互补给的发展格局，形成"重工业重，轻工业轻"的结构性矛盾，造成国内消费品短缺，消费需求被抑制的局面。国民经济因此缺少稳定、持续的增长力。此外，由于片面追求高速度发展，经济发展方式粗放，忽视了经济效益和效率，资源消耗的增长大大高于经济增长。

第二阶段：调整时期（1979—1992 年）。这一阶段是由以邓小平为核心的第二代领导集体主导的。基于起步阶段重工业模式下形成的问题与矛盾，70 年代末期开始，中国进行了工业发展战略大调整，采取消费型导向的工业发展路线。在 1980—1985 年的工业总产值中轻工业的比重迅速由 47% 上升到 49.6%。轻工业和重工业的增长变得逐渐协调起来，二者的互动与互补更加频繁并逐渐形成了机制。重型工业主要负责生产工业原料并向轻工业提供机械设备，轻工业则不断地拓展市场，用产品市场化途径拉动重工业产品的需求。与此同时，经济体制改革的步伐也在加快，经济形式逐渐从封闭状态趋于开放，主要表现在为资源配置注入了市场调节的生命力，逐步实现计划与市场

---

① 娄括征：《中国的工业化进程》，《辽宁行政学院学报》2005 年第 1 期。

相结合的方式，不再将国家与政府的计划手段作为唯一合法的形式。工业化的总体进程也由工业化初级阶段向工业化中期过渡。

第三阶段：全面市场化阶段（1993—2002 年）。这一阶段是以江泽民同志为核心的第三代集体主导的，其突出特点是消费结构的明显升级并由此推动产业结构向高度化的演进。信息革命的到来是人类在改造环境和征服自然的道路上获得质的飞跃的新阶段。这项新技术革命令传统的机械化生产转向电气化、自动化和智能化的社会生产。在生产和消费需求升级的推力下，基础设施和基础产业、家电产品等成为新兴的高增长产业，从而促成了新一轮的产业结构升级①。

第四阶段：新型工业化阶段（2003 年至今）。这一阶段是我国目前所处的阶段，其主导者分别是以胡锦涛同志为核心的第四代领导集体和以习近平同志为核心的第五代领导集体。在本阶段，包括中国在内的多数现代化国家已进入后工业化阶段。资源、环境对发展水平的瓶颈作用凸显，高投入、高消耗、高污染、低效率为特征的粗放型经济增长方式逐渐引起国家的重视，国家的工业发展理念也在逐渐和世界接轨，科技含量高、经济效益好、资源消耗低、环境污染少、人力资源优势得到充分发挥的新型工业化道路被提上发展日程，重视改造传统产业，同时提升优势产业。

2. 工业化社会为构建社会主义核心价值体系提供的机遇

第一，生产力的提高带来人民生活水平的提高，为社会主义核心价值体系建设提供物质基础。工业化大生产的显著特征是生产方式的高度机械化带来生产成本的降低和生产效率的提高，并推动企业经营和管理方式的变革。随着工业化大生产的推进和科学技术的提升，我国的社会生产水平迅速提高，带来物质生活的极大丰富，带动了国民经济的增长，从而为我国社会主义意识形态建设奠定了雄厚的物质基础。社会主义核心价值体系作为社会主义意识形态的价值判断体系，同样对社会主义物质生活条件具有不可剥离的依赖性。邓小平指出

① 陈一鸣、全海涛：《试划分我国工业化发展阶段》，《经济问题探索》2007 年第 11 期。

"发展是硬道理","社会主义的优越性归根结底要体现在它的生产力比资本主义发展得更快一些,更高一些,并且在发展生产力的基础上不断改善人民的物质文化生活"①;江泽民也指出:"深化人们对社会主义的认识、说服那些对社会主义持怀疑态度的人,坚定人民对国家未来的发展前景和社会主义道路的信仰与信念,终究是要依赖于发展。"② 换句话说,只有让人民在社会主义核心价值体系建设中真正享受到了社会主义带来的实惠和利益,才能获得广泛的认同和支持,从而使社会主义核心价值体系深入人心,牢牢树立在广大人民群众的心中,成为全社会的主流价值取向和广大人民群众的思想共识。

第二,工业化为社会主义核心价值体系的传播提供了技术条件。工业化带动了数字化技术的飞跃,继而带动大众传播技术的提高。环顾四周,我们的周围充斥着各种大众传媒:太空里通讯卫星在充塞空间,全球范围内遍布与共享着互联网,海底间光纤电缆穿越着洲际……整个地球被信息技术纵横交错地包裹起来。相对较为传统的传播媒介如书籍、报刊、广播、电视等,与光、电子、互联网传播手段,如图文传真、卫星通讯、电子邮件、电子出版物等共同构筑了立体的传播网③。"酒香也恐巷子深",意识形态能够成功传播,不仅有赖于其本身的科学与正确,也要依靠有力的传播。以上先进的传播技术可以从全方位、多角度,利用各种多媒体技术,将社会主义意识形态及其核心价值体系渗透到社会生活的方方面面,同时其普及性和互联性也有助于密切联系群众,反映人民群众的呼声和利益诉求,凝聚公共意识。

3. 工业化社会对构建社会主义核心价值体系构成的挑战

工业化社会在为我们创造巨大的物质财富的同时,也造成了诸多的社会弊病。最典型的体现就是技术理性取代价值理性。

根据马克斯·韦伯的观点,技术理性是"通过对外界事物的情况

①　《邓小平文选》,人民出版社1993年版,第63页。

②　江泽民:《论三个代表》,中央文献出版社2001年版,第123页。

③　杨芳芳:《浅论媒介技术与社会发展》,《理论月刊》2006年第6期。

和其他人的举止的期待，并利用这种期待作为'条件'或者作为'手段'以期实现自己合乎理性所争取和考虑的作为成果的目的"①；价值理性则是指"通过有意识地对一个特定的行为——伦理的、美学的、宗教的或任何其他阐释的——无条件的固有价值的纯粹信仰，不管是否取得成就"②。价值理性的宗旨在于提升人对于摆脱奴役、摆脱恐惧和免予被伤害以及创造和意义的思索，相比其他理性，更着眼于人类本身生存的需要及其所代表的价值和意义。

在许多道德哲学家看来，充斥技术理性的社会不是让技术或者工具为人类服务，而是使人沦为技术或者工具的奴隶，也称作"技术的异化"。在被"异化"的工业社会中，工具理性强化了科技对社会的统领，而整个社会为之付出的代价是人的物化、价值的衰落——也可称为价值理性的退化与衰弱。总而言之，理性化反致非理性③。这种"非理性"主要表现在人与社会的关系层面、人与自然的关系层面，以及道德规范的层面。

其一，人与社会的关系"物化"，造成社会失谐。"法律和制度都将效率摆在了至高无上的地位，它们的根本基础是理性，目的就是让生产不间断地一直进行下去，人们被迫被生产机器带动着并跟随着生产的节奏工作。所有人都受制于物质产品。最终，这二者变得让人们无法抗拒，并和其背后的制度一起，变成了韦伯所说的那个令人黯然神伤的'铁笼'。"④ 技术理性的发展使得人与人之间成为"物与物"的关系，甚至是数量关系。一方面，对一个人评价的标签往往是他的工作指标完成了多少、占有的财富量有多大，而不是其秉性与德行是否符合人性伦理与社会道德。人与人之间少了人情味，充斥着各种量

---

① 马克斯·韦伯：《经济与社会》上卷，林荣远译，商务印书馆1997年版，第56页。

② 马克斯·韦伯：《经济与社会》上卷，林荣远译，商务印书馆1997年版，第56页。

③ 陈志刚：《马克思的工具理性批判思想——兼与韦伯思想的比较》，《科学技术与辩证法》2001年第12期。

④ 汪民安：《现代性》，广西师范大学出版社2005年版，第39页。

化的考核指标。人的功能与价值等同于机器；另一方面，随着机器大生产的普及与应用，人与人之间的合作与交流变成了人与机器的对话，人对机器的驾驭也逐渐演化为机器对人的束缚与制约，使人成为机器的附属物。带来的后果就是物的价值取代人的价值，社会关系以物质为中心，罔视人际间的人文关怀，从而激化社会矛盾，破坏社会和谐。

其二，人与自然的关系紧张，危机重重。恩格斯曾说过："不要过分地沉醉于征服大自然的喜悦之中，人类的每一次对大自然的征服，大自然都将会报复人类。每一次胜利，起初确实取得了我们预期的结果，但是往后和再往后却发生完全不同的、出乎预料的影响，常常把最初的结果又消除了。"① 这一著名论断已经成为关于人与自然关系的经典言论。近现代大工业生产出现后，人类的自信心和对生存环境的不满足感驱使他们去"征服自然""统治自然"，毫无节制地向大自然索取、掠夺。不少地方以牺牲环境为代价，来获得眼前的经济利益。"发展"和"生产"已经成为众多浪费资源、破坏环境等不文明行为的借口与"合法化"的保护伞；在出口退税上，这些以"断子绝孙"的方式生产出的产品却受到鼓励，同时从事此类生产的外企不仅受到地方政府的极大欢迎和追捧，并且获得了降税的优惠②。这种肆无忌惮、毫无节制的浪费与污染导致了生态环境被严重破坏，而这种破坏也为我国人民带来了诸多灾难。例如过度开采引发山体滑坡，乱砍滥伐导致山洪泥石流爆发，违规排污造成生活用水严重污染，轻则损害国民健康，重则危害国民生命，甚至造成大规模灾难。

其三，从物欲时代到后物欲时代的道德迷失。物欲时代，道德逐渐迷失，源自于人们在追求更加成熟的技术、更加理性的经济和更多的金钱时都过于狂热。"资本家不择手段地榨取剩余价值，他们不仅无限度地提高工人的劳动强度，甚至抛开道德的约束，不顾法律的制

---

① 《马克思恩格斯选集》第 4 卷，人民出版社 1995 年版，第 383 页。

② 左大培：《中国的环境问题与可持续发展》，《人民论坛》2005 年第 10 期。

裁，无视生命的可贵，并为此不惜发动战争。"① 用韦伯的话说，工具理性逐渐发展到了这样一个阶段："专家没有灵魂，纵欲者没有心肝。"② 在这样的社会环境下，拜金主义、享乐主义盛行，物欲的沟壑难填，人们为了追逐经济利益抛弃道德底线，甚至不惜触犯法律法规。后物欲时代是指人类社会生产的快速发展使得长期困扰人们的温饱问题已基本解决，人们不用为生存和温饱问题而苦苦挣扎③。随着后物欲时代温饱问题的解决和空闲时间的增多，很多人也会因为空虚和无聊而产生道德失范和行为越轨。例如在我国农村，很多农民因拆迁、征地致富，这原本应是提高生活水平、丰富精神文化生活的好机会，但在这群致富的人群中，很多人也因一夜暴富而沉迷于赌博、吸毒等违法犯罪活动中不可自拔……原因就在于物质的极大富裕使一些人丧失了生活的追求和人生的斗志，转而在寻求"刺激"中寻找生存的"意义"。无论是人与社会关系的物化，还是人与自然关系的紧张，抑或物欲与后物欲时代道德的迷失，都会造成人们价值观、伦理观和道德观与"文明""和谐""公正""法治""诚信""友善"等社会主义核心价值体系的偏离，成为"实现人的自由而全面的发展"的障碍，亦会对构建社会主义和谐社会形成阻滞。

（二）城市化

城市化脚步的加快也是中国社会结构变迁的集中体现。在城市化进程中，由城市化带来的社会问题日益凸显，冲击着社会主义核心价值体系所根植的社会基础。因此，社会主义核心价值体系也不可避免地面临着现实的挑战。

---

① 陈志刚：《马克思的工具理性批判思想——兼与韦伯思想的比较》，《科学技术与辩证法》2001 年第 12 期。

② 马克斯·韦伯：《新教伦理与资本主义精神》，于晓、陈维纲等译，三联书店 1987 年版，第 143 页。

③ 邹小华：《后物欲时代的道德困境与道德教育创新》，《南昌大学学报》（人文社会科学版）2010 年第 7 期。

1. 我国城市化的兴起

"城市化"一词，最早由西班牙巴塞罗那的城市规划师 Ildefonoso·Cerda 于 1861 年出版的《城市化概论》一书中首次提出，至今已有一百多年的历史。从字面上理解，"城市化"就是指非城市地区向城市地区转化的过程，它包括国家人口由农业人口向非农业人口的转变，居住地由农村地区向城镇区域的转移，社会形态由农业社会向城市社会的变迁等经济社会发展过程；其主要表现为城市人口数量不断增加，人口向大城市集中；城市用地规模不断扩大，大都市圈出现；区域产业结构不断升级转换。可以说，城市化是社会生产力发展到一定阶段的产物，是人类文明进步的标志之一，同时也是经济发展和社会发展水平的重要衡量尺度。人们常常通过城市化程度来认识人类文明在区域间的差异。20 世纪 70 年代末，"城市化"的概念被引入我国。我国既是世界上城市化最早的国家，也是世界上城市化发展缓慢和近期快速增长的国家①。晚清鸦片战争以前，我国的城市化水平曾位居世界前列，但由于社会制度、生产力发展等因素的制约，我国的城市化进程在相当长的一段时间内停滞不前。直到 1949 年新中国成立，中国的城市化进程才开始进入起步阶段。

总的来说，新中国的城市化进程主要经历了六个发展阶段②：1949—1957 年起步发展；1958—1965 年曲折发展；1966—1978 年停滞发展；1979—1984 年恢复发展；1985—1991 年年稳步发展；1992 年至今快速发展。2012 年由中国科学院可持续发展战略研究组主持编写的《中国新型城市化报告》称，2011 年中国城市化率首次突破 50%，这意味着城镇人口超过农村人口，中国的城市化已实现快速稳步发展，而这必将引起深刻的社会变革。2001 年诺贝尔经济学奖得主，美国哥伦比亚大学教授斯蒂格利茨认为影响 21 世纪进程的有两件大事：

---

① 顾朝林：《城市化研究起源和中国城市化的总体特点》，中国城市发展网，2012 年 5 月 29 日，http：//www. chinacity. org. cn/cstj/zjwz/86523. html。

② 牛文元：《2012 中国新型城市化报告》，科学出版社 2012 年版，第 4—5 页。

一是美国的高科技，二是中国的城市化。因此可以看出，我国的城市化无论是对于世界经济的发展还是对于我国的现代化进程都将产生极其重大的影响。目前，我国的城市化进程主要呈现出以下特点：城市化速度明显加快；进程多由政府主导，市场力量不足；城市化发展不均衡，地域差异明显；配套制度建设滞后，社会问题频发。

2. 我国城市化进程中社会问题的凸显

城市化的发展是促进中国经济飞速增长的一个重要内驱力，在中国的经济转型和社会转型中发挥着举足轻重的作用。但在城市化的过程中，社会结构的变迁使得一些社会问题日益凸显，诱发不和谐因素。

其一，城乡二元体制带来资源分配不均、贫富差距加大。"消除两极分化，实现共同富裕"是社会主义本质的重要内容，也是建设社会主义和谐社会的前提和任务。自改革开放以来，中国的经济一直快速增长，2011 年 GDP 已达到 471564 亿元。但与之伴随的，是财富分配不均和贫富差距加大的问题。在城市化进程中，主要表现为城乡发展的不协调，即长期存在的城乡二元结构导致的各种资源在城乡间的分配不均和城乡居民总体收入的悬殊。中国社科院城市发展与环境研究所对此作了相应的调查并发布了《中国城市发展报告》，在第四部分《聚焦民生》中指出：截至 2011 年，在城乡差距方面，我国的数据位于世界前列，达到了惊人的 3.23∶1。其实早在 2005 年，我国的城乡差距已经远远高于其他国家。根据当时国际劳工组织的调查显示，我国是城乡人均收入比高于 2 的三个国家之一，而其他绝大部分的国家均低于 1.6[①]。除了收入差距之外，城乡的资源分配也呈现出明显不均衡的局面。城乡居民在社会保障、社会福利、教育资源、就业机会、医疗卫生条件等方面存在相当程度的差距，大量的公共资源、公共服务与基础设施建设的投资主要倾向于城市；与城市居民相比较，农村居民的基本生活权利往往得不到同等的保障。此外，在城市居民内

---

① 《有图有震撼，中国的贫富差距到底有多大》，雅虎社会版画报 2011年 9 月 21 日，http：//news. cn. yahoo. com/newspic/society/767/。

部，也出现了阶层与收入的分化。下岗失业人员、困难群体与城市富裕阶层的收入情况与生活处境形成鲜明对比甚至出现"马太效应"。

其二，"陌生人社会"带来道德冷漠。在传统的农业社区中，人们的交往多源自血缘和地缘，社群主要依靠"同质感"带来的情感认同来维系，人际纽带比较稳定。而城市化则造成了社区结构的急剧变化，社会解组程度提高。所谓社会解组，就是在传统社区发挥重要作用的首属关系和首属群体，其功能作用日趋削弱，社会成员的自我约束和内在控制能力减弱；快速的社会分化和社会流动，使社会一体化程度下降，社会整合困难①。而在城市化的过程中，人们的交往淡化了血缘和地缘的束缚，转而向契约化模式发展，形成"井水不犯河水"的独立生活空间，彼此之间成为"熟悉的陌生人"。正如英国后现代主义社会学家齐格蒙特·鲍曼所描述的那样："家的存在是为了保护其中的居住者而不是为了让人与社群融为一体……隔离和保持距离成为近来在城市中最通用的生存策略"②。这种脱离了社群关系的独立生活空间使得人们之间情感与责任联系的纽带松弛甚至断裂，在社会生活中人的工具作用大于情感作用。基于道德的联系被基于合作的联系所取代。人们之间感情淡漠、失却关心。由此带来的直接后果就是道德冷漠。

其三，"不确定性"因素增多，出现"全民焦虑"。"内心紧张不安，担心要发生什么不利的事，感到不愉快……""月薪多少会让你在相应的城市生活不惶恐？"中国青年报社会调查中心一项由 2134 名受访者参与的调查显示，焦虑在现代人的生活中已呈现常态化的趋势：约三成的被调查者表示他们产生焦虑的频率很高，生活中常常伴随焦虑情绪；约六成的被调查者表示他们偶尔才会感觉到焦虑，只有

---

① 阎志刚：《城市化与行为失范型社会问题初探》，《汕头大学学报》1998 年第 3 期。

② 齐格蒙特·鲍曼：《流动的时代》，谷蕾、武媛媛译，江苏人民出版社2012 年版，第 87 页。

约一成的受访者声称自己从未产生过焦虑情绪①。从东部都市到西部农村，从普通民众到达官巨富，焦虑如同挥之不去的空气，蔓延至社会各个阶层。有报道称，中国已经进入"全民焦虑"时代。所谓"全民焦虑"，其本质是人们对自己未来生存处境的焦虑。造成这种焦虑的重要社会因素是社会转型期尤其是城市化生活带来的"不确定因素"的增多。在城市化过程中，人口流动剧增带来人们居住地的频繁变换，就业、买房、看病、教育等实际生存问题也变得不确定，生活压力和事业压力成为人们"生命中不可承受之重"，这些都加深了人们对未来生活的恐慌；与此同时，民生保障不健全及社会不公平现象也加剧了中低阶层民众的焦虑感；再加上社会腐败、分配不公等现象，导致社会心理失衡，强化了普通人民群众对此现状的不满和未来的担心。② 正如一条广泛传播的微博段子说："我的股票赔得底掉，房贷还差90万，老板还经常扣工资，买的家具是达芬奇的，买的醋是勾兑的，买的奶粉是有添加剂的，即使走在路上碰到李双江他儿子也就算了，就怕碰到'李刚'他崽，非死即伤"。除此以外，城市生活中选择的多样化也容易造成心理冲突的增多，带来情绪上的焦虑化。

其四，"消费主义"盛行带来拜金主义和享乐主义。消费主义是西方发达国家普遍流行的一种社会道德现象，是指导和调节人们在消费方面的行动和关系的原则、思想、愿望、情绪及相应的实践的总称。其主要原则是追求体面的消费，渴求无节制的物质享受和消遣，并把这些当作生活的目的和人生的价值。消费主义与商业化社会相伴相生，集中体现在商业化程度较高的城市之中。消费主义消费观鼓励私人生活的繁荣，一方面主张大生产、大丢弃、大消费，另一方面提倡消费主体追求纸醉金迷的生活，在非理性、奢侈和炫耀中显示等级、身份。其最终企图是不断引起人们无穷的消费欲望，把人塑造成一个

---

① 王丹阳、李颖、杨洋：《中国进入全民焦虑时代：白领精英和蚁族最焦虑》，《广州日报》2012年2月22日。

② 庞召川、王新洋、张柏霖：《对中国正进入"全民焦虑"时代的研究》，《商品与质量》2011年第12期。

只追求自立的经济人和只追求官能享受的动物①。以郭美美为代表的网络炫富者就是消费主义思想的产物。在消费主义思想的操纵下，人们必然会形成"金钱万能""金钱至上"的拜金主义思想和把享受感官快乐作为人生目的的享乐主义思想，并且相互攀比、相互排斥，造成人际关系紧张，甚至激发社会矛盾。

其五，都市亚文化丛生，良莠不齐。亚文化又称小文化、集体文化或副文化，指某一文化群体所属次级群体的成员共有的独特信念、价值观和生活习惯，与主流文化相对应的，那些非主流的、局部的文化现象。都市亚文化，即指那些存在于都市生活中占据从属、潜在或附属地位的文化。都市亚文化的受众通常以群体方式分布，不同社会阶层、不同职业、不同文化程度、不同兴趣爱好，都会产生和接受不同的城市亚文化。都市亚文化的产生原因在于城市化进程中和城市生活中价值观、审美观的多元化，有利于人们更自由地激发自己的思想和情感，并通过一定方式表达出来。依据性质与内容的不同，城市亚文化与主流文化之间既存在着相互融合、相互促进的关系，又存在排斥和逆反的现象。一般而言，积极健康向上的城市亚文化会对主流文化产生正面的影响，并被主流文化兼容并包和吸收，甚至转化为主流文化的一部分。如北京的798城市艺术文化、上海的海派风格城市文化、广州的流行音乐亚文化等。但与此同时，在城市中也会出现有悖于传统伦理道德和主流价值体系的媚俗亚文化，如"干露露现象""性感女主持""凤姐征婚闹剧"以及相亲、选秀节目中的各种恶搞、炒作等。这些媚俗亚文化以博人眼球为导向，以语言低俗为特色，把丑陋当卖点，拿肉麻当乐趣，给城市文化群带来严重的负面影响。

3. "城市问题"对社会主义核心价值体系构成的挑战

可以说，城市化本身并不构成对社会主义核心价值体系的挑战，构成挑战的是在城市化进程中出现的各种不良社会问题。这些社会问题带给人们心理、思想和行为上的冲击，便是对社会主义核心价值体系的传播、接受和认同构成的挑战。

———————————

① 阮超群：《消费主义消费观评析》，《高校理论战线》2012年第10期。

　　其一，对"平等"、"公正"与"民主"的挑战。"平等"多指人们在社会、政治、经济、法律等方面具有相等地位，享有相等待遇，没有垄断特权。是人与人之间的一种关系，是不同的人对待彼此的态度；"公正"则是人对事情的态度，即按照契约规则给予每个人应得的东西，是"公平"与"正义"的结合；"民主"的基本含义是人民的政权和按照人民意愿进行的治理。"平等""公正"与"民主"是社会主义核心价值体系中的社会发展途径。对"平等"与"公正"的挑战主要源自城乡居民之间、城市不同阶层与群体之间的分配不公和贫富悬殊改革开放后因脑体劳动差别造成的财富分层引起的公众不满并不多，人们的"仇富"情绪主要来自历史禀赋特别是转轨时期的暗箱操作、以权谋私的财富和利益格局的变动，"仇腐"大于"仇富"①。而"腐败"则不仅伤害了"平等"与"公正"，更是对"民主"的伤害。在这样的社会里，人们无法相信平等、公正与民主的存在，也无法通过平等、公正与民主的途径获得自己追求的目标，于是就会通过各种非正当的途径去争取，结果就是出现越来越多的行为失范和行为越轨，甚至爆发群体性事件。

　　其二，对"诚信"与"友善"的挑战。"诚信"的基本含义是诚实无欺、讲求信用。所谓"友善"，就是亲近和睦，亲密友好。"诚信"与"友善"是社会主义核心价值体系中的公民道德体系，既是个体道德原则，也是集体道德原则。在城市化进程中，对"诚信"和"友善"构成挑战的是消费主义盛行带来的"唯利是图"和陌生人社会带来的道德冷漠。在"唯利是图"思想的指引下，一部分群体错误地坚持"利益最大化"和"目的大于过程"的原则，为追求一己私利不惜不择手段、弄虚作假、坑蒙拐骗，使社会诚信受到冲击；加之社会诚信保障体系建设不完善，不诚信者的违法成本与所得利益相比微不足道，守诚信者反而处处蒙受损失。在这样一种情况下，如果内心的意志不足够坚定，很容易让内心"诚信"的道德防线崩塌。在缺乏诚信的社会里，人们彼此之间戒备有余而信任不足，这也是引发道德

---

① 徐萍：《新时期大学生社会主义核心价值观教育读本》，上海人民出版社 2010 年版，第 13 页。

冷漠的诱因之一。如前文所述，道德冷漠根源于陌生人社会中利益共同体的分解和责任主体的分散，在一定程度上也是出于对道德对象的不信任。道德冷漠主要体现为道德敏感的缺乏、道德判断的搁置、道德责任的逃避和道德实践上的不作为①。例如"小悦悦事件"中的见死不救和面对不法之徒的袖手旁观等。在这样的情境下，人际中的"友善"是很难实现的。

其三，对"文明"与"和谐"的挑战。"文明"一词有广义和狭义之分，广义的文明是指人们在改造自然、改造世界的过程中所创造的物质财富以及精神财富，是文化发展的一定阶段和积极成果。狭义上的文明主要指精神文明，意味着在思想上保持前进、在文化上保持进步、在精神上不断进化，而不是反面的思想保守、文化倒退和精神愚昧，是人类智慧、道德的先进状态。社会主义核心价值观中的文明特指狭义的文明；"和谐"是指对自然和人类社会变化、发展规律的认识，是人们所追求的美好事物和处世的价值观、方法论，是不同事物在对立统一的关系下形成的互利共存、共同进步的关系。表现在社会关系中就是社会氛围和睦协调。"文明"与"和谐"是社会主义核心价值体系中社会的发展目标。对"文明"与"和谐"构成挑战的是城市亚文化中媚俗亚文化。这些媚俗亚文化打着文化多元化、大众化的幌子，利用现代传媒技术的发达和内容的猎奇，贩卖庸俗、低俗乃至恶俗的文化垃圾或精神鸦片。而令人不解的是，这些媚俗亚文化竟然会被搬上主流甚至官方的媒体供人娱乐，不仅带给受众视觉上的冲击，也造成受众传统价值观的颠覆。在这样一种文化的辐射下，人们的审美观和品位趋于庸俗化、低俗化、颓废化，在心理上趋于浮躁和扭曲，在价值取向上趋于急功近利，认为只要能出名能获利，信仰、道德都可以抛在脑后。造成的结果就是令人们忽视人生价值、精神空虚迷失、信仰歪曲错乱，社会不正之风盛行，文明和谐更是无从谈起。

其四，对现实的不确定降低人们对核心价值观认同。价值取向的基础是利益的取向，所谓"利益"包括很多层面，如个人利益和集体利益、物质利益和精神利益、经济利益和政治利益。选择哪种价值取

---

① 刘曙辉：《论道德冷漠》，《道德与文明》2008 年第 4 期。

向就在于更看重哪种利益的满足。俗话说"仓廪实而知礼节"，按照马斯洛需求层次理论，只有当生存、安全等生理上的利益得到满足之后，才能考虑到精神层面的利益。在现实生存利益不确定的情况下，人们往往更多地着眼于具体的、眼前的、物质层面的"利益"，鲜有人会去思考抽象的、长远的、精神层面的"利益"。因此，倘若核心价值观不能够兑现人们在现实生活中的"利益"，就很容易被"实用主义"价值观占了上风，从而很难形成民众普遍接受的社会共识。

第 七 章
弘扬中国传统伦理思想文化精髓，
构建社会主义核心价值体系

中国传统伦理思想在五千年的传承中，不仅通过自身的演进与完善去适应社会与时代的需求，而且在古代社会乃至近现代社会的发展历程中，均起着能动的反作用。当前，我国正处于完善和发展社会主义市场经济体制、构建社会主义和谐社会的关键时期，外来文化和思想冲击着人们的传统价值观念，多种社会思潮活跃交织，这其中既有中国社会自身产生的，也有国外传入的；既有积极正面、进步向上的，还有消极保守、落后反动的。这些社会思潮相互交织、错综复杂，对人们的价值观、人生观产生重要影响。一些西方发达国家凭借自身在经济领域和信息技术的优势，不断对发展中国家展开意识形态领域的渗透，对马克思主义进行诋毁与攻击，试图对我国进行颠覆。正如蔡元培先生在我国第一本真正意义上的伦理学专著《中国伦理学史》序言中所述"吾国夙重伦理学……迄际伦理界怀疑时代之托始，异方学说之分道而输入者，如楚如烛，几有互相冲突之势。苟不得吾族固有之思想系以相为衡准，则益将旁皇于歧路。盖此事之亟如此。"① 故此，深入挖掘中国传统伦理思想的时代意义，反思其在近现代的变革历程，摒弃糟粕的同时特别弘扬其文化精髓，参考并借鉴其传播普及经验，以构建社会主义核心价值体系、推动社会主义核心价值观的大众化便成为时代的必然。

① 蔡元培：《中国伦理学史》，江苏文艺出版社 2007 年版，第 1 页。

第一节　探寻中国传统伦理思想时代价值，构建社会主义核心价值体系的整体目标

经过本书前部分的论述可知，中国传统伦理思想是中华文明宝库中的瑰宝，也是世界文明的宝贵财富。尽管中国传统伦理思想难免残留有中国封建社会旧制度、旧礼教的痕迹，但是，其中的积极成分要远远大于消极成分。时至今天，我们仍要充分探寻中国传统伦理思想的时代意义，为明确构建社会主义核心价值体系的整体目标提供可循之道。

一、强调整体精神，弘扬爱国情怀，形成民族精神纽带

纵观中国传统伦理思想史，对整体与个体关系的探讨贯穿始终。而正如本书第一章所述，由于中国古代社会的社会现实是以血缘为关系的宗法制的长期存在为特点，因此中国传统伦理思想中，尊崇和忠于以家庭、国家、民族为代表的整体便成为长久以来的道德所向，这不仅有力维护了社会秩序和统治稳定，而且对于凝聚民族共识、弘扬爱国主义情怀有着积极而有益的时代意义。

整体与个体，反映在中国古代各家各派的思想论著中，便是公与私。实际上，由于中国原始社会迈入国家刚刚诞生的文明社会之时，私有制尚未得到充分发展，以血缘关系为纽带的氏族制度也未得以根本性的铲除，社会中甚少有真正独立自由的个体，相反，却是以家庭、家族为整体的生活和生产活动始终占据重要地位。因此，在中国社会中，整体对个体始终起着重要甚至决定性的作用。在中国传统伦理的范式下，个人与家庭对国家而言是个人利益或局部利益，国家和民族的利益才是整体利益和根本利益，离开国家谈个人发展就是很难实现的。正因如此，中国传统伦理强调要将个人利益置于整体利益之下，强调集体主义的活动原则，要把民族和国家放在利益分配框架下的首

要位置和重要地带，在处理个人与他人、个人与社会的关系上，中国传统伦理思想主张要"舍己从人、先人后己、舍己为群"，在个体利益与整体利益发生冲突，个人利益与国家利益产生矛盾和纠葛时，应当以整体大义为重，以国家和民族的大义为先，牺牲个人利益。

我们可以通过中国古典文集的早期作品发现其中所蕴含的"忠公"精神。虽然春秋以前，关于整体与个体的关系尚未成为谈论的焦点，但从《诗经》提出的"夙夜在公"，《书经·周官》中提出的"以公灭私，民其允怀"，由此也可以看出，"公"胜于"私"，个体需屈从整体的观念已然确定。至战国时期，社会生产力和私有制获得了巨大发展，诸子百家的观点各成派系，争论不休，对于整体和个体抑或公与私的探讨便成为了焦点。但无论是一直以来倡导仁爱无私的儒家、道家，还是抵制人伦宗法的法家、墨家，却都无一例外地肯定了"去私行公"的伦理道德、重视整体和大众的价值观念。至秦汉以后，随着中国古代社会步入封建王朝时期，萌芽于先秦、形成于汉代的"三纲五常"成为了封建社会中基本的社会关系以及调控这些关系的道德原则和行为规范，其中"三纲"，即君为臣纲、父为子纲、夫为妻纲，不仅仅是指君臣、父子、夫妻之间的尊卑主从关系，更体现了一种个体必须服从于整体的价值导向，也就是以臣民为代表的社会个体必须服从以君主为代表的国家、民族整体，以子女、妻子为代表的家庭成员必须服从以父亲、丈夫为代表的家庭、家族整体。可以说，这种重公重整体的道德原则和价值导向的确立，不仅是高度分散的封建自然经济要取得持续发展的切实要求，也成为在生产力尚未足够发达的古代社会凝聚合力共同抵御内忧外患、确保社会稳定、巩固封建政权、推动民族和国家繁荣昌盛的必要条件。

中国近现代社会，即使封建自然经济被逐渐衰落和覆灭，随之以血缘关系为基础的宗法制受到冲击，封建伦理思想和价值观念也受到极大挑战，但以整体、家国、天下为己任的公私观却依然作为中华民族的道德传统而延续。近代以来，孙中山先生提出的"天下为公"、"替众人服务"等都无不彰显着"国而忘家，公而忘私"的博大情怀，诠释为人民、为国家、为民族风险牺牲的英雄主义。也正是因为有这种"天下兴亡，匹夫有责"的民族精神，才出现了"国而忘家，公而忘私"、"先天下之忧而忧，后天下之乐而乐"、"苟利国家生死以，岂因祸福避趋之"的崇高爱国主义和民族精神。中华民族五千年的发展历史是一部自强不息、坚忍不拔、勇往直前的奋斗历史，也是一部为实现中华民族伟大复兴而苦苦奋争的探索历史。长期以来，我们正是秉承这种民族凝聚力和民族创造力，才能保持这样的"廓然大公"、"爱国爱民"的崇高精神。

不可否认的是，中国传统伦理思想中的整体主义理念，根本上是为了亲疏、尊卑、上下有别的宗法制和等级制的，一定程度上甚至可以认为是维护阶级统治和政权稳定的价值工具，并且也极大抹杀了个人自由、打击了个人或小团体的正当利益，甚至出现"多数人的暴政"。但我们也必须看到，正是由于这种顾全大局、重视整体的道德传统，才使得无数为了拯救国家与民族危亡的仁人志士不断涌现，使得我们的国家与民族在一次次的内忧外患之中不断获得新生。当前，中华民族正阔步前行在全面建成小康社会、实现中华民族伟大复兴的宏伟征程上，整体精神与爱国情怀，不仅是中华民族的优良道德传统，更应成为凝聚民族精神的纽带，构建社会主义核心价值体系的应有之义。我们只有在全民族大团结的旗帜下继续弘扬"天下兴亡、匹夫有责"的爱国主义精神，既要看到整体利益是个人利益实现的基础，要把国家发展和民族振兴置于个人利益之上，才能增强全民族的发展共识，才能真正发挥道德力量在社会主义现代化建设中的巨大力量。同时，也应该摒弃"个人利益无关紧要"的传统观念，将个人利益与国家利益有机统一，自觉关心他人利益，切实解决人民群众最直接、最现实、最紧迫的利益问题，继续加强和改善民生，走共同富裕的民族振兴之路。

二、推崇仁爱原则，建立和谐关系，凝聚社会思想共识

儒家学派的"仁爱"思想是中国传统伦理思想中的最为典型的代表思想。"仁"虽为儒家所倡，但却在殷商之际便已出现。《尚书》中即有多处出现"仁"字，表示人与人之间相互依赖、亲爱的关系。可

以说，正是由于中国在原始社会向阶级社会的转变过程中缺乏激烈的变革而过于和缓，使得自原始社会氏族生活中重视家族与整体的传统得以延续，而氏族首领转而成为统治阶级后，其统治也蕴含着脉脉温情，而非激烈而残暴的压制与奴役。因此可见，"仁"在中国古代道德体系中产生并占据重要地位，是历史与社会发展的必然。但将"仁"作为道德规范和价值观念核心加以阐述者，则是孔子无疑。孔子不仅将仁作为他的伦理道德体系和价值观念的核心，而且将其与"爱"相连，当弟子樊迟问仁之时，他毫不犹豫地回答："仁者，爱人"。同时，他还认为"爱人"既要从积极方面"己欲立而立人，己欲达而达人"，也要从消极方面"己所不欲，勿施于人"。孟子将孔子"爱人"的思想扩展开来，将这种爱心从人与人的关系推广到人与物的关系。"亲亲而仁民，仁民而爱物"①，"亲亲"、"仁民"、"爱物"是三种对待个体本身以外的人与物的不同程度的仁爱，情感程度由近到远，逐级递减，但同时前者又是后者得以实现的基础。当人们可以"亲"自己的亲人之后，才能够"仁"社会中的"子民"，而后，才能够"爱"天下的"物"，"仁者无不爱也，急亲贤之为务"②，仁者以"亲亲"为"急"，满足亲情是"仁民"、"爱物"的先决条件。因此，"亲亲"是"仁"的自然基础，"仁民"是"仁"的内在核心，"爱物"是"仁"的最终完成。孟子通过对于孔子"仁"的内在划分与推广，将"仁爱"的思想进行了继承与发扬。其后，儒家各个时代的代表人物，如韩愈、朱熹等均推崇"仁"，使其居于"五常"之首位，将"仁"解释为爱人，并将其与爱连用，从而逐步形成了中国传统伦理思想中最为重要的原则之一。而这一原则，在中国传统伦理思想的悠久发展历程中，形成了丰富而多层的含义。它不仅仅指在人与人的关系中，仁爱应从最亲近的父母兄弟推及他人，更强调在政权统治与社会理想里，仁爱也应贯彻其中，施以善政仁政，方可实现大同世界的理想社会。同时，更应将对人的爱推及到世间万物之中，"仁

---

①　《孟子·尽心上》。
②　《孟子·尽心上》。

民爱物"① 便是追求人与自然和谐共处、相互依赖亲爱的境界的集中
体现。

　　实际上，中国传统伦理"三纲五常"中"五常"即以"仁"为
首，其所强调的基本道德规范就是要求我们在与他人产生社会关系，
形成利益链条的时候，既要考虑自己的切身利益，同时也要设身处
地为他人考虑，同情人、尊重人、信任人、理解人、帮助人，自己的
所作所为能为他人带来益处的事情才可以去做，而自己的利益实现是
以损害或侵犯他人合理利益的事情则应受到社会乃至自身的强烈谴
责。做人要以诚相待，这是最起码的道德准则。当然，中国传统伦理
中的"仁爱"是存在着很大的局限性的，是建立在阶级社会宗法等级
制度体系下的，因此，并没有根本解决在阶级社会中人与人社会地位
不平等的问题，甚至使这种不平等的关系进一步强化了。特别是在阶
级社会中，阶级矛盾十分尖锐，"仁者爱人"只是一种美好的幻想，
在森严的等级制和宗法制前提下，根本不可能有跨越阶级、冲破社会
背景的仁爱。但尽管如此，很多人还是将"仁者爱人"作为自己的道
德操守，因为，这是一种积极、乐观、健康、向上的精神态度和生活
哲学，是调节社会关系基本矛盾，维护社会秩序的调节阀和稳定器。

　　现代社会中，市场经济、工业化和城市化导致了贫富差距、分配
不公，人与人之间为了经济利益或个人利益相互怀疑、猜忌甚至妒恨
的现象比比皆是；全球化在带来巨大经济发展机遇的同时，也将西方
资本主义社会的拜金主义、享乐主义、个人主义等消极思潮带入中国
社会，这些社会矛盾和多种思潮的并存，不仅引发了人际关系的紧张，
也使中国的传统伦理观念受到影响，更对当今社会主义核心价值体系
的构建和推广造成极大冲击。而仁爱，作为一种人道主义精神，是人
类普遍的伦理要求，同时也是与西方利己主义下的"人对人是狼"、
"他人是地狱"是根本对立的，有着本质区别。在中国传统伦理思想
体系的仁爱原则要求下，社会成员要在社会生活中相互帮助、相互关
爱、与人为善、与人为友，与他人、社会和自然和谐共生。"仁爱"
是对人际关系进行协调、化解社会矛盾的基本道德准则，同时也是建

---

　　① 《孟子·尽心上》。

立和谐人际关系、和谐社会的重要道德智慧。工业化与现代化使得资本与技术的重要性日益凸显，然而我们也必须清醒地认识到，无论资本与技术在经济与社会发展中的作用如何重要，它们也只是手段，而不可超越终极目的——"人"的地位之上，因此，当今社会中，在防治人际关系物化、技术化的过程中，在构建和谐社会、完善社会主义核心价值体系的过程中，深入发掘弘扬中国传统的"仁爱精神"，倡导"厚德载物"、"与民同乐"的道德操守，一同构建"人人为我，我为人人"的新型和谐人际关系。同时，也只有通过中国传统伦理思想中仁爱原则的延续，实现人们在相互关爱中以追求人的自由全面发展作为价值目标的生活方式，并且将这种价值理想作为一种信仰内化在实际的行动之中，凝聚成为社会共识，人们才能更好地坚定马克思主义思想中人的自由全面发展的价值目标，从而坚定以马克思主义作为指导思想的信念，以及实现中国特色社会主义的共同理想的信心。

三、提倡人伦价值，强调孝友诚信，培育良好社会心态

中国古代社会最为突出的特征即是以血缘为纽带的宗法制的长期存在，因而，中国传统伦理思想中十分重视人伦关系及其道德价值，强调社会成员在人伦关系体系中必须履行应尽的义务和责任。中国传统伦理中的人伦关系十分丰富也比较复杂，因此，在处理家庭与社会生活的人际交往之中，均有着悠久的道德准则和价值导向，即在家庭、宗族生活交往之中，应"孝慈悌友"，在社会交往中，应"谦实诚信"。而在当今社会中，进一步提倡人伦价值，强调"孝"、"友"、"诚"、"信"，对于引导人们思想和行为、纯化人际交往环境和氛围、培育良好社会心态、增加新时期社会主义荣辱观的推广和普及，都有着积极的作用和影响。

《说文解字》解释篆体孝字云："善事父母者。从老省，从子，子承老也。"在极其重视家庭与家族关系的中国古代社会，"孝"是处理家庭和家族之间人际关系最为重要的道德规范。我国现存最早的汉字文献资料殷商甲骨卜辞之中已有"孝"字。西周之时，孝已成为无论

是王室贵族还是平民百姓都非常重视的家庭道德规范，并且除了应用于对父母和祖先外，还可扩展至宗族甚至上下级之间。虽然这是由于维护宗法等级制的需要，但其中蕴含的对父母的感激和依恋也感人至深，《诗经·蓼莪》中即有："父兮生我，母兮鞠我，拊我蓄我，长我育我，顾我复我，出入腹我。欲报之德，昊天罔极。"至春秋之际，以孔子为代表的士大夫阶层为了挽救因宗法制受到了私有制经济发展严峻挑战的等级社会，孝成为了其宣扬自身倡导的社会秩序与伦理道德规范的最佳切入点，他不仅明确指出了孝的家庭伦理意义，而且更进一步将其赋予了社会政治意义，并推广至政治伦理范畴之中。他对季康子说："孝慈，则忠"①，"书云'孝乎惟孝，友于兄弟，施于有政。'是亦为政，奚其为为政？"② 也就是说，在家庭中行孝之人，百姓也会忠于他，不仅能影响到政治，也相当于参与了政治。其后的儒家学者不断宣扬和推广孝道，至战国末期，成《孝经》一书，将其发展至极致，并对后世整个封建时代均产生了巨大的影响。孝不仅成为一种家庭伦理道德规范，甚至成为衡量人、品评人的首要标准，成为中华民族沿承数千年的传统美德。之所以如此，不仅因为中国传统伦理思想中的"孝"符合中国古代社会的现实需要，而且也因其全面、辩证地阐释了个人在行孝之时应有的态度和胸怀，进而将其升华为一种对父母、长辈，乃至家族、民族、国家的博爱之情。

　　"友"早在殷周时期便已出现，在甲骨文和金文中，都是两个靠在一起的手，表示以手相助，或二手协同，《说文》中解释为"同志为友"，《尔雅》解释为"善兄弟为友"。也就是说，"友"有二解，一为兄弟之爱，一为朋友之谊。《诗经·小雅·常棣》中有："凡今之人，莫如兄弟"，"兄弟阋于墙，外御其务（侮）"，这主要是殷商时期，由于社会生产力低下，人们需要以家庭、宗族为单位开展共同劳动和日常生活，兄弟手足之间的相互帮助与爱护，不仅是家庭之内维系亲情、社会统治稳固宗法制度的必要条件，更是共同抵御当时人们看来还无比强大、以个人之力无法承受的自然灾害、社会动荡的现实

---

① 《论语·为政》。
② 《论语·为政》。

需要。至春秋以后，随着生产力的进步，人们的血缘关系弱化、社会交往增多、人际关系复杂，超越血缘而具有相同兴趣、志向、理想的朋友之情则变得日益重要。孔子对于"友"有着深入的见解，他认为"主忠信。无友不如己者。过则勿惮改。"①，"君子和而不同，小人同而不和。曾子曰：'君子以文会友，以友辅仁。'"② 等，不仅阐释了"君子"应持有的择友标准，即应慎重择友，与比自己强、值得自己尊重的人为友，以便使自身的仁德在朋友的辅助下得以提高，而且也提出了在交友时应保持的正确心态，即应以文化思想为共同的志趣去结交朋友，以诚相待、以信相交，不结交和自己不同道之人，有了过错不要惧怕改正。其后儒家进一步发展了孔子关于"友"的论述，孟子提出"不挟长，不挟贵，不挟兄弟而友。友也者，友其德也，不可以有挟也。"③，即交友时，不倚仗年纪大，不仗恃地位高，不倚仗家里富贵来交友，是因为友的品德好才去结交，心中不要存在任何倚仗的观念。这些观点和原则在之后的中国社会中被广泛传播并不断延续，不仅逐渐成为文人学者接人待友的准则，而且由于其中蕴含的平等精神和去功利化的价值导向，也受到了平民百姓的拥戴，这也为中国社会在传统的血缘宗法制衰落之后人际交往和社会关系依然能够维持相对的稳定提供了缓冲，即使到近现代乃至被全球化浪潮席卷的当代，社会剧变之时，这种"友"的观念也得以继续发扬，从人与人之间的相处原则进而上升至家族之间、民族之间、甚至国家之间的和谐、互助、共赢之道，这无疑是当今时代创建和谐社会的必要前提，并将在社会主义核心价值体系构建过程中起到积极的价值引导作用。

如果说"孝"与"友"是中国传统伦理思想中对人们在待人处世之时应遵循的道德规范，那么"诚"与"信"则是对主体自身进行改造和规范的道德准则。虽然我们今天常常将"诚""信"二字连用，且"诚"置于"信"之前，但事实上，"信"的出现要早于"诚"。《说文解字》认为"人言为信"，也就是说，人的言行一致才可称为

---

① 《论语·子罕第九》。

② 《论语·子路第十三》。

③ 《孟子·万章》。

信。早在《尚书·仲虺之语》即有："克宽克仁，彰信兆民"，意思是对百姓宽厚仁爱，以显示自己的诚信。儒家重信，不仅将其视为朋友间相处的基本准则，而且也是参政、从政的根本原则之一。孔子曰："与朋友交，言而有信。"①"民无信不立。"② 孟子将"信"的地位进一步提升，视其为个人应遵守的最基本的道德之一，是理政治国的成功关键。其后在中国传统伦理思想史上，除儒家以外的道家、法家等也都对信给予积极的肯定。"诚"的出现晚于"信"，儒家经典《礼记·中庸》说："诚者天之道也，诚之者人之道也。"将"诚"视作为天的根本属性，努力求诚以达到合乎诚的境界则是为人之道。诚与信从道德角度看，是同义等值的概念，故《说文解字》云："诚，信也。""信，诚也。"也即是说二者的基本含义都是诚实无欺，信守诺言，言行相符，表里如一，这是做人的基本要求。但深入探究其本质，"诚"反映的是作为主体的人的内在道德品质；而"信"则是指主体内在"诚"的道德品质的外化。故而，"诚"强调的是"内诚于心"，"信"则强调"外信于人"。"诚"与"信"组合联用，就形成了一个内外兼备，具有丰富内涵的词汇，其基本含义是指诚实无欺，讲求信用。自古以来，诚信一直是中国传统伦理思想体系中所强调及重视的行为规范，并且形成、发展、丰富了独具民族特色的诚信观。

市场经济的迅速发展，除了带来生产力水平与人们生活水平的提高外，其自发性、竞争性和盲目性也诱发了人们的利己主义、享乐主义和拜金主义，人际关系被物化，人与人之间的交往充满了功利性，甚至最为国人所重视的家庭伦理关系也受到了极大的挑战，伴随城市化和工业化的进一步扩张，带来的除了经济的腾飞，更有人际关系的疏离、社会交往的尔虞我诈、唯物质主义的盛行与人文精神的迷失。因此，"孝"、"友"、"诚"、"信"不仅是中国传统伦理思想中最为重要的人际关系处理准则，更应使其成为社会主义核心价值体系中的关键组成部分，着重强调与推广，这对于重塑美满和谐的家庭氛围，培育积极向上的社会心态，营造公平诚信的经济环境，共建互助互爱的

---

① 《论语·学而》。

② 《论语·颜渊》。

和谐社会，必然起到积极的引导作用。

四、追求义利统一，寻找理欲平衡，树立崇高价值追求

"义利之辩"和"理欲之争"是伦理学中道德评判标准的问题，均是中国传统伦理思想中长期被关注的主要问题。其中，"义利之辩"探讨了道德行为与物质利益的关系，而"理欲之争"则主要是关于伦理道德规范与感性物质欲望之间关系的论辩。市场经济体制下，利益几乎成为人们竞相追逐、相互比攀的原动力，物质欲望充斥着社会生活的每个角落，原本获取财富是实现美好生活这一最终目的的手段之一，却由于经济的过快发展与价值观的不适扭曲，使得效率理性开始走向极端，手段成为目的，金钱和物质成为一些人的终极目标。中国传统伦理思想中对义利关系、理欲关系的认识及见解，对于树立个人的崇高价值理想和道德目标、构建和谐的人际关系和社会环境、推动社会主义核心价值体系建设，均有着直接的借鉴意义。

"义"早于甲骨文中便已出现，但直到春秋时期方得到普遍应用，并成为了重要的道德原则之一。《左传》中多次出现"义"，如"多行不义必自毙，子姑待之。""背盟而欺大国，此必败。背盟，不祥；欺大国，不义；神人弗助，将何以胜？"等，由此可知，此时的"义"囊括了信、忠等含义，在地位上高于一般的道德准则。儒家更是将义视为评判人的唯一准则，《论语·里仁》即有"君子之于天下也，无适也，无莫也，义之与比"，更是首次将其与"利"对立，认为"君子喻于义，小人喻于利。"当然，孔子所指的"君子"、"小人"均非今天之意，君子是道德高尚的统治阶级，即士大夫、官员等，而小人则是被统治的平民百姓甚至奴隶，但对于以培养具有崇高价值追求、严格自律自省的"君子"为目标的儒家而言，思想行动均以义为重无疑是其重要原则之一。但我们不能由此武断地认为儒家伦理思想乃至中国传统伦理思想均是"重义轻利"的，事实上，孔子将"义"属之于"君子"，就是要求统治阶级成员、各级官吏，首先要加强道德修养，拥有崇高的价值追求和道德理想，如此方能做到"行己也恭"、

"养民也惠"、"使民也义"，"其身正，不令而行"；而把"利"归之于"小人"，要求统治者保护和给予平民百姓以利益，让百姓能够生存发展、富裕起来，这正是孔子思想中人性化、平民化之处，是"仁"这一儒家伦理学说的核心原则的延伸与体现。孟子继承了孔子"仁"的思想，因而也特别推崇"义"，提出："仁义而已矣，何必曰利。"这里的"利"并非泛泛而言的利益，而是特指私人的利益，是孟子向统治者推行其义利并重特别是与民以利的政治观的一部分。同时期的墨家对义利的关系也提出了自己的主张，他们反对亏人自利，主张"交相利"，认为"义，利也"，"利，义也。"这种义利论反映了小生产者幻想通过尊重现存的各种所有权，使小生产者自身的利益也得到尊重，虽无法得到统治者的青睐但其对个人合法利益的肯定是那个时代所罕见的，也与倡导"无为"、"寡欲"、主张"绝仁弃义"，"绝巧弃利"过于消极的代表没落士族的道家形成鲜明的对比。早期法家也兼重仁义，管仲认为"仓廪实则知礼节"，并以礼义廉耻为国之四维。至商鞅，一反儒家义本利末思想，提出："利者，义之本也。"韩非则强调政治强制与强烈的"计算之心"，完全否定道德规范对利的制约。西汉时，董仲舒兼取儒法二家理论，认为求利之心合天意，人君"南面而君天下，必以兼利之"①；但又认为对求利活动必须节之以义，否则"忘义而徇利"。他要求统治者"正其谊不谋其利，明其道不计其功"，这一论点成为后世儒者主张存义去利、讳言财利的理论根据。至宋代一些功利主义思想家，开始起而反对贵义贱利的传统教条。王安石用功利主义解释义利关系："政事所以理财，理财乃所谓义也。""利者义之和，义固所为利也。"明清时，义利之辩仍是文人学者探讨的主要议题，有重义轻利、重利轻义、义利并重之说，皆未脱前人窠臼。总体而言，中国传统伦理思想中的关于利益与道德关系的探讨，仍是以儒家义利并重的政治观、以义待利的生活观和崇义尚道的人生观为主流，这些义利观念不仅影响了一代又一代的精英阶层，也随着儒家思想的推广而逐渐深入每个中华儿女的内心，成为中华传统文化的重要组成部分。

---

① 董仲舒：《诸侯》。

　　"理欲之争"是如何处理天理与人欲之间关系的争论，"理"即天理，指伦理道德规范，"欲"即人欲，指人的感性物质需求。中国伦理思想史上理欲之争，最初见诸《礼记·乐记》："夫物之感人无穷，而人之好恶无节，则是物至而人化物也。人化物也者，灭天理而穷人欲者也。"已有把"天理"与"人欲"对立的倾向。但又认为"饮食男女，人之大欲存焉"①，并不否认物质欲望的合理性。后世对此有"以理节欲"、"存理灭欲"、"理存于欲"三种见解。西汉董仲舒、西晋裴主张"节欲"："圣人之制民，使之有欲，不得过节，使之敦朴，不得无欲。"② 裴也提出"欲不可绝"，把满足人们物质欲求视为全身保生的前提。认为纵欲会失"天理之真"，而倡导"节欲"③。宋明理学家吸取李翱的"性善情恶"说，融进佛道"灭欲"、"无欲"的成分，主张"存理灭欲"。程颐说："人心私欲，故危殆；道心天理，故精微。灭私欲则天理明矣。"④ 朱熹更强调： "革尽人欲，复尽天理"⑤。陆王学派也主张以排除人的物质欲求为封建伦常存在的先决条件。王守仁认为，"去得人欲，便识天理"⑥。南宋叶适则反对"存理灭欲"。说："以天理人欲为圣狂之分者，其择义未精"⑦。自明代中叶，遂产生"理存于欲"的思想。李贽断言，"穿衣吃饭即是人伦物理"⑧，肯定"人伦"奠基在"穿衣吃饭"的物质生活中，强调"千万其心者各遂其千万人之欲"⑨。明清之际，许多思想家肯定人的私欲存在之客观与必然。傅山认为："私者，天也。"⑩ 顾炎武主张，"天下

---

① 《礼记·礼运》。
② 董仲舒：《春秋繁露·保位权》。
③ 裴頠：《崇有论》。
④ 朱熹：《遗书》卷二十四。
⑤ 朱熹：《遗书》卷二十四。
⑥ 王守仁：《传习录上》。
⑦ 叶适：《习学记言序目》。
⑧ 李贽：《焚书·答邓石阳》。
⑨ 李贽：《明灯道古录》。
⑩ 傅山：《霜红龛集》卷三十二。

之人，各怀其家，各私其子，其常情也"①。黄宗羲明言，"有生之初，
人各自私也，人各自利也"。② 陈确认为，"天理正从人欲中见，人欲
恰好处即天理也"③。"天理"不能离开"人欲"而单独存在，强调两
者的统一。王夫之也指出，"人欲之各得，即天理之大同"④。至清代，
戴震的见解更加全面深刻，并对中国传统伦理思想理欲之辩做了系统
正确的总结，他激烈批评宋明理学"以理杀人"，主张"欲根于血气，
故日生也"⑤，肯定欲为人之根于生理上的本性，无法绝灭，理源于
欲，欲之中便是理，而离欲则无理；道德不过是感情欲望的适当满足，
恶生于私而不是生于欲，此外他还要求统治者"体民之情，遂民之
欲"。这些思想均反映了普通民众的合理欲求，对中国传统伦理思想
适应近现代社会需要而实现时代转化起了积极推动作用。

　　当今中国，物质文明的高速发展需要相应的精神文明建设与之配
合，义利之辨、理欲之争并未消除，而是随着市场经济的发展而以更
加尖锐的形式出现在我们面前，传统的人文精神是否已随自然经济的
瓦解而沦陷，曾经的理性光辉是否相伴激荡时代的结束而湮灭，正在
成为我们必须重新审视和认真思考的问题。对待义利、理欲关系的定
位和引导，关乎市场经济的能否健康发展、良好人际关系和社会氛围
能否持续营造、主流核心价值取向和理想信念是否有利于人与自然的
可持续发展及和谐社会的构建。而中国传统伦理思想中对待义利和理
欲的态度原则和处理方式，则在于强调保护个人正当的利益需求和物
质欲望的同时，以被广泛认同的社会伦理道德规范和更多数人的集体
（如家族、民族、国家）正当利益来制约和限定个人的物质感性欲望，
以义制利、以理导欲，最大程度地追求义利统一、理欲平衡。虽然这
种义利观和理欲观，受到时代的局限，不免残存社会发展阶段和阶级
的烙印，但不可否认的是，注重整体大义、理性价值的伦理道德的思

---

① 顾炎武：《亭林文集·郡县论五》。

② 黄宗羲：《明夷待访录》。

③ 陈确：《无欲作圣辩》。

④ 王夫之：《读四书大全说》卷四。

⑤ 戴震：《孟子字义疏证·性》。

想，已经固化为中华民族的基本道德取向和价值理想追求，是民族精神的重要组成部分。我们应借鉴和汲取中国传统伦理思想中这些具有普遍、恒久意义的伦理精神和价值取向，鼓励人们在社会实践中去追求这些崇高的道德理想，在构建社会主义核心价值体系的过程中、在实现中华民族伟大复兴的征程上继承和发扬中国传统伦理思想的宝贵遗产和精神财富。

第二节　借鉴中国传统伦理思想传播普及经验，推动社会主义核心价值体系构建的思路

构建社会主义核心价值体系，不是为了单纯地创新一套完整的理论体系，而是通过社会主义核心价值观的确立与普及，树立全民共认共知的道德价值观念，引领当今社会的多元社会思潮，提高中华民族的凝聚力与创造力，实现人的自由全面发展。社会主义核心价值体系建设的关键环节，在于社会主义核心价值体系普及和大众化，即通过多种途径与方法，增强社会主义核心价值体系的凝聚力和吸引力，将其内化为广大社会成员的价值追求和自觉行为。十七大报告明确提出，要"切实把社会主义核心价值体系融入国民教育和精神文明建设全过程，转化为人民的自觉追求"，即可视为将社会主义核心价值体系大众化提升至我国主流意识形态建设高度的标志。而中国传统伦理思想在悠久的历史长河中经久不衰、源远流长，且无论达官显贵还是寒门贫贱、学者大家抑或乡野村妇、耄耋老人甚至黄口小儿，均对其知晓通达，并家家户户、世世代代研习相传，甚至对邻邦、他族至近现代的西方，都产生了跨越时间、种族、地域、阶级的界限的感召力，并对中国乃至世界经济、政治、社会、文化均产生持续的影响，原因何在？除了它不断调整和变革自身以适应时代发展外，这还与其特有的传播、普及的一整套完整体系密切相关。本书第二章详细介绍了中国传统伦理思想的特点、主要内容及其现代性意义，本节将进一步总结探索其传播和普及经验，及其对构建社会主义核心价值体系、推动社会主义核心价值体系构建的重要参考价值，并在此基础上讨论构建

社会主义核心价值体系的方法和途径。

一、中国传统伦理思想传播普及的特点及经验

中国传统伦理思想是以儒家伦理思想为主体观念架构，糅以老、庄、墨、法诸家，吸收佛、道二教，以高度分散的自然经济和高度集中的中央集权，以及自原始社会起便从未消减过的宗法血缘关系为社会现实依托，予传统中国人的道德价值观和行为道德抉择以导向性作用的伦理体系。它是人们在不断复杂的共同劳动、日益密切的社会交往生活中形成和发展起来的，并在与中国社会不同历史阶段的社会现实相互作用、影响的过程中不断调整，可以说，它的形成与演进，是中华民族集体智慧的结晶。虽然在其后中国传统伦理思想的系统化、理论化的过程中，代表统治阶级利益的思想家、学者充当了重要角色，但在它的传播、普及阶段，政府、社会、家庭、学者、乃至个人均参与其中，具有许多独具的特点与可供社会主义核心价值体系传播普及来参考和借鉴的经验。

（一）官方的推广与示范

伦理道德虽然萌芽于原始社会，但真正形成则在于人类进入文明社会之际，而正如本书第一章所述，人类进入文明社会是以国家的诞生为标志的。国家的诞生由此使原始氏族社会中平等的人类群体分化为统治阶级与被统治阶级。统治阶级为了维持和巩固统治、确保国家机器的有序稳定运转，必然需要扶植和推行适合自身统治需求的思想文化和意识形态，同时，自古至今，任何思想文化和意识形态的传播和普及，如若缺乏国家和官方的支持，都必将无法得以长久延续。伦理思想亦是如此，在中国漫长的古代历史中，各个朝代政权统治者都以强制政令或国家行为的方式，不断确立和调整当时社会的伦理道德观与核心价值观，同时也要求自身家族、官员阶层乃至整个统治阶级时刻践行这些伦理规范作为示范，以此要求民众予以遵守和信服。

原始社会末期和夏朝由于缺乏切实的文字材料，我们无法直接考

证其伦理道德观是如何确立并推广的。殷商作为有成型文字记载的第一个朝代，其文字甲骨文的主要用途便是用于占卜，统治者及奴隶主贵族无论作战、出行还是婚丧嫁娶，甚至日常生活中的各项事宜开始之前都必先占卜，由此后人总结商朝统治者表现出的"尊神"、"先鬼而后礼"①的背后，其实是以"神道"压制"人道"的残忍与冷酷，它虽然有利于神化奴隶主贵族的统治、震慑四方各族，但对人性的无视和践踏，也最终导致了商纣的覆灭。周朝统治者由此吸取商朝灭亡的教训，开始强调人的道德的重要性，甚至将其提升至决定命运的关键地位，周公提出"我道惟宁王德延"②，并将道德引入"礼"中，而此时的"礼"不仅仅是一种思想意识形态，"周之制度典礼，实皆为道德而设"，是"道德之器械"③，它主要包括以"孝""敬""德"为核心的宗法道德规范和"立子立嫡"的宗法等级制，并由以周公为代表的统治阶级加以实施示范，以官方名义将其作为政策法律和典章制度加以推行。春秋战国时期，作为名义上统治者的周天子自身实力不断下降，各诸侯国群雄并起，争霸天下，中国开始由奴隶制社会向封建制社会过渡。社会形态的激烈变革加上大一统的政权的缺失，致使统一的伦理思想和道德价值观无法推行，因而代表各个阶级阶层的诸家诸派思想开始百花齐放。但即使此时，各派思想家们仍然在不断地向各个诸侯推荐自己的理论与思想，希望通过得到诸侯的采纳借助其官方的力量得到实践和推广。对后世乃至当今仍然影响深远的儒家、道家、法家思想即在此时被部分诸侯或多或少的采纳，也因此获得了相比其他诸家更为长久的生命力。其中，秦便因沿用代表新兴地主阶级的法家思想和治国理论，从贫弱的西部小国走向强盛，最终吞并六国，建立了中国历史上第一个封建王朝。但秦朝建立后，并没有审时度势地依据国家和社会现状调整统治思想，而是继续运用和推行法家的严刑峻法和苛政重税来统治，导致了大规模的农民起义，秦朝

---

① 《礼记·表记》。
② 《尚书·君奭》。
③ 王国维：《殷周制度论》，见《王国维论学集》，中国社会科学出版社1997年版，第13页。

最终在建立十五年后即被推翻，成为中国历史上最为短命的统一王朝。

鉴于秦朝的速灭，汉朝建立后，统治者再次重新审视官方予以确立和推广的统治思想和伦理道德的重要性。由于历经秦朝的残酷剥削和秦末的战乱纷扰，社会生产几近停滞、民众生活痛苦不堪，汉初统治者采纳了道家"无为而治"的思想，试图通过"与民休息"的国策来恢复国家与社会的活力，汉高祖、汉文帝等君主在政治上施以轻徭薄赋之策，生活中也厉行节约，"黄老之学"一时甚得关注。至汉武帝时，国力昌盛、经济富足，对内需要巩固中央统治削弱地方诸侯势力、对外则要解决匈奴外患，加强中央集权、维持大一统政治局面的需求使得"无为而治"的黄老之学终为统治者所弃，取而代之的是董仲舒提出的以"罢黜百家、独尊儒术"为核心，杂以黄老、阴阳、名、法各家之长，构建而成的"三纲五常"伦理思想体系，在注重"法"的同时，也更加注重"人"，即以道德教化治理社会。其后，东汉章帝时官方又颁布了《白虎通德论》，提出"三纲六纪"为伦理核心，以及婚丧宴刑等涉及社会生活和家庭生活各个方面的一系列制度礼数，对儒家伦理加以官方化、神学化，不仅要求全体民众的遵守与践行，甚至在人才和官员选拔的察举制中，也会加入对儒家经典的考察，从而使儒生成为选士的主要来源。可以说，董仲舒的一整套封建伦理思想官方地位的确立和《白虎通德论》的颁布实施，使得中国传统伦理思想第一次被体系化，而察举制中加入对儒家经术的考察，则是第一次被统治者和官方如此大规模和范围的推行，自此，也开创了中国社会此后两千余年的历史中统治者和官方始终注重以伦理道德教化天下、视儒家伦理思想为正宗、并以儒家经典取士于天下的先河。但随着东汉末年黄巾军起义的硝烟四起，东汉统治者的自身未保，这套神学化的儒家伦理思想也几近摧毁。

魏晋南北朝时期，中原大地再现"天下大乱，百祀堕坏"[1] 之势，这一时期出现了一种崇尚老庄的思潮——玄学，由于可将其视作是道家之学以一种新的表现方式，故又有新道家之称。同时，道教和佛教也先后兴盛，道教、佛教思想同样盛行。加之正统儒家伦理依然被诸

---

[1]　陈寿：《三国志·魏志》。

多学者所倡导，玄学、道教、佛教也分别受到一些短期王朝或割据政权的支持，因此，呈现出多家伦理思想、多种道德价值观念相互冲击、纷争的势态。直至隋唐时期特别是唐朝建立以后，随着统治者逐一平定内忧外患，对思想的统治便再度受到重视。李唐王朝一方面倡导道教，因自称是老子李耳的后裔，李氏宗族不仅修立老君庙，还规定了帝王必须前往拜谒的礼法。另一方面，唐朝统治者也大力弘扬佛教，广修庙宇佛寺、写经造像，甚至武则天登基称帝都借助了佛教舆论。同时，隋朝设立进士科开创科举制之发端，至唐加以发展和完备，均设立对儒学经典的考察，因而随着科举制逐渐成为封建社会人才和官员选拔的首要途径，儒家伦理思想也随儒学的普及而进一步得以弘扬。至此，在统治者和官方的全力支持与倡导下，儒、道、佛在唐朝终成鼎立格局，并在相互的冲击与碰撞中，渐成融合之势。

宋以后，中国封建社会进入后期，阶级矛盾和民族矛盾空前凸显，且在政治上对内出现了改革派和保守派，对外出现了主战派与主和派，说明统治阶级内部也出现了激烈而尖锐的矛盾，在此形势下，为压制农民的抗争、排挤力主变法的小地主阶级、维护官僚大地主阶级的统治，融合了儒、道、佛三家的理学应运而生。理学"继承了先秦以来儒家伦理的'道统'，吸取了道、佛的思想成分，综合古人，吞吐百家，形成了融道德观、本体论、认识论为一体的庞大思想体系，集中反映了儒家伦理的基本立场、观念、方法和风貌，使儒家伦理重又获得了至尊的地位，从而成为中国封建社会伦理思想发展最为成熟的理论形态。"① 而理学又分为"气本派"、"理本派"、"心本派"，其中，二程和朱熹的"理本派"为正统，被宋以后乃至明、清的统治者均奉为封建社会后期的统治思想。统治者不仅自身身体力行，且将理学所倡导和禁止的伦理道德规范，作为官员遴选考核的标准，以及通过法律文书等方式使其成为民间奖善惩恶的标准。同时，这一时期，科举制度不断改革完善，两宋时期虽如唐朝一样有多门科目，但仍以考察儒家经术的进士科为重。

明、清之际，随着封建社会步入晚期，商品经济获得发展，市民

---

① 陈瑛：《中国伦理思想史》，湖南教育出版社 2002 年版，第 198 页。

阶层逐渐崛起，以批判和反对理学为旗帜早期启蒙思想开始形成，新的伦理道德观也被越来越多的学者探讨。他们以"经世致用"、"言必征实、义必切理"的态度，一反宋明以来"空谈性理"的腐朽学风和"存天理、灭人欲"的伦理原则，在"义、利"关系与"理、欲"之辨两方面提出了诸多具有启蒙色彩的伦理思想，甚至是一些早期带有民主主义色彩、揭露封建专制统治本质的进步思想，并涌现了诸如李贽、黄宗羲、顾炎武、王夫之、戴震等一批思想家和伦理学家。然而，由于当时封建官僚大地主阶级势力依然强大，而代表小地主阶级改良派甚至是新兴市民阶层的思想家的言论，必然无法取得统治封建核心统治阶层的认可与支持，特别是满清贵族入关后，随着版图的统一和政权的稳固，为进一步调和日益凸显的民族矛盾和阶级矛盾，清朝统治者在思想文化上采取了高压政策，除了继续尊崇和推广以程朱理学为代表的儒家思想，还在政治上大兴文字狱，将任何异于"正统"儒家伦理和封建礼教的道德价值观以及对清朝封建统治不满的言论均归为异类，必施以严酷的压制甚至剪除。同时，明清两朝的科举制改为八股取士，而八股文均以儒学经典四书五经为题，朱熹思想为纲，科举制虽因此由盛而衰，但统治者和官方遵从和实施的理学伦理依然大行其道，而那些初具民主主义色彩的早期启蒙思想，则备受打压和钳制，最终趋于沉寂直至消失。

（二）教育系统的普及与贯彻

对于任何社会形态下思想文化和意识理念的推广，除了官方的示范和支持外，教育系统的贯彻和普及无疑也是非常重要的渠道。中国古代社会中，教育制度是随着社会政治经济发展的需要而不断变化的，总体而言，经历了"学在官府"、私学兴盛、官私并举三个阶段。由于中国古代社会传统文化中始终延续承继着绵延不断的人文精神和尚德情怀，因此在不同的历史时期，无论是由来已久、官方主办的各级各类学校，还是形式多样、遍及广泛的私人学堂，抑或官私合办、名噪一时的著名书院，其共同的特点便是在普及基础的知识技能和科学文化的同时，更注重学生道德与人格的教化与培育，中国传统伦理思想即是由此普及推广，特别是汉以后，儒家思想独尊地位的确立，除了官方的大力支持，教育系统的全面贯彻发挥了决定性的作用。

据甲骨文和古书记载，夏、商朝时已经有了正式学校。《孟子·滕文公上》有"设为庠序学校以教之。庠者，养也；校者，教也；序者，射也。夏曰校，殷曰序，周曰庠；学则三代共之，皆所以明人伦也。"到西周时，学校又分为"国学"、"乡学"两种。总体上，夏商周时代，在学校接受教育的主要是贵族子弟。夏商学校主要以传授祭祀知识和作战的技能经验为主，到西周之时，官方对学校的授课内容有了明确的规定和要求，《周礼·地官·司徒》记载："以乡三物教万民而宾兴之：一曰六德，知、仁、圣、义、忠、和；二曰六行，孝、友、睦、姻、任、恤；三曰六艺，礼、乐、射、御、书、数"。其中"六德"、"六行"以及"六艺"中居于首位的"礼"，均是以伦理道德和礼仪行为方面为主要内容进行的教育，由此可知，"学在官府"时期的教育系统内，各级教育机构，德育特别是伦理道德思想的传授均是重中之重。

春秋战国时期，教育制度发生了重大变化。随着中国封建制度的确立，社会经济和政治的变革，原来"学在官府"的教育垄断层面逐渐被打破，部分知识分子开始聚众讲学，发表政见，产生了所谓的"私学"。儒家、道家、墨家、法家等诸子百家多以此种形式招收学生门徒，传播自家学派倡导的关于伦理道德、修身养性、治国处事之道。其中，儒家学派由于其价值观与政治构想符合新兴地主阶级的利益与需求，影响最大也最为深远。孔子、孟子、荀子等儒家代表人物，均竭其一生之力致力于儒家伦理思想与政治理想的推广之中，特别是孔子，作为儒家学派的创始人，他一生学而不厌，并在周游列国的过程中广收学生门徒传播其思想理念，不仅为中国古代的文化教育的发展作出了重大贡献，在教育中不断完善和发展儒家伦理道德和政治理想，同时也为其推广和普及奠定了基础。

至西汉时期，为适应维护封建统治的需要，汉武帝实行"罢黜百家，独尊儒术"的文化政策，并且从中央到地方形成了一套完善的教育系统，学校类型主要有中央官学和地方官学，儒家经典开始成为各级官学培养人才的必学课程，学习科目主要是五经，即《周易》、《礼记》、《春秋》、《尚书》、《诗经》，这些儒家经典中既包含文学、哲学、史学、政治学等多层次内容，但其中蕴含最为丰富的，则是伦理思想。随着作为国家高等教育的基地和选拔人才基础的太学的日臻完备，以及教育内容的以儒为主，使得儒家学说的积极入世理念得到重视，另一方面也使儒生依靠选官制度有机会成为官吏，得以进入各级统治阶层。其后，随着封建王朝中地主阶级与农民阶级之间的矛盾日益凸显，地主阶级为维持自身统治，以封建伦理道德钳固人们思想，因此对教育系统的传授内容的控制也进一步加强，以宣扬封建伦理道德和价值理念的儒家思想成为教育系统的主要甚至唯一内容。并且随着隋唐科举制度的建立和完善，特别是到宋明以后，熟读儒家经典参加科举考试几乎成为书生文人博取功名、出堂入仕的唯一途径。因此无论是官办学校还是私人学堂，均以儒家经典为传授内容，以儒家思想为代表的中国传统伦理思想也通过教育系统向更为广泛的民众传播，同时，能够通识、掌握和奉行这些伦理价值规范，也成为一种象征和荣誉，向社会垂范。

北宋初年，除原有的官办学校和私人学堂外，私人讲学的书院一时兴起，成为传播儒学思想的基地，石鼓、白鹿洞、应天、嵩山书院都很有名。这里的儒生们对政治、社会、伦理价值的探讨每天都在进行，对儒学的弘扬与传播起到了极大的推广作用。至南宋，随着儒学发展至理学，并被统治阶级所利用，书院也逐渐成为官私合办，兴盛及活跃之势渐颓，但却成为推广封建伦理思想的又一平台。至明中期以后，由于中央政权的统治严重腐败，一批报国无门的儒生学者以共同的政治理想和价值理念为基础，再次以书院的形式传播和推广自己的思想，书院又迎来第二次兴盛时期，其中最负盛名的便是东林书院。但其后，由于封建专制统治的进一步强化，书院逐渐被官方完全接管，统治阶级根据自身需要，使得书院再次成为传播符合其统治需求的伦理思想的官办教育机构之一。

明末至清代是封建制度的衰落时期，教育的专制非常严重，八股取士的制度虽然僵化落后，但也是儒家伦理思想最深刻地影响人们生活、最深入地渗透进民众思想的时期。随着社会的发展，科举制越来越不适应需要了，到1905年，清朝废除了科举制，教育系统的传授内容逐渐引入西方现代各个学科，千百年来一直被忽视的自然科学知识和实践技能的培养得到发展及关注。至此，以儒家经典特别是伦理思想为教学主要内容的传统教学模式被完全取代，但在中国古代社会的教育系统里始终贯穿其中的传统伦理思想却被充分发扬光大和推广普及，并延续至今。

（三）家庭和社会的熏陶与渗透

家庭是个人成长的第一任学堂，父母及家庭对任何人都有着至关重要的影响。中国传统伦理思想是以血缘关系为纽带的宗法制长期存在这一中国古代社会的基本特点为基础形成的、充满人性光辉及人文情怀、并以家庭伦理为核心的思想体系。对家庭、宗族乃至社会整体秩序及利益的维护是其基本出发点，由此产生的伦理道德规范和价值标准判断均是以此为原则。反之，家庭、宗族及社会整体对中国传统伦理思想体系核心地位的确保和稳固，也持续而积极地发挥着重要作用。

"端蒙养、重家训"是中国传统文化的一大特色，中国社会自古便有家庭将教育至于重要地位的传统，每一个家庭当中也都会形成一种家庭教育的传统，甚至一些家庭会编写家规和祖训。这些家规和祖训的实质便是家庭道德教育，与学校道德教育及社会道德教育一起组成当时的道德教育系统，并在其中起着奠基作用。早在西周之际，周公教育其侄成王勤政毋逸，劝其弟康叔"明德慎罚"①，告诫他们谦虚谨慎，便凸显了家庭道德教育的主线，从而成为中国帝王家训、贵族家训之始，并对其后的帝王将相仕宦之家的家规祖训产生了深远影响。春秋时期孔子以诗书礼仪训导儿子孔鲤，则开创了平民之家家训的先河，并逐渐形成了言传身教、爱教结合、严慈相济、知行结合的家庭教育原则。在此后的漫长发展历程中，以家规和祖训为表现形式的家庭道德教育随着社会政治、经济、文化的发展而不断充实，主要涉及修身、治家、立业、报国等内容，特别是汉代以后更是形成了以

---

① 《尚书·康诰》。

儒家伦理思想为主要核心内容的家庭教育体系，其目的除维系家庭和家族共同体的团结稳固之外，更是为了延续封建制度的需要、塑造符合封建伦理道德与价值观念的可用之才。同时，在家庭对幼儿进行知识文化的启蒙教育之中，也融入了大量伦理思想的灌输与渗透。特别是自汉代以后，蒙学教材便主要是对儒家伦理纲常所做的诠释与宣扬。北宋的司马光便极其注重早期蒙初教育，他在《居家杂议》中提到，要求自己的儿孙七岁读《孝经》、《论语》，以陶冶性情、知晓孝悌；八岁读《尚书》，九岁诵《春秋》及诸史，使其通达古今了解义理；十岁之后，外出拜师学习《诗》、《礼》等经，回到家中，父母长辈也向其继续灌输仁、义、礼、智、信和忠、孝、悌、恕等纲常伦理，反复对封建伦理道德进行强化，以其能将此内化为自身的领悟、外化为自身的言行。南宋以后，随着统治阶级和教育系统对启蒙教育的日益重视，各种蕴含伦理思想与道德规范的启蒙读物纷纷涌现，如《三字经》、《千字文》、《女儿经》等，同时，名家大儒的"家训"、"家规"也逐渐被推广和传颂，如《弟子规》、《朱子家训》等，以家庭和蒙学教育机构为平台共同向儿童灌输封建伦理道德观念。因此，在中国古代社会，家庭不仅仅是传播中国传统文化与自然科学知识的首要场所，也成为推广和普及中国传统伦理思想的重要渠道。正是在这样的家庭教育的熏陶与浸染之下，中国传统伦理思想体系中所崇尚的理想人格和价值观念被广泛认同，中国传统伦理思想不仅融入了千家万户，而且从教化的目的落实为个体的自觉行动，激励着一批又一批忠孝双全、敬民爱国、秉公执法、清正廉洁的治国之才不断涌现。

中国传统伦理思想得以广泛传播并延续至今的另一原因，还在于依托社会中民俗文化的渗透与民间艺术的推展。民俗是"风习性群体心愿的综合反映和表现，是民族群体共同文化共同心理素质的集中体现。"[①] 中国古代的民众在日常生活、生产、婚丧嫁娶、吉凶节庆各个方面，均形成独具民族特色、反映了地域与历史因素的民俗传统与文化现象，其中无不渗透着中国传统伦理思想中的原则与规范，这些民

---

① 陈勤建、周晓霞：《略论民俗与民族精神》，《上海行政学院学报》2004 年第 7 期。

间风俗，对于凝聚人心、传播人文精神起到了巨大的推动作用。例如春节、中秋等传统节日，大多强调家庭与亲友的团聚，充分体现了中国传统伦理思想中以血缘和家庭为内聚单位的人伦原则，注重人伦与民生的价值取向，便在和谐安乐的节日氛围中有所展现。再如清明、重阳等节日，则将"老吾老，以及人之老；幼吾幼，以及人之幼"①、"亲亲而仁民，仁民而爱物"② 等闪烁着人文主义光芒的中国传统伦理思想的理念与原则，则通过祭祖、敬老等活动和仪式代代相传下来，使民众中自觉形成对家国一体、和谐共赢的价值取向的极大认同。特别是在中国古代社会，被统治阶级受制于底下的政治、经济地位，在受教育的机会和权利上严重匮乏，其获取经验、信息和知识的主要途径便是日常生活中的口耳相授和风俗习惯中的流传浸染，以此方能使底层民众"培养伦理道德观念和伦理行为规范，并引导他们对自身社会角色目标进行正确认知，及时转变和调适角色地位，从而最终实现社会化教育目标。"③ 同时，民间文艺由于形式活泼，贴近民众生活等特点，也是中国古代社会推动伦理道德和价值观念普及众化的重要途径之一。小说、戏曲、评书等，都承担着"载道"即传播伦理思想的重任。民众在欣赏这些文艺形式时，便会在不自觉中接受并认同这些道德，形成道德认知感，并在日常行动中得以呈现。由此可见，以传统节日为代表的民俗文化，以及以小说、戏曲等为代表的民间文艺，均是社会对主流价值理念加以维护和宣扬的重要途径，它们不仅反映了当时中国社会的政治、经济、文化现实及独具民族特色的思维方式与处世原则，而且对其后社会直至今日的中国仍然具有持续的影响力与感召力。

---

① 《孟子·梁惠王上》。
② 《孟子·尽心上》。
③ 冯天瑜、何晓明、周积明：《中国文化史》，上海人民出版社 1990 年版，第 196 页。

二、借鉴中国传统伦理思想传播普及经验的可行性

社会主义核心价值体系是社会主义意识形态的本质体现，在我国的国家文化"软实力"建设中居于核心地位。中国传统伦理思想与社会主义核心价值体系之间的相互关系，本书第五章已加以详细论述，第六章则对当前社会主义核心价值体系在构建过程中面临的诸多机遇与巨大挑战进行了深入探讨。而如何应对这些机遇与挑战，进一步推动社会主义核心价值体系的构建，则是我们接下来需要探讨的议题。中国传统伦理思想，作为社会主义核心价值体系的理论来源之一，也是其文化底蕴所在，它不仅在终极信仰、理想信念、价值资源和底线伦理四个层面与社会主义核心价值体系共生互构（详见本书第五章），且正如上文所述，在传播、教化及普及过程中的对象、目的、内容等与社会主义核心价值体系也有着相似性，并且具有多样的方法途径与丰富的历史经验。因此，借鉴中国传统伦理思想的传播普及经验，对推动社会主义核心价值体系的构建与其大众化，均有着极大的可行性和借鉴价值。

（一）社会主义核心价值体系与中国传统伦理思想形成构建及传播推广的目的相似

社会主义核心价值体系与中国传统伦理思想同属于上层建筑中的社会意识形态。在任何社会形态下，核心价值体系都是社会主流意识形态的集中体现。由于历史境遇的非均质性，同一时代的不同地区的社会价值取向也必然是多样化的。在多样化的社会价值取向中，必然需要有一个处于核心地位的价值体系，引导其他价值取向，成为社会大多数成员的心理依托和价值追求目标，社会核心价值体系即由此应运而生。社会核心价值体系由当时社会的经济基础所决定的、代表着统治阶级利益和意志的思想工具，统治阶级是不会让它仅仅停留在思想观念层面的，必然要使其通过一定传播和推广途径，成为个人社会化的一部分，表现为一定的伦理道德观念和社会规范，从而引导人们

的行为并使其内化为约束自身的价值理念。

在社会核心价值体系中，伦理道德是其最为重要的组成部分。伦理道德是任何社会有序运行必不可少的依托，它能够对核心价值观进入社会生活发挥不可替代的重要作用。其一，伦理道德具有引领与调节相统一的功能。伦理道德要求是现实与理想的有机结合，它从现实的社会道德水准出发，又指向高远的道德理想，能够将人们不断引领至一个更高的操守水平和精神境界。同时，伦理道德又能够以现实利益关系为依据，调节人们的各种社会交往和行为举止，由此，道德成为价值观的社会起飞点和现实助推器。其二，伦理道德具有理性与情感相统一的功能。由人伦情感生发出的道德情感是人类道德形成的直接心理基础，而道德情感激发出的责任感、是非感、荣誉感等，则构成了判别价值取向的实践理性的核心。其三，伦理道德具有激励与约束相统一的功能。伦理道德的本质取向，就是扬"善"抑"恶"。道德能够充分地调动积极因素，不断激发社会活力，创造出激励性的强大精神力量；同时，又能通过价值选择导向，将人们的行为约束在合理的利益边界内，依此，在价值观形成和完善的实践过程中，伦理道德便成为了制约物质索取、使之与精神追求相平衡的路径。

社会主义核心价值体系是社会主义社会的意识形态，是以社会主义市场经济为存在基础的价值体系，是中国共产党为了适应新时代国际国内形势、迎接全球化与信息化对人们生活与思想方式带来的挑战而提出的伦理道德体系。它的形成与发展，是构建社会主义和谐社会的必然选择，是激励中华民族全体人民凝心聚力、共同奋斗的精神纽带。正如本书第四章所述，任何社会都需要核心价值体系，核心价值体系是全社会思想与道德的旗帜，只有鲜明地树立起这一旗帜，社会成员才能在复杂多变的内外局势下，选择正确的价值取向与言行方式。因此，我们在建设中国特色社会主义社会的今天，更应该坚持社会主义意识形态的核心地位不动摇。而提出建设社会主义核心价值体系的目的，就在于使人们更清醒、更坚定地把握和坚持社会主义意识形态的本质以及社会主义先进文化的前进方向，更明确地引导全社会在道德水平上的共同进步，为实现中华民族的伟大复兴而不断奋斗。而中国传统伦理思想在千百年的代代流传与逐渐完善过程中，虽然直接目的是为了巩固统治阶级的统治地位、维护奴隶制或封建制经济基础，但也实现了协调与规范人与人、与自然、与社会之间的关系，维护人际关系的有序、社会秩序的稳定与自然环境的和谐，并在此基础上确保了中华民族辉煌灿烂文明的缔造与延续，多次造就了中华民族屹立于世界民族之林亦可引以为傲的繁荣盛世。因此，社会主义核心价值体系构建与中国传统伦理思想形成发展的目的具有相似性。

社会主义核心价值体系是科学的理论体系，同时也是科学的价值观和道德观的统一。我们在社会主义市场经济和全球化迅速发展的今天对其进行普及和推广，目的不仅在于通过具有说服力的理论阐释和丰富的实践性活动，使人们在潜移默化中接受马克思主义的理想学说，而且使其在面对多种社会思潮和意识形态时，树立起科学的人生观、道德观和价值观，并能够作出符合社会主义和谐社会公民身份的正确选择。中国传统伦理思想是阶级社会的意识形态，具体来讲是符合古代中国的奴隶制社会和封建制社会的社会现实的意识形态，其普及的目的也是通过伦理道德的宣扬，使人们形成符合当时社会现实形态的道德认识，并在此过程中判断和调节人们的言行，从而遏制不良的社会习气，维护阶级社会的稳定。在统治者的积极倡导下，学者、士人、儒生结合当时社会发展实际对中国传统伦理思想特别是儒家伦理思想基本学说的继承和发展，以著书立说、民间讲学等方式，通过家庭、学校等平台，宣扬符合统治阶级需要的伦理道德观念，从而使人们逐渐接受这些伦理思想并且内化为自己的价值标准，并作出符合当时社会核心价值观的行为。由此看来，社会主义核心价值体系与中国传统伦理思想普及推广的目的是相似的，总体而言，都是旨在通过长期的理论熏陶，凝心聚力、规范言行，从而维护人际关系的和谐与社会的稳定。

（二）社会主义核心价值体系与中国传统伦理思想作用的主要
对象范畴相同

任何阶级、阶层、民族等各类社会群体都会在共同的经济、文化背景驱动下产生符合自己利益及立场的伦理价值观，而处于变革时期的社会则由于多种经济体的存在会产生更为多样化的社会思潮。社会核心价值体系是由统治阶级在诸多的价值取向中选择、认可、推崇或者直接由统治阶级构建形成的，对多元化的社会思潮起到引领和导向作用。正如前文所述，任何社会形态下的核心价值体系构建形成和作用普及的目的都是引导和规范言行，维持社会稳定，那么"言行"和使"社会稳定"的主体也就应成为核心价值体系作用的对象，即"社会人"。"社会人"与"自然人"相对，是指通过社会化，使自然人在适应社会环境、参与社会生活、学习社会规范、履行社会角色的过程中，逐渐认识自我，并获得社会的认可，取得社会成员的资格，具有自然和社会双重属性的完整意义上的人。它是超越了阶级、阶层、职业、民族，跨越了时间、地域、社会形态的局限，而将所有社会化的人都包含其中的对象范畴。因此，社会核心价值体系的作用对象，不仅仅是被动接受的、阶级社会中的统治阶级或者非阶级社会中的普通民众，阶级社会中的统治阶级和非阶级社会中的精英阶层在构建和推广它的过程中也会成为作用对象，并且也正是统治阶级或者精英阶层的坚信和践行，才使得核心价值体系的传播推广更具有说服力和可信度。

中国传统伦理思想是以儒家伦理思想为主体观念架构，糅以老、庄、墨、法诸家，吸收佛、道二教，以高度分散的自然经济和高度集中的中央集权，以及自原始社会起便从未消减过的宗法血缘关系为社会现实依托，予传统中国人的道德价值观和行为道德抉择以导向性作用的伦理体系。它是自古至今、不同阶级阶层的人们在生产生活和对外来文化的吸纳接收中逐渐形成和共同发展，并经由统治阶级系统化、理论化后加以普及推广的。可以说，无论是古人还是今人，统治阶级还是被统治阶级，汉族还是少数民族，中华文化圈乃至西方社会，在成为中国传统伦理思想作用对象，被感染、影响、同化的同时，也不断为其形成和发展提供素材与养分，劳动人民的生产生活经验、士人与学者的思想理论、外来文化的观念体系，均是中国传统伦理思想不断完善的源泉。这一方面是由于中国传统伦理思想是具有极大开放性与包容性的思想体系，对内涵纳百家、对外兼收并蓄；另一方面，也由于中国传统伦理思想自萌芽阶段即以关注"家"与"人"为己任，强调的不仅仅是伦理道德本身，更是人之所以为"社会人"的权利和责任，是凸显人文精神、闪烁着人性光芒、对一切生命的尊重和关怀。所以中国传统伦理思想能够超越阶级、阶层、地域、时空的局限，而以其自身的魅力吸引和作用于古今中外无以计数的人们。但由于其存在基础——中国古代社会的特点和中华民族的文化传统决定，中国传统伦理思想是具有鲜明的民族性的，因而其作用的主要对象范畴可以视作当时中国的全体"社会人"，放置于当今社会，则是中国特色社会主义社会的全体公民。

社会主义核心价值体系，自社会主义新中国诞生之日起，党和国家的领导人、专家、学者在进行社会主义革命过程中，便对社会主义核心价值体系也进行了理论上的探索和探究，不仅始终强调马克思主义的指导作用，而且特别注重其对思想、政治工作的引领作用，这对社会主义核心价值体系的孕育和萌芽起到了重要的奠基作用。马克思主义自中国共产党成立之日起就鲜明地写在党的旗帜上，中国共产党以马克思主义作为自己的行动指南，并始终强调马克思主义在意识形态领域中的指导作用。这是因为马克思主义首先也是最为关注的问题便是人的问题，社会发展的终极目标，便是实现人的自由、全面发展，而"每个人的自由发展是一切人的自由发展的条件"①。因此，马克思主义是散发人性光辉的思想理论体系，以之为指导思想的社会主义核心价值体系也必然是深具人文情怀，超越地域、民族的限制而对全体社会的人具有普遍指导意义的价值体系。同时，又由于社会主义核心价值体系自诞生之日起便是马克思主义理论、中国传统文化、近现代中国历史进程和当代中国社会现实相互融合的产物，因此它深具中华民族的民族特色，又立足于当今时代的中国特色社会主义社会的具体实际。由此可知，社会主义核心价值体系，与置于当今社会的中国传统伦理思想一样，作用的主要对象同样是中国特色社会主义社会的全体公民。

---

① 《马克思恩格斯选集》第 1 卷，人民出版社 1995 年版，第 294 页。

（三）社会主义核心价值体系与中国传统伦理思想内容相继

本书第四章和第五章，已详细论述了社会主义核心价值体系的提出过程、主要内容及其对中国传统伦理思想的创造性转换，当代中国伦理学的开拓者罗国杰先生说："一旦一个民族抛弃或失去了自己的民族传统，或者被别的民族的文化所征服，那么，这个民族的生存也就岌岌可危了。"因此，社会主义核心价值体系的建设与发展，必须也必然是以中华传统文化特别是中国传统伦理思想作为其宝贵养料、"源头活水"与文化底蕴。因此，社会主义核心价值体系，在精神上是对中华民族传统文化中人文情怀的承接与延续，在理论上是对马克思主义思想体系的中国化与现实化，在内容上是对中国传统伦理思想的承继与转化。其中，马克思主义作为社会主义核心价值体系指导思想，与中国传统伦理思想有着广泛的共通性，而社会主义核心价值体系中的共同理想、民族精神和社会主义荣辱观这些基本元素，更是对传统中国传统伦理思想中德治文化、礼治文化等合理元素的一种汲取和创新。

三、推动社会主义核心价值体系构建的整体思路

任何社会或民族都需要思想意识上的凝聚力，方可为共同的理想而奋斗拼搏，当今中国，由于公有制为主体、多种所有制形式并存的经济基础决定，在社会发展过程中，必然会产生一定程度的社会分化，而当意识形态领域缺乏足够的凝聚力时，这种分化就会日益扩大，对国家稳定与社会发展产生制约与阻碍。因此，对中国传统伦理思想当代价值和意义的研究不能仅从抽象的概念层面去探寻与分析，而是要从文化传承的角度去考察它在实践层面对当今时代和社会实际现状的指导性与可操作性，以此促成文化引导与政治社会稳定的统一。社会主义核心价值体系不仅深深植根于中华民族的文化传统和精神血脉之中，而且植根于中国共产党带领全国各族人民建立新中国的伟大成就和当代中国人民建设中国特色社会主义的伟大实践之中。但正如本书

第六章所述，社会主义核心价值体系在构建过程中存在一些问题，也面临着诸多的机遇与挑战，因此，在推动社会主义核心价值体系的构建中，可在充分发掘中国传统伦理思想中的价值原则、道德理念、传播经验加以借鉴的同时，注重当今中国社会的发展现实、以马克思主义为指导，结合中国共产党在意识形态领域研究中形成的创新性理论与中国特色社会主义社会建设的实践经验，思路清晰、协调统筹地全面推进。

（一）构建社会主义核心价值体系的教育宣传体系

教育机制是由包括教育体制在内的所有与教育活动有关的教育内外部要素组成的社会活动系统，这个系统的活动所形成的综合性力量，便是能够促使教育活动依照一定的性质和宗旨、按照一定的方向、路线、速度、规模、方式、非此不可活动的客观趋势。[1] 宣传机制则指必然制约宣传活动的相关因素如宣传控制者、宣传者、受众对象、宣传目标、宣传内容、宣传方式、宣传手法、媒介渠道、宣传效果等所构成的一个有机系统，这些因素在宣传过程中都有相互联系、互为因果的关系，共同参与宣传功能的实现。[2] 可以说，教育机制与宣传机制是否完善，是决定一种意识形态或社会思潮能否切实得以在民众中培育形成、落地生根的关键所在。中国传统伦理思想在中国乃至世界影响深远的主要原因，便是其建立了完善的教育宣传机制。党的十八大报告明确指出"要深入开展社会主义核心价值体系学习教育，用社会主义核心价值体系引领社会思潮、凝聚社会共识。"社会主义核心价值体系以中国特色社会主义社会的全体公民为作为对象，因此，贯彻落实报告精神，切实推动社会主义核心价值体系建设，关键是要着眼大众共识、构建社会主义核心价值体系的教育宣传体系、理顺机制，进行长期的积淀式教育引导和宣传渗透，使之获得广大人民群众

---

① 王长乐：《教育机制建设：教育本质性进步的理性路径》，《天中学刊》2004 年第 6 期。

② 甘惜分等：《新闻学大辞典（电子版）》，河南人民出版社 2012 年版。

的普遍认同。具体而言，可从教育宣传的主体整合、内容方法创新、引领导向、结果反馈四方面入手，明晰各主体的义务与责任，构建协调统一的社会主义核心价值体系教育宣传体系。

第一，整合社会主义核心价值体系教育宣传系统的主体。人是意识形态领域开展创造性、能动性活动的主体，同样也是任何社会核心价值体系构建的主体，在每个社会核心价值体系形成、发展、完善、推广的不同阶段，均发挥着不可替代的关键作用。而社会主义核心价值体系构建的主体，则正是中国特色社会主义社会的人。当代中国正处于社会大发展、大变革的转型时期，政治、经济、文化都在经历着深刻的调整与转换，社会群体的构成日益复杂，不同群体的价值追求与伦理认知也不尽相同，由此导致了社会认识与实践主题的多元性，并决定了社会主义核心价值体系的构建主体的复杂性与多样性。特别是社会主义核心价值体系的教育宣传，是一项庞大而复杂的意识形态领域的系统工程，其实践性与时代性决定，不同的主体都必须充分发挥自身的角色作用，承担起应尽的责任与义务，并整合力量，对社会主义核心价值体系的教育宣传加以系统推进。空泛地呼吁哪个或哪些主体应当承担责任并无实际意义，只有将各个主体整合协调起来，并落实各自应承担什么样的具体责任，才是从现实出发可供操作的思路。正如上节所述，中国传统伦理思想在教育和普及的过程中，官方、教育系统、家庭、社会、乃至个人自身均承担了各自必要的责任，官方的示范推广，教育系统的一以贯之，家庭社会的渗透熏陶，儒生士人的弘扬传播等，形成了优势互补、良性互动的教育宣传系统，为当今社会主义核心价值体系的构建与推广提供了可供参考的借鉴经验。目前，根据当今中国的社会现状与利益群体结构，社会主义核心价值体系建设过程中宣传教育系统的主体主要有以中国共产党、政府部门、教育机构、家庭、各类舆论媒体、非公组织等，只有明确界定并强化这些组织、机构乃至个体在社会主义核心价值体系教育宣传过程中的定位与责任，才是关系到社会主义核心价值体系建设能否落实到实处的重要问题。概而论之，建立起党委领导、政府主导、社会协同、公众参与的长效机制，是社会主义核心价值体系建设中教育宣传这一环节有序开展、这一系统良好运行的重中之重，具体途径及措施，将在下一节中重点阐释。

第二，创新社会主义核心价值体系教育宣传的内容与方法。中国传统伦理思想之所以在古代社会上至皇亲贵胄、耄耋老人，下至黎民百姓、黄口小儿都能以身力行、信口道来，在于其教育推广的过程中，将艰涩深奥的哲学、伦理学、政治学原理寄寓于童蒙读物、科举教材、民俗节日、家教家规之中。同时，中国传统伦理思想体系除如何对待宇宙、自然与社会的宏观伦理原则外，还包括如何治国理政的政治伦理，以及如何处理家庭与人际关系的微观伦理观念，并根据不同社会状态下的不同群体或个体，时刻调整着理念与内容。可见，教育宣传内容与方法的创新、多元，是任何意识形态普及推广的前提保障。社会主义核心价值体系要完善发展、深入人心，必须根据社会现实和时代特征，多角度创新教育宣传的内容、方法，形成社会主义核心价值体系的教育宣传创新机制。在实际操作中，应确保教育宣传内容与中国当代社会的现实与时代特征紧密联系，使其与改革开放的伟大实践相结合、与人民群众的切身利益和思想现状相结合、与中国传统文化和民俗民风相结合，不断增强社会主义核心价值体系的凝聚力、吸引力和融合力；应确保教育宣传方法的创新性和多元化，改进意识形态传播过程中惯用的单一说教模式，采取传统、新兴传播媒介并用，标语、讲演、谈话、论文、戏剧、电视剧、电影、网络交流等多种途径并举的思路，高效推进社会主义核心价值体系的普及。

第三，健全社会主义核心价值体系在教育宣传过程中的引领导向功能。社会主义核心价值体系建立的主要目的便在于引领多种社会思潮和多元价值观念，以及对中国特色社会主义社会全体公民的思想意识和理想信念的导向与凝聚，因此，在对社会主义核心价值体系进行教育宣传的过程中，更应注重其引领和导向功能。在一个社会的政治、经济、文化均经历着巨大变革的时期，反映不同的社会阶层和群体主观意愿的思想观念逐渐形成多种社会思潮，在很大程度上代表着这些社会成员的利益诉求和价值倾向，当某个阶级或某些阶层、群体的思潮在孕育、发展过程中成为代表着社会生产力前进方向与历史趋势的思想体系之时，便会在社会现实的需求中对其他的社会思潮产生引领，同时对大多数社会成员的主流价值观念起到导向作用，这在中国传统伦理思想在漫长的形成、发展与变革的过程中已被多次印证。正如奴隶制社会逐渐走向鼎盛的西周的周公之礼、封建经济得以诞生兴起的春秋战国时期的孔孟之道、封建制度完全成熟的宋明之际的程朱理学，以及自然经济瓦解资本主义萌芽的近代中国的启蒙思想，均成为了各自时代的核心价值体系，并对当时乃至其后、直至今日的中国产生了深刻的影响，正是因为这些思想不仅反映了当时中国社会现实与历史发展趋势，而且在教育贯彻和宣传渗透的过程中，其所倡导的伦理道德和价值观念，被官方、教育机构、社会乃至家庭视为判断和评价言语、行为的参照与准则，由此方得妇孺皆知并深入人心。教育宣传过程中，还可对弘扬和践行社会主义核心价值体系的行为与观点进行正向激励，如对好人好事的褒奖、先进典型的推广等，同时，对无视、违反甚至践踏社会主义核心价值体系的人与事进行惩处和曝光，以充分发挥正反两面的导向功能。真正做到既尊重人、理解人，也帮助人、挽救人，才能使社会主义核心价值体系潜移默化地渗透到社会成员的思维方式、价值观念和言行举止之中。

　　第四，建立社会主义核心价值体系教育宣传的结果反馈体制。任何系统只有建立有效的结果反馈，才能对实施过程实现有效的控制，从而促进目标的实现。意识形态的教育宣传也如此，只有对其传播推广的普及度和对社会问题解决的实际成效及时反馈，才能获知教育宣传的内容、方法、途径等是否正确和有效。中国古代对当时社会官方推广的伦理思想和核心价值体系，均逐渐形成并不断完善教育宣传的结果反馈体制，如幼儿对童蒙读物的熟知背诵，家庭中对家规家训的谨记在心，科举考试中对儒家经典文献细至只字片语的考查与分析，皇亲贵胄、官员仕宦对伦理道德的示范与身体力行等。统治者通过来自各方的反馈，及时了解民众对伦理思想和价值体系的认同度，以便对教育宣传的内容、途径、方法等作出调整与修缮。因此，在社会主义核心价值体系教育宣传过程中，应注重社会发展的现实需求和人民群众的真实呼声，只有多样的利益诉求都得到了充分的表达和合理的满足，才能形成和谐的人际关系，激发社会的活力与创新的动力，推动中国经济社会的全面进步，构建和谐的社会，并反之进一步满足人民群众不断增长的物质文化需求，使源于不同利益群体需求的各种社会思潮逐步在社会主义核心价值体系的引领之下相互融合，推动社会主流意识形态和价值体系的趋同直至统一。

（二）完善社会主义核心价值体系的运行推广系统

任何社会思潮或思想体系要想成为主导一时的主流价值观念，必需要做到理论与实践的统一，既要有严谨的理论论证，又要有与现实相契合的实践贯彻。中国传统伦理思想得以不断延续，正是由于历代思想家与学者根据当时及未来社会发展趋势不断完善和发展伦理思想体系赖以存在的理论基础与价值原则。社会主义核心价值体系，能否成为当今和未来中国居于主导地位、有效引领其他社会思潮的主流价值观念，其决定性因素便是它是否可以内化为每位社会成员的价值准则和伦理道德观念、是否在中国特色社会主义社会的建设实践中起到积极有效的指导和推动作用。而推动社会主义核心价值体系构建的关键在于运行推广，是使社会主义核心价值体系从书面的"精神力量"转化为现实世界中"物质力量"的必经环节。

第一，确保社会主义核心价值体系理论层面的说服力。纵观人类历史，作为上层建筑的社会核心价值观念，得以延续、继承、发展的前提，除了统治阶级从政治、社会、文化等角度施以灌输、示范、渗透、推广外，社会成员对这些价值观念内心的认同与接收，是其在诸多思想、思潮中得以凸显并居于统领地位的必要一环。社会主义核心价值体系是关于中国特色社会主义社会的价值原则、价值理想的理论概括，是当代中国共产党人在科学判断时代特征、认真总结历史经验、准确把握广大人民群众根本利益的基础上确立的，从本质上说是众人群众根本利益和共同理想的综合反映，因此具有无可争辩的全面性与科学性。在进一步推动社会主义核心价值体系的构建过程中，更要以发展的马克思主义为指导，加强理论研究，深入探讨应对当今世界复杂局势与国内社会变革转型的策略、经验、规律，解决人民群众亟待解决的问题与存在的疑惑，并且在抽象的理论思辨中转化为具体的、鲜活的、易于理解的文字表述，不断贴近实践、贴近群众、贴近生活，如此，才能使更为广泛的社会成员知晓和掌握其基本要义，使社会主义核心价值体系的说服力进一步增强。

第二，有效发挥社会舆论的作用机制。社会舆论是意识形态的特殊表现形式，是一定阶级、阶层、社会集团的利益、愿望和要求的集中体现。"众口铄金，积毁销骨"、"三人言而成虎"，正是社会舆论作用力量的真实写照。在中国古代社会，不遵从"孝慈悌友"、"忠贞节义"的行为标准者也许会逃脱法律的制裁，但却始终无法摆脱民众的唾弃与社会的谴责，甚至留下历史上的千古骂名，这便是社会舆论巨大的引导与监督作用；同时，无数女性被迫遵守"三从四德"的价值观念与行为规范，才华、智慧甚至人性和生命都被残酷地湮没乃至结束，也是统治阶级为禁锢思想、愚民弱民所营造的社会舆论强加于女性的负面典型。因此，在任何社会，社会舆论都被视作外在价值力量的一种，是进行意识形态传播、进行社会控制、社会整合的重要手段。社会主义社会，"舆论工作就是思想政治工作，是党和国家的前途命运所系的工作"①，社会舆论不仅为社会主义核心价值体系的形成和构建提供素材与反馈，同时也对其传播和推广，以及约束与监督，发挥着极其重要的作用。在社会主义核心价值体系建设过程中，"充分利用社会舆论的强大力量，对民众社会评价活动因势利导，使社会主义核心价值体系进入到形成社会舆论的公共意见互动的传播之中，使社会成员自觉和不自觉地在有组织的、自觉的舆论宣传中接受社会主义核心价值体系，进而认同之。"②

第三，充分运用社会规范的制约手段。人类社会中人际交往的基础是以生产活动为代表的各类社会活动的总和，社会活动的有序开展，需要一系列制约的产生赖以维持，于是风俗、习惯、法律、伦理道德等应运而生，引导和凝聚社会民众向某一价值目标或社会目标共同努力。这一系列具有制约力量的、成文或不成文的价值观念集合便是社会规范，它是由当时社会的社会存在决定的、社会意识形态的一种。在阶级社会中，社会规范反映了统治阶级的意愿、符合统治阶级的利益需求，因此在不同的社会形态中，由于统治阶级的更迭或其利

---

① 《江泽民文选》第 1 卷，人民出版社 2006 年版，第 564 页。
② 李文华：《现代社会心理学》，华中科技大学出版社 2007 年版，第 77 页。

益的改变，而使得社会规范的效力和手段也在发生着变化。中国传统伦理思想在运行推广过程中，不仅采取军队、监狱、法律等暴力强制手段，以及宗法、礼仪等制度手段来实行社会控制，更多的是采用融风化俗的温和制约以达到维护阶级统治的目的。因此，社会主义核心价值体系构建和运行过程中，一方面，应加强反映民主法治、公平正义、保障人权、安定和谐的社会主义法律法规体系的建设与完善，以有效引导人们的思想观念，规范人们的行为举止，并通过这种引导和规定，促进并保障社会主义核心价值体系落到实处；另一方面，更应注重社会主义核心价值体系与风俗传统的融合，在我国，许多历史中形成并流传至今的民风民俗与社会主义核心价值体系所倡导的伦理道德、文明礼仪相互补充、相得益彰，对其进行继承、延续和弘扬，对于社会主义核心价值体系的传播也有着积极的意义，春节、清明、端午、中秋、重阳等节日更是弘扬团圆、爱国、和谐、孝敬等中华民族优良传统美德的重要载体，因此注重对传统风俗的利用、渗透、管理和控制，是推动社会主义核心价值体系构建和推广的重要途径。

（三）注重社会主义核心价值体系的制度保障

在借鉴中国传统伦理思想传播普及经验，推动社会主义核心价值体系构建的过程中，制度保障无疑是值得特别关注的。制度保障是确保社会意识形态有效运行和推广的前提及必要条件，它由经济、政治和文化保障组成，属于社会存在的范畴，为社会意识提供制度保证与资源供应，对社会意识起到推动及维护作用。失去了制度保障，社会意识便成为无源之水，失去存在的基础与可靠的依托。因此，在社会主义核心价值体系构建和推广中，必须注重经济、政治和文化上的制度保障。

第一，经济制度是所有制度保障中的重中之重。历史唯物主义认为，社会存在决定社会意识，而经济制度又是社会存在的基础，是社会发展一定阶段上占主导地位的社会生产关系的总和，它决定了与之相适应的政治和文化制度，以及伦理道德、思想艺术等社会意识形态。中国传统伦理思想得以不断完善、发展、普及的基础，正是其赖以存在的奴隶制和封建制自然经济不断发展的结果。当近代中国传统的自然经济土崩瓦解、资本主义经济渐趋萌芽繁荣之时，传统伦理思想也随之演变，在接纳西方启蒙思想和马克思主义有益成分的同时，实现了自身的时代性转化。新中国成立后，社会主义经济制度得以确立与完善，传统伦理思想与马克思主义理论及中国革命与社会建设的实践相结合，社会主义核心价值体系逐渐形成、发展及确立起来。十一届三中全会后我国开始全面实行改革开放，社会主义市场经济的健康有序、快速持续的发展表明，这种制度安排创造了丰富的社会物质财富，使国家的整体实力极大增强，使人民群众的生活水平不断提高，有力地坚定和提振了广大人民群众对走中国特色社会主义道路的决心与信心，使得社会主义核心价值体系的说服性迅速攀升，并为社会主义核心价值体系建设提供了坚强有力的经济后盾与物质保障。但正如本书第六章所述，这种制度安排在打破了计划经济时代由简单的生产关系所决定的社会价值观念单一化的同时，也使得多样化的社会价值观并存，社会主义核心价值体系的权威性、一元性由此遭到一定程度的冲击和弱化。因此，为进一步推动社会主义核心价值体系的主体性与权威性，必须坚持社会主义公有制经济为主体的基本经济制度和按劳分配为主体的分配制度不动摇，只有如此，方能确保社会主义核心价值体系作为社会主义意识形态的本质属性及建设发展方向。

第二，政治制度是社会主义核心价值体系形成与发展的环境基础。政治制度与社会主义核心价值体系同属上层建筑，但政治制度属于政治上层建筑，社会主义核心价值体系属于思想上层建筑。政治上层建筑和思想上层建筑是相互联系、相互制约的。思想上层建筑为政治上层建筑提供思想理论根据，政治上层建筑为思想上层建筑的传播和实施提供重要的保证。政治上层建筑作为思想的"物质附属物"，是通过人们意识自觉建立的，它一经形成又强烈影响思想上层建筑，要求一定的思想上层建筑与它相适应。[①] 社会主义核心价值体系作为思想上层建筑，为作为政治上层建筑的社会主义民主政治制度提供了理论基础与建设方向，同时，社会主义民主政治制度也成为社会主义

---

① 王炳德、冯平：《政治的上层建筑和思想的上层建筑关系之管见》，《国内哲学动态》1981 年第 8 期。

核心价值体系引领与主导地位维护及传播普及的环境基础。因此，在社会主义核心价值体系构建过程中，应确保人民民主、依法治国的良性运行状态，不断发展丰富和完善社会主义政治文明，使得作为社会主义意识形态本质体现的社会主义核心价值体系的建设拥有坚实的制度支持，为社会主义核心价值体系建设提供一个良好的政治环境。

　　第三，文化保障是推动社会主义核心价值体系构建的有力支撑。广义的文化，着眼于人类与一般动物，人类社会与自然界的本质区别，着眼于人类卓立于自然的独特的生存方式，其涵盖面非常广泛。而狭义的文化则既是一种社会现象，又是一种历史现象，是人们长期创造形成的智慧结晶，同时也是历史发展的积淀产物。确切地说，文化是指一个国家或民族的历史地理、风土人情、传统习俗、行为方式、思考习惯、价值观念、文学艺术等包罗万象。文化渗透在一切社会事务和社会活动之中，具有支撑、引导、提升与促进经济发展和社会进步的重要功能，是最具张力、活力的社会生产力要素，同时也是当今时代各国综合国力竞争的着力点。文化在类别和层次上是多样而复杂的，但其核心的部分是意识形态。意识形态是文化的灵魂，文化则是意识形态的载体。在博大精深的中国传统文化中，以儒家思想为代表的传统伦理思想，是整个古代社会乃至今日影响中国最为深远的社会意识形态，它的形成与传播，不仅由于有教育系统、官方和民间学术与文化机构的支撑与保障，更多的，还在于它以其包容性和开放性，广博地接纳与吸收一切本土与外来文化中有益的成分，以成其大。当今中国，社会主义核心价值体系是国家大力推行与倡导的意识形态，一方面，它是社会主义文化建设的重要组成部分，另一方面，它又必须依托坚实的社会主义与民族特色相融合的文化基底。因此，社会主义核心价值体系的建设，一方面，应有官方文化事业机构、大众传统媒体、网络手机等新兴媒体持续推进，以及新时代影视业、演艺业、动漫业、娱乐业等文化产业的参与引导，另一方面，也应以海纳百川的胸怀，既集中反映中华民族思想文化的传统特质，同时也全面吸收西方思想文化的"合理内核"，既体现中国共产党革命精神的转换传承，又在改革开放以来我国文化建设实践基础上进行经验的总结和理论的提升。

第三节　融合中国传统伦理思想文化精髓，
构建社会主义核心价值体系的途径

根据思想文化形成与延续的规律，社会主义核心价值体系的建设与完善，需要对古今中外一切优秀思想文化继承和发展，特别是作为其文化底蕴的中国传统伦理思想，在扬弃其封建礼教等糟粕的同时，更应该吸纳和融合其文化精髓，借鉴和参考其普及推广机制。只有植根于思想沃土，社会主义核心价值体系建设的"参天大树"才能拥有丰富的"养分"。同时，在全球化与信息化的今天，也应充分发挥新兴文化载体作用，运用当代技术手段功能，新视角、全方位、多途径的推动社会主义核心价值的构建。

一、彰显民族特性，统筹家庭教育、学校教育与社会教育

在当今风云际会的全球化时代，人们的价值观念与伦理道德受到前所未有的挑战，能否抵御各种敌对势力的渗透与侵蚀，确保民族国家的正确发展方向，在很大程度上取决于该社会的核心价值体系的作为国家"软实力"的现实性与自信度。社会主义核心价值体系是以中国特色社会主义市场经济为存在和发展的根本基础的，经济体制的深刻变革、社会结构的大幅变动、利益格局的不断调整、物质生活的持续改善，以及西方文化的广泛引入，这一切现实作为社会存在均共同决定着社会主义核心价值体系的发展与完善方向，即珍视本民族的文化特性、吸收西方物质精神文明的先进因素、抗衡各种内外敌对文化思想，以此稳固中国特色社会主义事业的文化根基，推动政治经济社会全面和谐发展。这其中，彰显民族特性是坚守中华民族文化与灵魂、巩固中国特色社会主义思想文化阵地、维护国家文化安全的必要条件。民族文化作为一个民族深层次的精神追求和行为准则，凝聚着这个民族对生命、自然乃至宇宙的历史认知和现实感受，往往是其最深

沉的心理积淀，中国传统伦理思想，便是中华民族的民族文化最为绚丽的结晶。在长达两千余年的中国古代社会中，传统伦理思想经历了萌芽、发展、繁荣与衰落的漫长历程，不仅对当时的社会发展产生或推动或束缚的作用，甚至对近现代乃至当代的中国，都有着持续而不可忽视的重大影响力。中国传统伦理思想中富含的积极成分，"仁者爱人"的道德情怀，"天下兴亡、匹夫有责"的爱国情操，"民为邦本、民贵君轻"的民本思想、"修身齐家治国平天下"的人生理想、"和而不同"的处世之道、"己所不欲，勿施于人"的待人之道等，所有这些，构成了维系国家生存与民族凝聚的精神图腾，对家庭、国家和社会起到了巨大的维系与调节作用，正是以此为强大依托，社会主义核心价值体系方可萌芽、形成与发展。因此，社会主义核心价值体系的构建中要凸显民族特性，就必须融合中国传统伦理思想文化的精髓之处。而要全面地推动彰显民族特性的社会主义核心价值体系完善与普及，就要系统、综合地考虑多种途径。

学校是价值观形成的重要场所，但并不是唯一场所，家庭、社会同样对价值观的形成、发展和完善有着巨大的影响力，且三者之间相互补充、交相作用。因此，价值观念乃至任何思想文化等社会意识形态的传播与推广，都要从学校教育、家庭教育和社会教育三个途径同步落实、系统推进。社会主义核心价值体系的构建与普及也是如此。具体而言，可从三方面入手。第一，改革学校教育。在教育理念上应尊重学生的主体性，在教育方法上改传统的单向灌输为双向互动和人性化引导，将蕴含彰显民族特性的价值观教育融入每一门非思想政治类的其他课程中、融入学生的参观实践等非学习类日常生活中、融入自幼儿至成人各类学校和教育机构的教育活动中，充分发挥学校作为价值观教育主阵地、主途径的作用。第二，凸显家庭教育。相比学校教育，家庭教育具有长期性、连续性、全面性和继承性的特点，中国自古重视家庭教育的力量，但在当代社会中许多家庭相对于孩子智商潜力的挖掘，却又忽视了道德的教育与文化的培养，因此，家长应改变和抵制这种倾向，以身作则、耐心引导，帮助子女树立正确的价值观和人生观，培育其承继中华民族的传统美德，形成健全的人格、良好的心态和多方面的能力，以成为适应世界与时代发展的、中国特色社会主义社会的合格公民。第三，加强社会教育。社会教育是人社会化必不可少的准备，不仅可以弥补学校教育的缺失和家庭的不足，对"社会人"的价值观的影响也无时无刻不在产生作用与影响，而且内容丰富、形式多样，极具包容性与开放性。因此可大力营造文化氛围，充分发挥各类展览、博物馆、遗址故居等传统文化和爱国主义教育基地的作用，制作和推广更多反映中华民族灿烂文明与优良道德传统的著作、影视剧等文化作品；旗帜鲜明的规范舆论导向，坚持宣扬团结稳定、积极进取的正面为主的方针，并着力提升正面宣传的感染力和吸引度；净化社会环境，依法加强对娱乐业、商业经营运作的管理和规范，确保人们的思想与行为不受到无良干扰等。

二、掌握舆论主导，重视新兴媒体，打造价值传播多种平台

舆论，即在一定社会范围内，消除个人意见差异、反映社会知觉的多数人对社会问题形成的共同意见。舆论是社会意识形态的特殊表现形式，往往反映了一定阶级、阶层、社会集团的利益、愿望和要求。正如上一节中"完善社会主义核心价值体系的运行推广机制"部分"有效发挥社会舆论的作用机制"一段所述，社会舆论不仅为社会主义核心价值体系的形成和构建提供素材与反馈，同时也对其传播和推广，以及监督与约束，均具有极其重要的影响。因此，推动社会主义核心价值体系内化为国民信仰，就应进一步完善舆论作用机制，确保中国共产党对文艺、新闻、出版物、网络等舆论媒体的主导权，将舆论阵地的话语权牢牢掌握在坚持马克思主义、忠于人民和党的人手中。

在具体工作开展过程中，既要继续发挥电视、报纸、杂志、影视作品等传统的、实践证明行之有效的舆论传播途径的作用，同时，更要重视手机、电脑网络等新兴媒体和信息技术对人们伦理道德观念的巨大影响，打造更具时效性的多种社会主义核心价值体系传播平台。一方面，我国自古便在价值观教育历程中积累了丰富的经验，如理论讲解、课堂传授、著书立说、实践调研、教学相长等，近现代随着电影、电视、电台、报纸、杂志等媒体的诞生与发展，价值观的传播普

及有了更为广阔的平台，并且取得了良好的效果。因此，社会主义核心价值体系在构建与推广过程中，应该继续发挥这些传统、主流媒体的作用，持续、及时、高效地向人们宣传普及传统优良伦理道德观念与新时期社会主义核心价值体系。另一方面，随着信息化与全球化对人们日常生活的影响日益增大，特别是近年来，电脑、手机、移动大众传媒等新兴媒体和互联网技术几乎连接了千家万户、老幼中青，为人们提供了更为便捷高效的信息获取方式，也成为引导和影响人们特别是青少年世界观、人生观、价值观的重要渠道，因此应积极采取措施占据这一社会主义核心价值体系普及的新阵地、新平台。具体来讲，要努力建设社会主义核心价值体系专题网站，弘扬和宣传中华民族优良传统道德与马克思主义理论，以贴近人们生活与实际的内容，以思想性、理论性和趣味性的形式吸引点击率和关注度，同时，发动其他各级各类网站、手机等大众移动传媒的影响力，支持和营造利于社会主义核心价值体系建设和传播的舆论氛围，并综合运用多种技术手段加强网站管理和网络舆情分析和疏导，整合各类新兴媒体资源，共同打造社会主义核心价值体系推广平台。

三、树立先进典范，全党全社会共同培育和践行社会主义核心价值体系

先进典范，指的是可以作为学习、仿效标准的人或事物，也指被认为是值得仿效的人或物在某方面的表现和基本特征，由于其具有可借鉴性、权威性和吸引力等特点，对人们特别是青少年的价值观形成深具影响，因此任何社会的核心价值观在普及推广过程中都必然会运用先进典范的力量。在中国传统伦理思想形成与完善过程中，正如本章第二节所述，官方的示范起到了极大的推动与支撑作用。各个朝代政权统治者都以强制政令或国家行为的方式，不断确立和调整当时社会的伦理道德观与核心价值观，同时也要求自身家族、官员阶层乃至整个统治阶级时刻践行这些伦理规范以起到示范效应，在此基础上要求民众予以遵守。社会主义核心价值体系的构建和推广，在本质上也

应是社会成员把社会主义核心价值体系由外在的价值规范内化为自身的伦理道德自觉，又外化为言语行为的过程。这一由外至内、又由内而外的过程，离不开倡导者的率先垂范、先进典范的树立与宣传，以及全社会共同践行的良好氛围的营造。

孔子曰："政者正也，子帅以正，孰敢不正?"① 在融合中国传统伦理思想文化精髓，推动社会主义核心价值体系构建和推广的具体过程，可从以下几方面展开：其一，共产党员特别是各级党政干部作为社会主义核心价值体系建设的倡导者、组织者，应明确知晓自己的言行对基层党员、群众的示范力和辐射度，因此充分发挥自身的影响力以自己的言行举止诠释和示范社会主义核心价值体系；其二，在历史和当代均选取一些具有中华民族特色或显示当今中国时代特性又贴近普通百姓所言所行的先进人物或事件加以宣传弘扬，且力戒刻意拔高、添枝加叶；其三，主动适应现代科学技术的发展与人们生活方式与思维方式的变化，多途径的运用传统媒体和新兴媒体的力量，塑造生动鲜活的先进典型人物形象或事件全程，不断强化正面示范效果，以"润物细无声"的方式传播社会主义核心价值体系的思想与观念。

---

① 《论语·颜渊》。

参 考 文 献

著作类：

1. 蔡元培：《中国伦理学史》，江苏文艺出版社 2007 年版。

2. 陈瑛：《中国伦理思想史》，湖南教育出版社 2004 年版。

3. 朱贻庭：《中国传统伦理思想史》，华东师范大学出版社 2003 年版。

4. 罗国杰：《中国伦理思想史》，中国人民大学出版社 2008 年版。

5. 钱光荣：《中国伦理学引论》，安徽人民出版社 2009 年版。

6. 朱春晖：《从传统伦理向现代伦理的转化与跨越：孙中山伦理思想研究》，当代中国出版社 2007 年版。

7. 韦政通：《伦理思想的突破》，中国人民大学出版社 2005 年版。

8. 张岱年：《中国伦理思想发展规律的初步研究》，科学出版社 1957 年版。

9. 张岱年：《中国伦理思想研究》，江苏教育出版社 2009 年版。

10. 《马克思恩格斯全集》，人民出版社 1979 年版。

11. 《马克思恩格斯选集》第 4 卷，人民出版社 1995 年版。

12. 《1844 年经济学哲学手稿》，人民出版社 2008 年版。

13. 《列宁选集》第 4 卷，人民出版社 1995 年版。

14. 《毛泽东选集》第 1、2 卷，人民出版社 1991 年版。

15. 《邓小平文选》第 1、2、3 卷，人民出版社 1994 年版。

16. 《江泽民文选》第 1、2、3 卷，人民出版社 2006 年版。

17. 江泽民：《论三个代表》，中央文献出版社 2001 年版。

18. 《中国共产党第十八次全国代表大会文件汇编》，人民出版社

2012 年版。

19. 《江泽民论有中国特色社会主义（专题摘编）》，人民出版社 2003 年版。

20. 韩震：《社会主义核心价值体系研究》，人民出版社 2007 年版。

21. 韩震：《我们的"主心骨"：大力建设社会主义核心价值体系》，人民出版社 2008 年版。

22. 韩震：《社会主义核心价值观凝练研究》，北京师范大学出版社 2012 年版。

23. 邹宏秋：《社会主义核心价值体系教育论纲》，浙江大学电子音像出版社 2008 年版。

24. 陈志军：《社会主义核心价值体系融入大学生思想政治教育全过程研究》，光明日报出版社 2009 年版。

25. 亚里士多德：《尼各马可伦理学》，廖申白译，商务印书馆 2003 年版。

26. 柏拉图：《理想国》，郭斌和、张竹明译，商务印书馆 2009 年版。

27. ［美］威廉·A. 哈维兰：《当代人类学》，上海人民出版社 1987 年版。

28. 何平立：《中国文化史要论》，山东人民出版社 2010 年版。

29. 赵馥洁：《价值的历程——中国传统伦理价值观的历史演变》，中国社会科学出版社 2006 年版。

30. 黄建中：《比较伦理学》，中国人民大学出版社 2003 年版。

31. 秦燕、张启勋：《中国思想文化概论》，西北工业大学出版社 2002 年版。

32. 张凯之：《中国思想史》，西北工业大学出版社 2003 年版。

33. 郭齐勇：《中国哲学史》，高等教育出版社 2006 年版。

34. 钟泰：《中国哲学史》，东方出版社 2008 年版。

35. 马俊峰：《价值论的视野》，武汉大学出版社 2010 年版。

36. 陈章龙：《论主导价值观》，江苏人民出版社 2006 年版。

37. 王晓升：《价值的冲突》，人民出版社 2003 年版。

38. 吴向东：《重构现代性——当代社会主义价值观研究》，北京师范大学出版社 2006 年版。

39. 宣兆凯：《中国社会价值观现状及演进趋势》，人民出版社2011 年版。

40. 吴潜涛：《当代中国公民道德状况调查》，人民出版社 2010年版。

41. 陈章龙、周莉：《价值观研究》，南京师范大学出版社 2004年版。

42. 杨春贵等：《马克思主义哲学教程》，中共中央党校出版社2004 年版。

43. 郑永年：《为中国辩论》，浙江人民出版社 2012 年版。

44. 宁先圣、石新宇：《社会主义核心价值体系与当代社会思潮》，社会科学文献出版社 2011 年版。

45. 《十六大以来重要文献选编》，中央文献出版社 2008 年版。

46. 《十七大以来重要文献选编》，中央文献出版社 2009 年版。

47. 《十八大报告辅导读本》，人民出版社 2012 年版。

48. 匡亚明：《孔子评传》，齐鲁书社 1985 年版。

49. 教育部高等学校社会科学发展研究中心：《建设社会主义核心价值体系的理论思考和实践探索》，教育科学出版社 2011 年版。

50. 《社会主义核心价值体系教育读本》，中央文献出版社 2007年版。

51. 俞正樑等：《全球化时代的国际关系》，复旦大学出版社 2009年版。

52. 林滨：《全球化时代的价值教育》，人民出版社 2011 年版。

53. ［英］戴维·赫尔德等：《全球大变革——全球化时代的政治、经济与文化》，社会科学文献出版社 2001 年版。

54. 田海舰、邹卫：《社会主义核心价值观论纲》，人民出版社2010 年版。

55. 宋慧昌：《当代意识形态研究》，中共中央党校出版社 1993年版。

56. ［美］塞缪尔·亨廷顿：《文明的冲突与世界秩序的重建》周琪等译，新华出版社 2010 年版。

57. ［美］弗朗西斯·福山：《历史的终结及最后的人》，黄胜强、许铭原译，中国社会科学出版社 2003 年版。

58. ［美］丹尼尔·贝尔：《意识形态的终结》，张国清译，江苏人民出版社 2001 年版。

59. 梅荣政：《用马克思主义引领社会思潮》，武汉大学出版社 2008 年版。

60. 郭明飞：《网络发展与我国意识形态安全》，中国社会科学出版社 2009 年版。

61. 郭良：《网络创世纪——从阿帕网到互联网》，中国人民大学出版社 1998 年版。

62. 匡文波：《网络传播学概论》，高等教育出版社 2001 年版。

63. 李靖：《电子商务在中国》，中国经济出版社 2001 年版。

64. 王浦劬：《政治学原理》，中央广播电视大学出版社 2004 年版。

65. 刘吉、金吾伦：《千年警醒：信息化与知识经济》，中国社会科学文献出版社 1998 年版。

66. 郭庆光：《传播学教程》，中国人民大学出版社 1999 年版。

67. 朱力：《当代中国社会问题》，社会科学文献出版社 2008 年版。

68. 《十一届三中全会以来党的历次全国代表大会中央全会重要文件选编》（上），中央文献出版社 1997 年版。

69. 徐萍：《新时期大学生社会主义核心价值观教育读本》，上海人民出版社 2010 年版。

70. 孙立平：《博弈：断裂社会的利益冲突与和谐》，社会科学文献出版社 2006 年版。

71. 李友梅等：《中国社会生活的变迁》，中国大百科全书出版社 2008 年版。

72. 凌志军：《变化：1990—2002 年中国实录》，人民日报出版社 2011 年版。

73. 孙立平：《断裂——20 世纪 90 年代以来的中国社会》，社会科学文献出版社 2003 年版。

74. ［德］马克斯·韦伯：《经济与社会》（上卷），林荣远译，商务印书馆 1997 年版。

75. 汪民安：《现代性》，广西师范大学出版社 2005 年版。

76. ［波兰］齐格蒙特·鲍曼：《流动的时代》，谷蕾、武媛媛译，江苏人民出版社 2012 年版。

77. 牛文元：《2012 中国新型城市化报告》，科学出版社 2012 年版。

78. 王琴：《筑牢中华民族精神支柱——建设社会主义核心价值体系研究》，人民出版社 2010 年版。

79. 宁先圣、石新宇：《社会主义核心价值体系与当代社会思潮》，社会科学文献出版社 2011 年版。

80. 中华文化学院编：《中华文化与社会主义核心价值体系》，知识产权出版社 2011 年版。

81. 周玉：《社会主义核心体系大众化研究》，人民出版社 2012 年版。

82. 潘玉腾：《推进社会主义核心价值体系大众化研究》，社会科学文献出版社 2012 年版。

83. 本书编写组：《社会主义核心价值体系学习读本》，中共党史出版社 2012 年版。

84. 李建华：《多元文化时代的价值引领——社会主义核心价值体系建设与社会思潮有效引领研究》，人民出版社 2012 年版。

85. 韩延明：《红色文化与社会主义核心价值体系建设研究》，人民出版社 2013 年版。

86. 赵爱玲：《中国特色社会主义核心价值体系建设研究》，中国人民大学出版社 2013 年版。

87. 王新红：《社会主义核心价值体系建设的儒学道德资源研究》，云南人民出版社 2013 年版。

论文类：

1. 张国均：《家族精神：中国传统伦理文化的基本精神》，《中国人民大学学报》1990 年第 3 期。

2. 樊浩：《论中国传统伦理的精神结构》，《人文杂志》1991 年第
3 期。

3. 李抗美：《中国传统伦理道德特征举要》，《江淮论坛》2003 年
第 6 期。

4. 赵炎才：《中国传统伦理道德基本特征透析》，《安徽大学学报
（哲学社会科学版）》2006 年第 6 期。

5. 杨威：《现代性的伦理维度与传统伦理的价值重构》，《学习与
探索》2012 年第 1 期。

6. 罗国杰：《我们应当怎样对待传统》，《道德与文明》1998 年第
1 期。

7. 邓名瑛：《论中国传统伦理思想的逻辑进程及其特点》，《道德
与文明》2002 年第 4 期。

8. 陶相根、郑继江：《契合与提升：马克思主义与中国传统文化
的融通》，《当代世界与社会主义》2010 年第 2 期。

9. 陈敏：《论马克思主义与中国传统文化的内在相关性》，《学校
党建与思想教育》2011 年第 1 期。

10. 黄凯锋：《马克思主义中国化与中国传统文化现代化的互动融
合》，《毛泽东邓小平理论研究》2010 年第 8 期。

11. 李朝阳：《对马克思主义与中国传统文化相结合的思考》，《天
津师范大学学报》（社会科学版）2006 年第 6 期。

12. 戚小倩：《价值体系的演进与社会主义核心价值体系的建设》，
《江海纵横》2007 年第 5 期。

13. 张未知：《论社会主义核心价值体系的价值精神内核》，《社会
科学战线》2012 年第 5 期。

14. 秋石：《论社会主义核心价值体系》，《求是》2006 年第 24 期。

15. 王树萌、温静：《民族精神在社会主义核心价值体系中的地位
作用》，《北京教育》2012 年第 5 期。

16. 兰峻：《论社会主义核心价值体系的时代性》，《求实》2012
年第 8 期。

17. 张瑞敏：《社会主义核心价值体系是一种制度文化》，《思想理
论教育》2012 年第 4 期。

18. 张友谊、王杰：《中国传统文化与社会主义核心价值体系》，《中国党政干部论坛》2007 年第 5 期。

19. 杨豹：《中国传统文化：社会主义核心价值体系的民族基础》，《理论导刊》2010 年第 3 期。

20. 孙坤明：《社会主义核心价值体系建设与中国传统文化》，《学理论》2008 年第 22 期。

21. 陈江昊：《论中国传统伦理在构建社会主义核心价值体系中的作用》，《陕西社会主义学院学报》2012 年第 1 期。

22. 黄钊：《论社会主义核心价值体系与中国传统文化的亲密关系》，《思想教育研究》2010 年第 12 期。

23. 邹秀春：《新时期大学生道德榜样观念的冲突与超越》，《北京教育（德育）》2009 年第 2 期。

24. 蔡拓：《全球主义与国家主义》，《中国社会科学》2000 年第 3 期。

25. 刘华才、黄红发、黄颂等：《全球化及其对中国特色社会主义价值观形成的影响》，《湖北社会科学》2006 年第 10 期。

26. 段伟：《经济全球化与文化的冲突和融合》，《湖北教育学院学报》2007 年第 12 期。

27. 夏禹、夏百玲：《战后美国全球民主输出战略透视》，《理论探讨》2009 年第 3 期。

28. 刘长龙：《试论对社会主义核心价值体系产生较大危害的几种社会思潮》，《社会科学论坛（学术研究卷)》2007 年第 10 期下。

29. 陈瑛、于树贵：《略析极端个人主义的根源与危害》，《思想政治工作研究》2010 年第 3 期。

30. 刘海静：《全球化的文化内涵与文化殖民主义》，《理论导刊》2006 年第 2 期。

31. 曾苗苗：《论当代美国的文化殖民主义》，《法制与社会》2009 年第 11 期。

32. 林开慧：《信息化时代职业院校思想政治工作面临的挑战》，《哈尔滨职业技术学院学报》2009 年第 3 期。

33. 白淑杰：《网络政治参与对我国民主政治的影响及发展趋势探

析》，《法制与社会》2008 第 9 期中。

34. 张骥、方晓强：《论网络文化对我国社会主义意识形态建设的影响》，《求实》2009 年第 2 期。

35. 李英田：《手机短信：拇指间的意识形态》，《网络传播》2006年第 6 期。

36. 何志坚：《新媒体技术下的"人际冷漠"》，《安徽文学》2009年第 7 期。

37. 曾向阳、谭红专、张劲强：《青少年网络成瘾与其应付方式的关系》，《中国临床心理学杂志》2006 年第 3 期。

38. 刘忠厚：《浅谈信息网络时代社会主义意识形态建设的挑战与对策》，《湖湘论坛》2008 年第 6 期。

39. 赵德馨：《中国市场经济的由来——市场关系发展的三个阶段》，《中南财经政法大学学报》2010 年第 2 期。

40. 向尊荣：《公平效率与市场经济》，《乐山师范学院学报》2004 年第 6 期。

41. 陈炎兵：《论社会主义市场经济体制形成和发展的四个阶段》，《党的文献》2009 年第 1 期。

42. 《中国已建立市场经济体制》，《瞭望新闻周刊》2004 年第18 期。

43. 张振东：《市场经济与政府职能定位》，《北京交通大学学报（社会科学版）》2009 年第 1 期。

44. 杨鸿台：《论法治政府、责任政府、服务政府及政府职能转变》，《毛泽东邓小平理论研究》2004 年第 7 期。

45. 莫于川：《有限政府·有效政府·亲民政府·透明政府——从行政法治视角看我国行政管理体制改革的基本目标》，《政治与法律》2006 年第 3 期。

46. 朱树彬、涂小雨：《社会转型时期利益分化问题探析》，《学习论坛》2012 年第 7 期。

47. 孙立平：《资源重新积聚——90 年代中国社会分层基本背景》，《科学决策》2002 年第 3 期。

48. 杨春玲：《浅议我国社会转型时期的道德失范及建设》，《昆明理工大学学报（社会科学版）》2003 年第 12 期。

49. 张鹏程、王雅文：《市场经济体制下道德滑坡现象与本质探析》，《思想政治教育研究》2006 年第 6 期。

50. 陈炎兵：《论社会主义市场经济体制形成和发展的四个阶段》，《党的文献》2009 年第 1 期。

51. 徐明霞：《析社会主义核心价值体系和市场经济价值的碰撞》，《云南警官学院学报》2009 年第 5 期。

52. 崔巍、高楠：《当代中国的生存课题——生活市场化》，《社会科学辑刊》2001 年第 1 期。

53. 陈一鸣、全海涛：《试划分我国工业化发展阶段》，《经济问题探索》2007 年第 11 期。

54. 吕韩允、刘芳：《论社会主义核心价值体系对社会主义物质生活条件的依赖性》，《井冈山学院学报》（哲学社会科学）2008 年第 1 期。

55. 刘志远：《技术理性的批判与反思》，《法制与社会》2010 年第 5 期上。

56. 《新中国 60 年工业发展之路》，《黄埔》2009 年第 6 期。

57. 娄括征：《中国的工业化进程》，《辽宁行政学院学报》2005 年第 1 期。

58. 杨芳芳：《浅论媒介技术与社会发展》，《理论月刊》2006 年第 6 期。

59. 陈志刚：《马克思的工具理性批判思想——兼与韦伯思想的比较》，《科学技术与辩证法》2001 年第 12 期。

60. 左大培：《中国的环境问题与可持续发展》，《人民论坛》2005 年第 10 期。

61. 阎志刚：《城市化与行为失范型社会问题初探》，《汕头大学学报》1998 年第 3 期。

62. 庞召川、王新洋、张柏霖：《对中国正进入"全民焦虑"时代的研究》，《商品与质量》2011 年第 12 期。

63. 阮超群：《消费主义消费观评析》，《高校理论战线》2012 年第 10 期。

64. 刘曙辉：《论道德冷漠》，《道德与文明》2008 年第 4 期。

65. 吴琦：《全球化背景下我国软实力问题的思考》，《山东社会科学》2009 年第 9 期。

66. 文林、李庆朋：《试论社会主义法治理念的国情背景》，《法制与社会》2011 年第 7 期中。

67. 刘爱娣：《论传统文化以伦理道德为价值取向的原因及其现实意义》，《山西高等学校社会科学学报》2010 年第 4 期。

68. 王国亮：《试论中国传统核心价值体系》，《理论建设》2011 年第 2 期。

69. 郭新和：《论中国传统伦理的和合精神》，《河南师范大学学报（哲学社会科学版）》2010 年第 11 期。

70. 陈江昊：《论中国传统伦理在构建社会主义核心价值体系中的作用》，《陕西社会主义学院学报》2012 年第 1 期。

71. 王晓升：《"经济基础决定上层建筑"的普适性辨析》，《教学与研究》2010 年第 10 期。

72. 白西乔：《传统道家伦理对当代道德建构的启思》，《青海师范大学学报》（哲学社会科学版）2009 年第 1 期。

73. 迟成勇：《论儒家伦理在社会主义核心价值体系构建中的地位与作用》，《贵州大学学报》（社会科学版）2010 年第 7 期。

74. 薛艳丽：《二重维度勾连与互动中的共有精神家园建设——兼论传统文化与社会主义核心价值体系的关系》，《理论月刊》2008 年第 2 期。

75. 胡培培：《高校校园文化：推进社会主义核心价值体系大众化的有效载体》，《湖北行政学院学报》2013 年第 4 期。

76. 许耀桐：《关于社会主义核心价值观的若干问题》，《中共中央党校学报》2012 年第 8 期。

77. 王红武：《关于中国传统伦理道德文化的思考》，《学术探索》2007 年第 6 期。

78. 彭慧、潘国政：《关于中华传统伦理与社会主义核心价值体系的一些思考》，《社会主义核心价值体系》2010 年第 6 期。

79. 赵秀忠：《弘扬中华文化优秀伦理道德，践履社会主义核心价值观》，《重庆社会主义学院学报》2010 年第 6 期。

80. 孙洪敏、江楠：《建立社会主义核心价值体系的教育机制》，《辽宁大学学报》（哲学社会科学版）2008 年第 9 期。

81. 陈力祥：《中国优秀传统文化在社会主义核心价值体系建设中的角色扮演》，《宁夏党校学报》2013 年第 5 期。

82. 刘亮红：《中华文化与社会主义核心价值体系的内在关系》，《湖南社院学报》2011 年第 3 期。

83. 刘爱娣：《论传统文化以伦理道德为价值取向的原因及其现实意义》，《山西高等学校社会科学学报》2010 年第 4 期。

84. 胡懋仁：《论经济基础、上层建筑与社会基本矛盾》，《中国人民大学学报》2006 年第 1 期。

85. 周玉：《论社会主义核心价值体系大众化的科学内涵及其实现路径》，《重庆大学学报》（社会科学版）2011 年第 17 卷第 2 期。

86. 周玉：《论社会主义核心价值体系大众化的三个环节》，《思想理论教育导刊》2012 年第 10 期。

87. 蒋红群、吴育林：《论社会主义核心价值体系大众化的挑战及应对》，《求实》2012 年第 12 期。

88. 郭新和：《论中国传统伦理的和合精神》，《河南师范大学学报》（哲学社会科学版）2010 年第 11 期。

89. 陈江昊：《论中国传统伦理在构建社会主义核心价值体系中的作用》，《陕西社会主义学院学报》2012 年第 1 期。

90. 丁根林：《略论当代浙江人共同价值观弘扬践行的实效路径——基于儒家伦理普及教化历史经验的视角》，《观察与思考》2013 年第 1 期。

91. 丁根林：《略论儒家伦理普及教化的历史经验及当代启示》，《浙江社会科学》2010 年第 3 期。

92. 陈锦函：《浅论中华民族传统道德的精神内涵》，《华章》2010 年第 1 期。

93. 汪艳：《浅谈我国传统伦理文化的传承》，《苏州科技学院学报》（社会科学版）2009 年第 8 期。

94. 迟成勇：《儒家伦理价值观与社会主义核心价值体系建构》，

《南通大学学报》（社会科学版）2011 年第 7 期。

95. 潘素芳、宋艳华、王学增：《社会主义和谐社会的理论基础和经济基础》，《前沿》2009 年第 9 期。

96. 刘爱军、董芳芳：《社会主义核心价值体系大众化的学理诉求》，《中国特色社会主义研究》2013 年第 3 期。

97. 陈爱华：《社会主义核心价值体系的伦理维度》，《南京政治学院学报》2009 年第 5 期。

98. 赵义良、姚小玲：《社会主义核心价值体系研究的问题省思与前瞻》，《理论视野》2011 年第 11 期。

99. 贾绘泽：《社会主义意识形态宣传机制探析》，《湖南行政学院学报（双月刊）》2011 年第 3 期。

100. 许屹山、向加吾：《试论儒家思想传播普及经验对当代马克思主义大众化的启示》，《长春工业大学学报》（社会科学版）2011 年第 11 期。

101. 王欢欢：《试论社会主义核心价值体系的宣传教育与社会认同机制》，《商业文化》2012 年第 2 期。

102. 罗会德：《推进社会主义核心价值体系建设的三重维度》，《思想教育研究》2012 年第 8 期。

103. 蒋晓雷：《现代和谐视阈下的传统道德伦理》，《长春理工大学学报（高教版）》2010 年第 3 期。

104. 崔素娟：《中国传统伦理的当代转型》，《哈尔滨学院学报》2009 年第 3 期。

105. 王传峰：《中国传统伦理文化的实体性与公民道德教育》，《理论与改革》2011 年第 3 期。

106. 柴义江：《中国传统伦理与社会主义核心价值体系的契合研究》，《社科纵横》2009 年第 4 期。

107. 向达、李娟：《中国传统文化伦理本位思想的源流及其影响》，《哈尔滨市委党校学报》2010 年第 9 期。

108. 顾友仁：《中国特色社会主义的价值向度——近五年社会主义核心价值观研究述要》，《社会科学研究》2011 年第 2 期。

109. 朱林：《社会主义核心价值体系建设的现实境遇、目标指向与实践机制》，《云南社会科学》2012 年第 2 期。

110. 赵士兵：《马克思主义意识形态理论视阈下的社会主义核心价值体系问题研究》，哈尔滨师范大学学位论文 2011 年。

111. 张娜：《人文精神的消隐与回归——社会主义核心价值体系建设的思考》，复旦大学学位论文，2010 年。

112. 孟七应：《儒学时代价值：社会主义核心价值体系构建的深厚底蕴》，西北师范大学学位论文，2010 年。

113. 吴玉荣：《互联网与社会主义意识形态建设研究》，中共中央党校学位论文，2004 年。

114. 吴启莺：《全球化背景下社会主义核心价值体系的建设》，南昌大学学位论文，2009 年。

115. 彭红赟：《西方思潮对构建社会主义核心价值体系的影响及对策研究》，华中师范大学学位论文，2009 年。

116. 张娓娓：《民主社会主义本质评析》，上海师范大学学位论文，2010 年。

117. 丰国如：《全球化与社会主义核心价值体系》，华东师范大学学位论文，2010 年。

118. 王坤：《全球化背景下我国主导意识形态面临的挑战及对策研究》，西南财经大学学位论文，2007 年。

119. 白海滨：《网络舆论及其调控研究》，西南大学学位论文，2008 年。

120. 綦玉帅：《中国马克思主义大众化历史发展规律研究》，苏州大学学位论文，2011 年。

121. 李超：《借鉴传统文化普及方式推动马克思主义大众化研究》，吉林大学学位论文，2013 年。

122. 庄晓芸：《借鉴儒家文化普及经验，推动马克思主义大众化》，福建师范大学学位论文，2010 年。

123. 孙海峰：《儒家文化普通经验及其当代价值研究》，大连理工大学学位论文，2010 年。

124. 林仕尧：《社会主义核心价值体系建构的历史与逻辑》，南京大学学位论文，2012 年。

125. 潘鸣：《社会主义核心价值体系建设机制论》，苏州大学学位论文，2011 年。

126. 陆岩：《社会主义核心价值体系统领中国多元文化发展研究》，哈尔滨师范大学学位论文，2011 年。

127. 周蓉辉：《中国特色社会主义核心价值观研究》，中共中央党校学位论文，2011 年。

其他文献资料：

1. 受权发布：《2006—2020 国家信息化发展战略》，新华网 2006 年 5 月 8 日，http：//news. xinhuanet. com/politics/2006 - 05/08/content _ 4523521. htm。

2.《第 30 次互联网报告：报告摘要》，网易科技 2012 年 7 月 19 日，http：//tech. 163. com/12/0719/13/86PGAKIH00094MS8. html.

3.《网络监督成反腐重要力量》，新华网 2012 年 9 月 3 日，ht-tp：//news. xinhuanet. com/lianzheng/2012 - 09/03/c_ 112934861. htm。

4. 刘学松：《网络政治参与对执政能力提出了新要求》，人民网 2009 年 8 月 21 日，http：//theory. people. com. cn/GB/40537/9904608. html。

5. 刘吉春：《改革开放三十年巨变——社会道德的变迁》，中国期刊网 2009 年 4 月 1 日，http：//www. chinaqking. com/原创作品/2009/31059. html。

6. 章敬平：《"121 新政" 78 天风云录》，《南方网财经平道》 2003 年 9 月 22 日，http：//www. southcn. com/finance/financenews/guo-neicaijing/200309220870. htm。

7. 李长安：《中国进入了权力寻租的疯狂时代》，21 世纪网西部频道 2011 年 11 月 29 日，http：//xb. 21cbh. com/HTML/2011 - 11 - 29/1MMDAwMDI1NjM1MQ. html。

8.《有图有震撼，中国的贫富差距到底有多大》雅虎社会版画报 2011 年 9 月 21 日，http：//news. cn. yahoo. com/newspic/society/767/。

9. 顾朝林：《城市化研究起源和中国城市化的总体特点》，中国城市发展网 2012 年 5 月 29 日，http：//www. chinacity. org. cn/cstj/zjwz/ 86523. html。

10. 王丹阳、李颖、杨洋：《中国进入全民焦虑时代：白领精英和蚁族最焦虑》，《广州日报》2012 年 2 月 22 日第 A9 版。

11. 温宪元：《政府职能转变是完善社会主义市场经济的核心》，《南方日报》2012 年 1 月 30 日第 2 版。

后 记

当长达二十余万字的书稿终于付梓之时，心中顿觉喜悦与轻松。本书系国家社科基金项目的最终成果，是课题组成员共同历经三年潜心研究终得的一分收获。如果加上课题获批之前便已在该研究领域付诸的时间与精力，那么可以说，这部书稿是课题组成员近年来在社会主义核心价值体系领域，倾尽全力的心血之作。

这部书稿以中国传统伦理思想作为中国传统文化伦理的切入点，通过文献梳理与研究，在批判地吸收国内外学界研究成果的基础上，坚持以历史唯物主义的方法论原则将中国传统伦理思想与社会核心价值体系置于世界历史和社会变迁的时空环境中加以研究，以辩证唯物主义的方法论原则考察他们内在的张力结构，以历史与逻辑相统一的原则，全面地、总体地研究中国传统伦理思想与社会主义核心价值体系建设的内在关联，以期在理论和实践层面推进社会主义核心价值体系研究提出一种探索的思路。

由于该研究领域国内相关理论界尚属空白，课题组成员在前期相关资料的理解、总结、梳理、概括过程中，所付出的精力是巨大的。中国传统伦理思想，博大精深、源远流长，但在中国古代，伦理学却并未从其他学科中真正分离出来，关于伦理的思想，大多杂糅在各家各派的哲学、政治学、宗教、文学等著作文字之中。而我们在追本溯源地对中国传统伦理思想进行梳理之时，古代伦理思想的地位和作用是重中之重。因此，对中国古代伦理思想自身的认知和定位以及其相对于社会主义核心价值体系的作用及意义的概括总结，不得不说，是一项艰巨的任务。研究期间，要阅读、整理的文献，更可谓卷帙浩繁。所幸的是，在课题组成员不懈的共同努力下，终于完成了这一任务。

或许本书的研究结论仍显粗浅，也尚留不足和遗憾，但随着该课题的结项，以及书稿的最终确定，思想观念上的感悟与学术新知上的收获，却让我们倍感释然与欣喜。

课题组成员在研究开展与书稿撰写阶段，戮力同心、反复切磋。姚小玲教授负责确定基本研究框架及书稿大纲，与其他成员多次深入研讨交流、予以研究和写作上的指导，并最终定稿；陈萌负责大纲细化以及绪论、第一章、第七章的初稿写作和全书统稿；黄坤琦负责第六章的初稿撰写；刘佳负责第二章、第四章的初稿撰写；张越负责第三章、第五章的初稿撰写。此外，研究生于歌、段恺也对研究所需的资料整理和书稿的校对给予了一定帮助。

在课题研究与本书成稿过程中，北京航空航天大学思想政治理论学院的多位老师提出了许多有价值的意见和建议。我们同时也吸收了国内外诸多学者、专家及研究人员在相关研究领域的理论成果，在此深表谢意！

感谢人民出版社，为该研究成果最终成为一部学术著作、使我们拥有更多与同行学者专家交流的机会而提供了平台，编辑王怡石女士也为书稿的编辑进行了大量工作。此外，本书的顺利出版得到了北京航空航天大学思想政治理论学院及首都高校党建研究基地的支持与资助。在此一并表示衷心的感谢！

由于研究时间和能力所限，本书可能存在一些不足及有待商榷之处，恳请同行匡正，读者批评。

作　者

2014 年 12 月于北京

责任编辑:王怡石
封面设计:春天书装

图书在版编目(CIP)数据

中国传统伦理思想:社会主义核心价值体系构建的文化底蕴/
  姚小玲,陈萌 著. -北京:人民出版社,2015.6
ISBN 978-7-01-014609-6

Ⅰ.①中… Ⅱ.①姚…②陈… Ⅲ.①伦理思想-关系-社会主义建设-
  价值论-研究-中国 Ⅳ.①D616

中国版本图书馆 CIP 数据核字(2015)第 049432 号

中国传统伦理思想
ZHONGGUO CHUANTONG LUNLI SIXIANG
——社会主义核心价值体系构建的文化底蕴

姚小玲 陈 萌 著

人民出版社 出版发行
(100706 北京市东城区隆福寺街 99 号)

涿州市星河印刷有限公司 印刷 新华书店经销
2015 年 6 月第 1 版 2015 年 6 月北京第 1 次印刷
开本:710 毫米×1000 毫米 1/16 印张:20
字数:295 千字

ISBN 978-7-01-014609-6 定价:55.00 元

邮购地址 100706 北京市东城区隆福寺街 99 号
人民东方图书销售中心 电话 (010)65250042 65289539